지은이 옥한흠

제자훈련에 인생을 건 광인(狂人) 옥한흠. 그는 선교 단체의 전유물이던 제자훈련을 개혁주의 교회론에 입각하여 창의적으로 재해석하고 지역 교회에 적용한 교회 중심 제자훈련의 선구자다.

1978년 사랑의교회를 개척한 후, 줄곧 '한 사람' 목회철학으로 예수 그리스도를 닮은 평신도 지도자를 양성하는 데 사력을 다했다. 사랑의교회는 지역 교회에 제자훈련을 접목해 풍성한 열매를 거둔 첫 사례가 되었으며, 국내외 수많은 교회가 본받는 모델 교회로 자리매김했다. 1986년에 시작한 〈평신도를 깨운다 제자훈련 지도자 세미나〉(Called to Awaken the Laity, CAL세미나)는 제자훈련을 목회의 본질로 끌어안고 씨름하는 수많은 목회자에게 이론과 현장을 동시에 제공하는 탁월한 세미나로 인정받고 있다.

철저한 자기 절제가 빚어낸 그의 설교는 듣는 이의 영혼에 강한 울림을 주는 육화된 하나님의 말씀으로 나타났다. 50대 초반에 발병하여 72세의 일기로 생을 마감할 때까지 그를 괴롭힌 육체의 질병은 그로 하여금 더욱더 하나님 말씀에 천착하도록 이끌었다. 삶의 현장을 파고드는 다양한 이슈의 주제 설교와 더불어 성경 말씀을 심도 있게 다룬 강해 설교 시리즈를 통해 성도들에게 하나님 말씀을 이해하는 지평을 넓혀준 그는, 실로 우리 시대의 탁월한 성경 해석자요 강해 설교가였다.

설교 강단에서뿐만 아니라 삶의 자리에서도 신실하고자 애썼던 그는 한목협(한국기독교목회자협의회)과 교갱협(교회갱신을위한목회자협의회)을 통해 한국교회의 일치와 갱신에도 앞장섰다. 그리하여 보수 복음주의 진영은 물론 진보 진영으로부터도 존경받는, 보기 드문 목회자였다.

1938년 경남 거제에서 태어났으며 성균관대학교와 총신대학원을 졸업했다. 미국의 캘빈신학교(Th. M.)와 웨스트민스터신학교에서 공부했으며, 동(同) 신학교에서 평신도 지도자 훈련에 관한 논문으로 학위(D. Min.)를 취득했다. 제자훈련 사역으로 한국교회에 끼친 공로를 인정받아 웨스트민스터신학교에서 수여하는 명예신학박사 학위(D. D.)를 받았다. 2010년 9월 2일, 주님과 동행한 72년간의 은혜의 발걸음을 뒤로하고 하나님의 너른 품에 안겼다.

교회 중심의 제자훈련 교과서인 《평신도를 깨운다》를 비롯해 《길》, 《안아주심》, 《고통에는 뜻이 있다》, 성경 강해 시리즈인 《로마서 1, 2, 3》, 《요한이 전한 복음 1, 2, 3》 등 수많은 스테디셀러를 남겼으며, 그의 인생을 다룬 책으로는 《열정 40년》, 《광인》 등이 있다.

| 일러두기 |

본문의 성경은 《성경전서 개역개정판》을 주로 사용하였습니다.
이 책은 고(故) 옥한흠 목사의 설교를 바탕으로 구성한 것입니다.
설교 영상/오디오 자료는 QR코드를 참고하십시오.

문밖에서 기다리시는 하나
나를 사랑하느니

문밖에서 기다리시는 하나님

옥한흠 지음

국제제자훈련원

들어가며

위대한 전도자 횟필드(George Whitefield, 1714-1770)가 자기 설교를 출판하겠다는 사람을 보고 "내용은 담을 수는 있어도 그 속에서 울리는 우레소리는 담을 수 없을 것"이라고 한 말은 진리인지 모릅니다. 복음의 진수는 선포하는 데 있습니다. 선포하는 그 사건을 통해 성령께서 신비스러운 생명의 작업을 하십니다. 그래서 복음을 책에다 담는다는 것은 그 능력을 제한할 위험이 없잖아 있습니다.

그럼에도 본서를 출판하는 이유는 책을 통해서만 복음에 접근할 수 있는 영혼들이 우리 주변에 많이 있다는 사실 때문입니다. 말로써 예수 그리스도를 전하기 어려운 자들에게 한 권의 책이 능력 있는 선교자요, 전도자의 구실을 충분히 할 수 있을 것입니다. 바울은 매여도 복음은 매이지 않았던 것처럼 비록 작은 책자이지만 여기에 담긴 이 복음은 능히 읽는 자들의 영혼을 무덤에서 불러내는 예수 그리스도의 음성이 될 수 있을 것입니다.

위대한 복음의 사도였던 바울은 이렇게 외쳤습니다.

내가 복음을 부끄러워하지 아니하노니 이 복음은 모든 믿는 자에게
구원을 주시는 하나님의 능력이 됨이라_롬 1:16

지금 우리 주변에는 복음의 능력을 모르는 사람들이 너무 많습니다. 어렵지 않게 기독교 문화를 접할 수 있는 환경 속에서 살고 있지만 복음을 바로 듣지 못해 하나님께 나오지 못하고 있는 사람들이 많습니다. 놀랍게도 신앙생활을 오래 한 사람 중에서 복음을 바로 알지 못하고 있는 사람을 자주 봅니다. 더구나 전통이 오래된 교회에서 복음의 생수가 말라버린 것을 보는 것은 한두 번이 아닙니다. 이것은 심각한 병폐가 아닐 수 없습니다.

복음의 감격이 무엇인지를 모르는 영혼에게는 은혜의 봄이 돌아오지 않습니다. 복음의 단비로 강단 언저리가 항상 젖어 있지 않은 교회는 생명의 환희를 빼앗겨 버리기 쉽습니다. 복음은 항상 새로운 것입니다. 그러나 복음은 새로운 내용을 말하지 않습니다. 언제나 귀에 익은 그 이름, 그 이야기지만 전할 때마다 들을 때마다 거기에는 새로운 사실이 있고 새로운 감격이 샘솟습니다.

본서가 구원의 감격을 빼앗겨 버린 성도들에게는 은혜를 재충전하는 기회가 되고, 아직 예수를 모르는 자들에게는 예수 앞에 엎드려 "나의 주, 나의 하나님"이라고 고백하는 기회가 되었으면 합니다. 그리하여 모든 영광을 하나님께서 받으시기를 기도합니다.

옥한흠

차례

I

당신은
구원이 필요한
사람입니까?

"당신은 구원이 필요한 사람입니까?"
이것은 대단히 중요한 질문입니다.
왜냐하면 당신의 대답에 따라 당신의 영원한 장래가 결정되기 때문입니다.

사도행전 4:12

다른 이로써는 구원을 받을 수 없나니 천하 사람 중에 구원을 받을 만한 다른 이름을 우리에게 주신 일이 없음이라 하였더라

당신은 구원이
필요한 사람입니까?

"당신은 구원이 필요한 사람입니까?" 이것은 대단히 중요한 질문입니다. 왜냐하면 당신의 대답에 따라 당신의 영원한 장래가 결정되기 때문입니다. 수많은 사람들이 자기의 존재를 잘못 알고 있습니다. 그래서 스스로 속고 있고 영원히 구제가 불가능한 실패의 삶을 자초하고 있습니다. 이 질문에 분명한 대답을 하기 위해서 당신은 하나님의 말씀 앞으로 나와야 합니다. 인간의 영적 상태를 가장 잘 아시고 정확하게 진단할 수 있는 분은 우리의 창조자 하나님뿐입니다.

구원이 꼭 필요하다는 결론을 놓고 볼 때 우리는 먼저 구원이 무엇인가를 정확히 알아야 합니다. 그러나 대부분의 사람들이 구원이 무엇인지 잘 모르고 있습니다. 구원이 무엇인지조차 모른다면 구원의 필요성을 깨닫는 것은 도저히 불가능한 일입니다.

무지의 어둠

어느 부인은 기독교 계통의 학교를 10년이나 다녔지만 구원이라는 말을 들어보지 못했다고 합니다. 그런데 그녀가 미국에 유학 가서 공부할 때 새삼스럽게도 전도를 받고 '아, 내게 구원이라는 것이 꼭 필요하구나. 나는 구원을 받아야 하는 존재구나'라는 것을 깨달았다고 고백하는 것을 들은 적이 있습니다. 그만큼 많은 사람들이 구원 문제에 대해서 관심은 있지만 구원이 무엇인지를 잘 모르고 있습니다.

이것은 인간의 이성으로 해결할 수 없는 지식입니다. 그래서 하나님께서는 구원이 무엇인지조차도 모르고 사는 사람들을 '어둠의 존재'라고 말합니다. 그 암흑이 얼마나 짙은지 "빛이 어둠에 비치되 어둠이 깨닫지 못하더라"(요 1:5)고 했습니다. 즉, 인간의 어둠이 얼마나 심각한지 하나님께서 빛을 비추어도 무지의 어둠이 사라지지 아니할 정도라고 하나님은 말씀하고 계십니다.

소위 엘리트 출신으로 그야말로 자신만만했던 30대 초반의 젊은이가 중병에 걸려서 투병생활을 하고 있었습니다. 그는 평소에 종교라는 것이 왜 필요한지 도무지 관심이 없었던 사람이었습니다. 그는 병상에 누워서도 기껏 생각한다는 것이 '인간에게 왜 종교가 있는가?'라는 피상적인 종교 관념 정도였다고 합니다. 그러지만 그의 부인은 신실한 그리스도인이었습니다. 교회 교우들이 병원에 자주 찾아가 기도해 주고, 참사랑을 표현하니까 남편의 마음이 조금 바뀌었나 봅니다.

그가 수술하러 들어가기 직전에는 제가 수술실 입구에서 그의 손을 잡고 간절히 기도해 주었습니다. 수술이 잘되었고 경과도 아주 좋아졌습니다. 그 남편은 기분이 좋아서 부인에게 "무엇 때문에 아픈 사람을 찾아와서 그렇게 사랑을 베풀지? 그 힘이 어디서 나오는 것일까?

그 이유를 내가 좀 밝혀 봐야겠어!"라고 말했답니다. 이제야 그 남편의 마음에 한 가닥 실같은 빛이 어둠을 뚫고 들어가는 것입니다. 중한 병에 걸려서 수술을 받아야 겨우 뚫릴 정도의 어둠이니 인간의 마음이 얼마나 어둡습니까?

우리 인간을 가장 잘 아는 분은 우리를 만드신 하나님입니다. 자식을 가장 잘 아는 사람은 그 자식을 낳아서 기른 어머니라는 이치와 똑같습니다. 그러므로 자기 자신에 대한 정확한 지식을 발견하려면 하나님 앞으로 나와야 합니다. 소크라테스(Socrates, B.C. 470-399)가 아무리 "너 자신을 알라"고 했지만 어디 가서 자신을 발견할 수 있는지는 가르쳐 주지 못했습니다. 그가 천재적인 두뇌를 가진 탁월한 철학자였기 때문에 자기 자신을 알아야 한다고 말은 했지만 누구 앞에 가야 자신을 알 수 있는지는 가르쳐 주지 못했습니다. 세상에서 어떤 사람도 하지 못한 그 대답을 오직 한 분, 우리의 구원자 예수 그리스도께서 말씀하셨습니다.

○ ○ ○ ○ ○ ○
하나님의 심판

그러면 우리 자신이 어떤 존재입니까? 성경은 "한번 죽는 것은 사람에게 정해진 것이요 그 후에는 심판이 있으리니"(히 9:27)라고 말씀합니다. 이것은 하나님께서 최후의 심판에 대하여 하시는 말씀입니다. 한 사람도 이 심판을 피할 수 없습니다. 이런 심판이 기다리고 있는 자리를 성경에서는 '지옥'이라고 합니다. 그런데 우리가 무심하게 안심하고 잠을 잘 수 있을까요? 아직도 주님을 믿지 않고 있는 분들은 이 심판을 어떻게 받으려고 합니까? 소망이 전혀 없는 그 절망의 자리에 어떻게 서려고 합니까?

현대인들은 흔히들 이렇게 말합니다. "유치하다, 유치해. 원 세상에! 현대인들에게 지옥이란 말이 통하기나 하는 거야?" 이렇게 지옥이란 말조차 비웃고 관심 없는 것으로 일축해 버립니다. 그러나 이것은 부인한다고 해서 없어지는 것이 아닙니다. 이것은 엄연한 현실입니다. 예수님은 이렇게 말씀하십니다.

세상 끝에도 이러하리라 천사들이 와서 의인 중에서 악인을 갈라 내어 풀무 불에 던져 넣으리니 거기서 울며 이를 갈리라_마 13:49-50

언젠가 모 집사님이 제자훈련 시간에 "내가 건성으로 예수 믿었을 때에는 지옥이라는 말을 하는 그 자체가 참 유치하다고 생각했는데, 이제 정신을 차리고 신앙이 바로잡혀 가니까 옛날에 지옥이라고 말하는 것을 부끄럽게 생각했던 것이 도리어 얼마나 부끄러운지 모르겠어요"라고 고백하는 말을 들은 적이 있습니다.

'로댕'(Auguste Rodin, 1840-1917) 하면 〈생각하는 사람〉이 얼른 머리에 떠오릅니다. 덕수궁에서 열렸던 그의 작품전에 가서 문제의 작품 〈생각하는 사람〉을 본 적이 있습니다. 단테(Alighieri Dante, 1265-1321)의 《신곡》 중에 지옥편을 소재로 해서 지옥문 위에 만들어진 조각품이 바로 〈생각하는 사람〉이었습니다. 저는 그 작품을 보며 그 제목을 누가 붙였는지는 모르지만 지옥문 위에 붙여진 글귀로는 별로 어울리지 않는다고 제 나름대로 생각했습니다. 왜냐하면 사람이 지옥문 앞에까지 갔다면 이미 끝난 것입니다. 지옥문에서 무슨 생각을 할 시간이 있으며 무슨 생각이 필요하겠습니까? 때가 너무 늦습니다. 그 작품을 감상하면서 약간의 어떤 모순을 느꼈지만 한편 그것대로 우리에게 상당한 의미를 부여해 주는 작품이라고 생각했습니다.

이미 예수를 믿고 하나님의 자녀가 된 사람들이나, 아직도 예수 그리스도를 믿지 않고 있는 모든 사람들 앞에 다가올 최후의 심판에 대해 마치 로댕의 〈생각하는 사람〉처럼 우리도 생각하는 사람이 되어야 합니다. 깊이 머리를 숙이고 손으로 턱을 괴고서 조용히 겸손하게 생각해 보아야 합니다. '정말 그런 곳이 있단 말인가?' '나는 그곳에 들어갈 사람인가?' '만약에 그곳이 있다면 어떻게 그곳으로 가지 않을 수 있는가?' '예수를 믿으면 그곳에 가지 않는다는데 그것이 사실일까?' '내가 비록 예수 믿고 교회에 다니지만 그곳에 가지 않는다는 확신이 나에게 있는 것일까?' 이것은 우리에게 그 무엇보다도 심각한 문제요, 또한 엄숙한 과제입니다.

죽음을 비웃는 사람들

흔히들 죽음이나 마지막 심판이라는 말을 아주 우습게, 장난끼 있는 말로 가볍게 다루는 경우를 종종 보게 됩니다. 이것은 참 어리석은 일이 아닐 수 없습니다.

예를 들면, 조선 시대 때의 일인데 정만서라는 사람이 죽을 때 그의 친구가 옆에 앉아서 정만서에게 "죽음이 무엇이냐?"고 물었습니다. 죽는 사람이니까 아는가 싶어서 물었더니 정만서가 하는 말이 "처음 겪는 일이라 나도 잘 모르겠다"고 대답했다고 합니다. 참 익살스럽기도 하고 또 솔직한 이야기이기도 합니다. 우리 중에 그렇게 가벼운 마음으로 "처음 겪는 일이라서 잘 모르겠다. 뭐, 언제 죽어 봤냐? 죽어 보면 알겠지" 하고 대수롭지 않게 말하는 사람들이 있습니다.

그러나 하나님은 절대 그렇게 말씀하시지 않습니다. 성경은 항상 죽음 저쪽의 문제를 끄집어 내어서 오늘을 사는 우리들에게 지혜를 가르치고 있습니다. 그러므로 죽음은 우리에게 희미한 어떤 불투명한 개념이 아닙니다. 죽음 저쪽의 문제는 우리에게 전혀 알려져 있지 않은 미지의 세계가 아닙니다. 그래서 죽음이 무엇이냐고 물으면 우리는 분명히 대답할 수 있습니다. 죽은 다음에 어떻게 되느냐고 묻는다면 우리는 주저하지 않고 말할 수 있습니다. 하나님이 성경 말씀을 통해서 우리들에게 분명히 가르쳐 주셨기 때문입니다.

그런데 가끔 곰처럼 우직한 사람들이 있습니다. 세상적으로 보면 용감하다고 할는지 모르지만 어리석게 담이 센 사람이 있습니다.

예를 들면, 화가 페루지노(Pietro Perugino, 1450-1523)와 같은 사람입니다. 그는 하나님을 모르는 사람입니다. 그가 임종할 때에 성직자가 급히 찾아와서 마지막으로 기도를 해 주려고 했습니다. 그러나 페루지노는 "나는 회개하지 않고 죽는 사람이 저 세상에서 어떻게 되는지를 알아 보고 싶소"라고 하면서 성직자의 기도를 거절했다고 합니다.

얼마나 용감한 사람입니까? 그러나 이런 사람을 일컬어서 어리석은 자라고 합니다. 지옥을 우습게 보는 사람이 되어서는 절대 안 됩니다. 모른다고 그저 덮어 두고 안심할 문제도 아닙니다. 대단히 심각한 문제입니다. 우리 모두는 다가올 최후의 심판에 대하여 겸손히 생각해 보아야 합니다. 그리고 지옥에서 면제받는 것이 구원이라는 것을 깨달아야 할 것입니다.

∘ ∘ ∘ ∘ ∘ ∘ ∘
절망적인 진단서

의인은 없나니 하나도 없으며 깨닫는 자도 없고 하나님을 찾는 자도
없고 다 치우쳐 함께 무익하게 되고 선을 행하는 자는 없나니 하나

이 말씀에 비추어 하나님 앞에서 우리 자신을 한번 진단받아 봅시다. 하나님이 우리에게 주신 진단서에는 "병명: 죄, 상태: 중태, 치료 가능성: 거의 불가능"이라고 써 있습니다. '죄인'이란 이름을 가진 절망적인 진단서입니다. 그런데 이와는 반대로 인간은 스스로 의롭다고 생각하기를 좋아합니다.

칠순이 넘은 어떤 노신사를 만나 전도를 한 적이 있습니다. 그분의 딸이 자기의 힘으로는 부족하니까 아버지가 시골에서 올라오시자마자 자기 아버지를 전도해 달라고 목사인 저를 불렀습니다. 그런데 그날 그 어른이 저에게 참 재미있는 말씀을 하셨습니다. "나는 이 세상을 70년이 넘도록 살면서 손톱만큼도 나쁜 일을 안 했소. 내 재산으로 남에게 구제 사업도 많이 했소. 학교도 세워서 공부도 시키고 좋은 일을 많이 했소. 그러니 천당이 있다면 나를 그렇게 어렵지 않게 들여보내 줄 것이오."

그 말을 듣고 제가 잔인하리만큼 단호하게 한마디 했습니다. "선생님, 하나님은 너무나 의로우시고 거룩하신 분이에요. 그래서 선생님이 손톱만큼도 잘못을 안 했다는 그게 정말 별거 아니에요. 마치 태양 앞의 촛불 같다고나 할까요? 어둠에서는 촛불이 굉장하지요? 그러나 태양이 솟아오르면 촛불은 아무 의미가 없잖아요? 손톱만큼도 잘못한 것이 없다는 것은 사람 앞에서는 인정받을지 몰라도 하나님 앞에 가면 정말 아무것도 아니에요. 사람이 조금 양심적으로 살았다고 하고, 약간 구제 사업 했다고 하는 것은 전부 촛불이에요. 선생님, 그것 가지고는 구원 못 받아요. 천당 못 들어갑니다. 어떻게 하시겠어요?"

그랬더니 그 어른이 시무룩해서 앉아 있는 겁니다. 지금이 성령이

일하시는 시간이구나 생각하고 제가 예수님에 대해서 진지하게 말씀
드렸는데 그 어른이 침묵을 깨고 드디어 이렇게 말씀하셨습니다. "시
골에 내려가서 교회에 나가겠소. 가족들과 집안 대소간에 의논해서
나가기로 하겠소." 그 노신사는 정말 복 받은 어른입니다.

　인간은 자기 스스로 속고 있습니다. 자기가 선을 베풀면 무슨 공로
나 세운 것처럼 대단히 가치 있게 여기지만 하나님 앞에서는 아무 의
미도 없습니다. 당신이 마음속에 '내가 인생을 이 정도 양심적으로 살
았으니까 천당이 있든 지옥이 있든 하여튼 나는 괜찮은 곳에 갈거야'
라는 얄팍한 생각을 조금이라도 가지고 있다면, 자칭 의롭다고 여기
는 그 마음을 반드시 깨뜨려야 합니다. 그런 교만이 깨어지지 아니하
면 하나님 앞에서 자기 자신을 발견할 수 없습니다. 인간의 양심, 그
것은 아무것도 아닙니다. 검찰관이 소환장만 보내도 떨리는 것이 인
간의 양심입니다. 아무런 의미가 없습니다.

○ ○

탈선

성경은 죄에 대해서 주로 다음과 같이 세 가지를 말합니다. 성경은 창
조 목적에서 탈선된 생활을 죄라고 합니다. 하나님이 인간을 창조하
실 때에 인간에게 목적을 두셨습니다.

> 너희가 먹든지 마시든지 무엇을 하든지 다 하나님의 영광을 위하여
> 하라_고전 10:31

　그 목적은 창조자 되신 하나님을 섬기고 사랑하고 그분의 뜻대로
사는 것입니다. 그것을 위해서 인간을 만드셨습니다. 그러나 아담이

범죄한 이후부터 모든 인생이 이 목적에서 탈선했습니다. 하나님 중심의 생활이 아니라 자기 중심의 생활로 바뀌었습니다. 그러므로 세상에 태어난 그 자체가 하나님 앞에 죄가 되는 것입니다. 당신이 아무리 스스로 의롭다고 말해도 당신의 생활 자체가 벌써 탈선입니다. 자기 중심의 생활 자체가 창조 목적에 이탈되는 것이기 때문에 그것이 바로 죄악입니다.

어떤 위독한 환자를 보고 의사가 특효약을 주면서 시간을 잘 맞춰서 먹으라고 합니다. 그 환자가 약을 시간 맞춰 잘 복용하면 생명을 건지는 것이고 그 말에 순종하지 않으면 죽는 것입니다. 약이 두 가지를 다 결정합니다. 먹으면 살고 먹지 않으면 죽습니다. 마찬가지로 하나님께서 "예수만 믿으라! 그러면 너는 산다"고 하시는데 안 믿으면 어떻게 됩니까? "너는 죽는다"는 말입니다. 그래서 이 예수라는 분은 믿는 사람에게는 구원을 주는 분이요, 믿지 않는 사람에게는 멸망을 주는 분입니다.

○ ○ ○ ○
마음의 약

성경은 부패한 마음에서 나오는 모든 악독를 죄라고 합니다.

> 그들의 목구멍은 열린 무덤이요 그 혀로는 속임을 일삼으며 그 입술
> 에는 독사의 독이 있고 그 입에는 저주와 악독이 가득하고 그 발은
> 피 흘리는 데 빠른지라_롬 3:13-15

하나님을 떠난 사람들의 마음은 뱃속에서부터 죄인으로 태어나기 때문에 철만 들면 마음에서 악한 것들이 나옵니다. 그런데 많은 사람

들이 죄에 대해서 말하기를 싫어합니다. 교회에 가면 듣기 좋은 소리나 위로가 되는 말만 해 주는 줄 알았는데 기분 나쁘게 죄에 관한 소리만 한다는 어린 신자가 있습니다. 수술을 해야만 살릴 수 있는 환자에게는 싫어도 메스를 대야 합니다. 메스를 대지 않고 자꾸 반창고만 붙이면 그 사람은 결국에는 죽게 됩니다.

어느 목사님이 죄에 대해서 너무 날카롭게 설교를 하니까 하루는 어떤 장로님이 찾아와서 "목사님, 용어를 좀 바꾸시지요. '죄, 죄' 하지 마시고 좀 다른 용어로 쓰세요"라고 말했습니다. 목사님이 "그럼 무슨 용어로 바꿀까요?"라고 물었더니 장로님이 "죄라는 말 대신에 잘못이라든가 실수라는 말로 바꾸면 어떻겠습니까?"라고 했습니다. 장로님을 유심히 쳐다보던 목사님이 문득 선반 위에서 독약이라고 써 있는 병 하나를 내려 가지고 왔습니다. 그러고는 "장로님, 이건 분명히 독약입니다. 그런데 여기에다 진통제라고 써 놓을까요? 독약은 독약이지 왜 진통제입니까?" 하고 일침을 놓았습니다. 이렇게 많은 사람들이 죄에 대해서 말하는 것을 몹시 싫어합니다.

시카고 근교에 있는 해먼드 제일침례교회(First Baptist Church of Hammond)에 들렀을 때 큰 충격을 받은 일이 있습니다. 그 교회는 세계에서 제일 큰 주일학교가 있는 교회로써 매주 180대 이상의 버스로 어린이를 실어 나르는 것으로 유명합니다. 교회 안내원을 따라 구경을 하는데 설교단 앞에 방탄유리가 설치되어 있는 것을 보고 그것을 가리키며 설치 이유를 물어보았습니다. 안내원의 대답이 죄에 대해서 목사님이 하도 강하게 설교를 하니까 어떤 사람이 권총으로 목사님을 쏘려고 한 사건이 두 번이나 있었다고 합니다. 그래서 목사님이 위기를 몇 번 당한 뒤 교회에서 방탄유리를 설치했다고 합니다. 죄 이야기를 하면 신자들이 줄어들 것 같지요? 그러나 그 교회는 몰려드는 교인으로 발

디딜 틈이 없습니다. 진리를 말하기 때문입니다.

한국 의사들과 미국 의사들 간에는 차이점이 있습니다. 꼭 그렇다는 말이 아니라 보편적으로 볼 때의 이야기입니다. 한국 의사들은 만약 암 환자가 있다면 환자들에게 쉬쉬합니다. 말하지 않는 것이 한국 의사들의 인정입니다. 그런데 미국 의사들은 환자를 불러 놓고 "당신의 병이 지금 이 정도인데 수술을 하면 살 가능성은 20% 정도입니다. 그러니 마음의 준비를 하시오" 하고 아예 그대로 가르쳐 줍니다. 그러면 환자는 의사의 그 말을 듣고 처음에는 얼굴이 창백해지고 넋 나간 사람처럼 됩니다. 그러나 하루만 지나면 환자는 냉정하게 정신을 차리고 '아, 어떻게 이 위기를 해결할 것인가?' 하고 단단히 결심을 하게 됩니다. 처음에는 잘못 말한 것 같지만 나중에 보면 그게 잘한 것입니다. 그 사람에게 그만큼 준비할 수 있는 여유를 가지게 만든 것입니다. 다 그런 것은 아니지만 한국 의사들은 환자가 의식이 사라지려고 할 때에야 "당신은 암이요"라고 말합니다. 그때 환자가 어떻게 준비할 수 있습니까?

하나님이 우리를 다루시는 방법도 마찬가지입니다. 하나님은 우리가 듣기 싫어해도 바른말을 하는 방법을 사용하십니다. "너는 죄인이야. 네 생활 자체가 근본적으로 잘못 되었어!" 목적이 이탈되었다고 지적하십니다. 하나님을 섬겨야 할 사람이 하나님을 떠나서 자기 육신 가지고 맘대로 인생을 살다가 어디로 가는지도 모르고 눈을 감아 버리면 그 인생 자체가 하나님 앞에 죄가 된다고 성경은 가르쳐 줍니다.

∘ ∘

불신

성경은 예수를 믿지 않는 것이 죄라고 말합니다.

그를 믿는 자는 심판을 받지 아니하는 것이요 믿지 아니하는 자는
하나님의 독생자의 이름을 믿지 아니하므로 벌써 심판을 받은 것이
니라_요 3:18

가출한 자식이 세상에 나가 아무리 크게 성공을 했다 할지라도 부
모 앞에 돌아오지 않으면 그는 불효자입니다. 이와 마찬가지로 하나
님으로부터 창조함을 받은 사람이 세상적으로는 털끝만큼도 죄를 짓
지 않았다 할지라도 하나님을 떠나 예수를 믿지 않고 사는 것은 하나
님 앞에 죄인입니다. 창조주 하나님께서 인간이 멸망 받는 것을 불쌍
히 여기셔서 구원자를 보내 주셨는데 이 예수님을 믿지 않고 제 마음
대로 사는 것이 하나님 앞에 죄가 됩니다. 예수 믿고 구원받으라는 하
나님의 명령에 순종하지 않는 사람은 하나님의 심판을 면할 수 없습
니다. 하나님의 말씀을 거역하고 비판하거나 무관심한 것 그 자체가
벌써 멸망을 가져다주는 것입니다.

ㅇ ㅇ ㅇ ㅇ ㅇ ㅇ ㅇ ㅇ
유일한 구원자, 예수

다른 이로써는 구원을 받을 수 없나니 천하 사람 중에 구원을 받을
만한 다른 이름을 우리에게 주신 일이 없음이라_행 4:12

누가 우리의 구원자입니까? 예수님만이 우리의 구원자라고 성경
은 가르쳐 줍니다. 왜 예수님만이 우리의 유일한 구원자일까요?
첫째, 예수님만이 하나님을 만족시킬 만한 자격을 가진 분이기 때
문입니다. 우리의 구원자가 되려면 죄가 하나도 없어야 합니다. 죄가

있는 사람이 죄인을 구원한다는 말은 넌센스요, 언어도단입니다. 예수님은 죄가 전혀 없는 완전하신 분입니다. 그렇기 때문에 하나님 보시기에 완전한 구원자의 자격을 갖춘 것입니다.

둘째, 예수님은 죄인을 대신해서 죽으시고 다시 살아나신 분이기 때문입니다. 죄의 값은 사망입니다. 이 사망의 형벌을 우리 대신 받아 주신 분이 바로 예수님입니다. 우리가 우리의 죄 때문에 지옥에 가서 당해야 할 고통을 예수님이 십자가에서 대신 당하셨습니다. 그러므로 우리를 대신해서 죽으시고 살아나신 그분만이 유일한 자격자입니다.

셋째, 예수님은 모든 사탄보다 가장 능력이 강한 분이기 때문입니다. 예수님은 십자가에 달려서 죽으셨으나 사망의 권세를 이기신 분입니다. 사탄의 권세를 이기고 삼 일 만에 무덤에서 살아나셨습니다. 그래서 사탄 아래 매여 있는 많은 인생을 구원하시는 분입니다. 사탄을 이기셨기 때문에 하늘에 있는 자나 땅 아래 있는 자나 모든 자가 무릎을 꿇고 경배하는 놀라운 구주가 되신 것입니다.

넷째, 예수님은 하나님이 보내 주신 유일한 구원자이기 때문입니다. 만약 당신이 죄인이라면 당신의 죄 문제를 해결해 줄 수 있는 다른 분이 있습니까? 없습니다. 오직 예수님만이 유일한 구원자입니다. 장차 그분은 우리를 찾아오십니다. 예수 그리스도가 오시는 날, 하나님의 자녀들은 영원한 하나님의 나라로 들어가게 될 것입니다. 이런 말을 하면 불신자들은 기독교를 독선의 종교라고 비웃는 경우가 많습니다. 그러나 진리는 단 하나뿐입니다. 예수 믿는 것만이 구원의 길입니다.

비유를 하나 들면 병원에서 다 죽어 가는 환자를 앞에 놓고 의사들이 모여 앉아서 중구난방으로 "이 방법으로 수술해도 좋고, 저 방법으로 수술해도 좋겠지"라고 말한다면 어떻게 될까요? 필경 그 환자는 죽게 됩니다. 간혹 "기독교도 좋고 불교도 좋아요"라고 말하는 사람이 있습니다. 자신이 없으니까 다 좋다는 것이지 신짜 자신이 있으면 그런 말을 안 합니다. 자신이 죽느냐 사느냐 하는 중대사를 놓고 어떤 것이라도 좋다고 말할 수 있습니까? 예수님을 바로 알게 되면 절대 다른 것은 인정할 수 없습니다. 예수님만이 유일한 구원자이기 때문에 독선이 될 수밖에 없습니다.

나는 한 배에 타지 않았소!

인도에서 힌두교 학자로 유명했던 어느 대학 교수가 미국에 초빙되어와서 신앙 간증을 한 적이 있습니다. 그 교수는 젊었을 때에는 힌두교에 매력을 느끼고 깊이 파고들었으나 날이 갈수록 힌두교에 대해 공허함을 느끼고 뚜렷한 확신을 가질 수 없어서 번민하게 되었다고 합니다. 그러던 중 어떤 자매로부터 예수님을 소개받았으나 여전히 갈등을 하다가 어느 날 중대한 결단을 내리고 예수님을 알기 위해 교회를 찾아 나왔다고 합니다. 그때 하나님께서 그의 눈을 열어 주셔서 그는 그리스도인으로 태어나는 놀라운 변화를 체험하게 되었습니다.

그 사람이 하루는 뉴델리(New Delhi)에서 택시를 탔는데 운전수까지 모두 네 사람이 탔다고 합니다. 아마 우리나라처럼 합승을 한 것 같습니다. 그런데 그중 한 사람이 각자 자기 소개를 하자고 해서 간단히 서로 인사를 했는데 공교롭게 네 사람이 제각기 종교가 다 달랐다고 합니다. 손님 중의 한 사람이 "우리들은 종교가 제각기 다르지만 같은 신을 섬기는 사람들이지요. 도달하는 길이 조금씩 다르지만 목적지가 같은 사람들이오. 결국 우리는 한 배에 타고 있지 않습니까?"라고 말하며 동의를 구하듯 다른 사람들을 둘러보며 웃었습니다. 이때 가만히 앉아 있던 그 교수가 버럭 고함을 치며 이렇게 말했습니다. "아니오, 당신들은 같은 배를 탔는지 모르지만 나는 다르오. 나는 다른 배를 탔소!"

진리는 거짓에 대해서 관용할 수 없습니다. 타협할 수도 없습니다. 새롭게 태어난 인도 교수의 말처럼 진리는 하나뿐입니다.

당신은 유일한 구원자 예수님을 가르치는 성경에 대해 어느 정도 관심이 있습니까? 2천 년이 넘도록 그 어떤 사람도 이 성경의 권위 앞에 도전하지 못했습니다. 수많은 핍박자의 칼날 앞에서도, 수백 번의 화형식 앞에서도 성경은 여전히 건재하며 여전히 끊임없이 확산되고 있습니다. 전 세계적으로 일 년에 수억 권이 팔리는 책이 있습니다. 바로 성경입니다. 당신은 그 이유가 무엇이라고 생각합니까? 예수 외에는 참 구원자가 없기 때문입니다.

이 유일하신 예수 그리스도를 믿으면 구원을 받을 수 있습니다. 믿기만 하면 됩니다. 예수님은 하나님의 아들로서 우리를 위하여 십자가에 죽으시고 삼 일 만에 살아나셔서 우리를 하나님 앞으로 인도하시는 구원자입니다. 이렇게 고백하는 것이 믿음입니다.

○ ○ ○ ○ ○
복 받은 죄인

예수를 믿으면 받는 복이 있습니다. 첫째, 우리의 모든 죄를 다 용서받을 수 있습니다. 그래서 마음의 무거운 죄짐이 사라집니다. 지금까지 자기를 누르고 있던 은근한 가책과 불안과 공포 등이 한순간에 사라지는 것을 체험하게 됩니다. 죄로 인한 고통으로부터 자유함을 얻게 됩니다.

둘째, 중생의 복을 받을 수 있습니다. 당신의 마음이 완전히 새롭게 변화됩니다. 지성이 변화를 받아서 진리를 깨닫게 되고 세속적인 성향이 성결하게 바뀌게 됩니다. 지금까지 만족이 없던 마음의 갈증이 사라지고 하나님의 뜻을 행하려는 사람으로 변화됩니다. 거듭나는 것입니다.

열병이 든 사람은 물을 자꾸 찾습니다. 어떻게 해야 할까요? 물을 달라고 하니 찬물을 자꾸 갖다 주어야 할까요, 아니면 물을 달라는 사람에게 열을 내리게 해 줄까요? 어느 쪽이 더 현명한 처사입니까?

세상 사람들이 생각할 때는 돈과 쾌락과 부귀영화만 있으면 인생이 즐겁고 더 바랄 것이 없을 줄 아는데 천만의 말씀입니다. 지나온 인류의 역사가, 우리의 인생사가 이를 증명합니다. 가지면 가질수록 만족이 없고 더 갈증을 느끼는 것이 인간의 마음입니다. 그런데 하나님은 "돈! 돈!" 하고 갈증나는 그 마음을 완전히 새롭게 바꾸어 주십니다. 그래서 돈으로부터 그 마음이 자유함을 얻고, 없는 가운데서도 부요함을 발견할 수 있게 하십니다.

어느 저명한 부흥사 목사님이 집회를 인도할 때 올드(Old) 존이라고 하는 사람이 예수를 영접했습니다. 그는 주정뱅이였습니다. 그런데 예수를 믿고 변화를 받았습니다. 그 후에 올드 존이 길을 가는데 어떤 사람이 "안녕하세요? 올드 존" 하고 인사를 했습니다. 그러니까 올드 존이 정색을 하면서 "선생님, 저더러 올드 존이라고 하지 마세요. 저는 이제 뉴(New) 존이 됐습니다"라고 말했습니다. 그러자 그 사람이 의아해서 "당신 지금 무슨 소리요?" 하고 물었습니다. 올드 존은 "전 이제 예수 믿고 변화 받았어요. 지금부터는 뉴 존이에요"라고 대답했습니다. 뉴 존은 이제 주정뱅이가 아닙니다. 하늘에 소망을 둔 사람으로 바뀌었습니다.

땅을 한 번 내려다 보세요. 당신의 마음에 무엇인가 채워지는 것이 있나요? 지금까지 살아오면서 진정으로 만족하는 것이 있나요? 현대의 무서운 병 가운데 권태와 불안이라는 병이 있습니다. 이 권태와 불안에서 우리를 해방시켜 줄 만한 어떤 출구가 있습니까? 예수를 믿으면 놀랍게 변합니다. 놀라운 은혜가 넘칩니다. 불평과 불만은 간곳없고 마음에 평강이 넘칩니다. 영원한 하늘나라를 바라보는 사람이 됩니다.

○ ○ ○ ○ ○ ○
거지가 될지언정

당신은 구원이 필요한 죄인인지도 모르고 매일을 살고 있지는 않습니까? 당신은 구원자가 계시는데도 그가 누구인지 모르고 있지는 않습니까? 저 무서운 심판을 피하게 하려고 하나님이 모든 것을 희생하면서 당신을 부르고 계시는 그 음성을 듣지 못합니까?

탄광촌에 가 본 적은 없습니다만 사람들이 그곳을 막장 인생이라고 부른다는 것을 알고 있습니다. 세상에서 산전수전 다 겪고 이제 더는 어쩔 수 없어 마지막으로 찾아가는 곳이 탄광촌이라고 합니다. 40℃가 넘는 깊은 굴 속에서 시커멓게 탄가루가 앉은 점심을 들고 온몸에 땀이 뻘뻘 흐르는 것을 참으며 8시간 동안 중노동을 합니다. 공기는 탁하기가 그지없어 호흡할 때 탄가루가 몸 속에 들어가 폐에 쌓이게 되고 급기야는 폐가 굳어지는 규폐병(硅肺病)이라는 병에 걸리게 됩니다. 그러면 광부의 일을 멈추고 병원 신세를 지게 되고 병이 악화되어서 젊은 나이에 세상을 떠나는 광부들이 적지 않다고 합니다. 그래서 막장 인생이라고 부르는가 봅니다.

그와 같은 막장 인생을 사는 사람이 자기의 자식에게 어떤 기대감을 가질까요? "사랑하는 내 아들아, 공부 열심히 하고 너도 나를 따라 탄광에 와서 일해라." 아마 이렇게 말할 부모는 한 사람도 없을 것

입니다. 어느 광부의 아들이 쓴 시〈나도 광부가 되겠지〉를 읽고 한참
동안이나 눈시울이 뜨거웠던 적이 있습니다.

> 우리 아버지께서는 광부로서
> 탄을 캐신다. 나도 공부를
> 못하니 광부가 되겠지 하는
> 생각이 가끔 든다.
> 그러나 아버지께서는
> 난 이제 광부가 되었으니
> 열심히 일해야 되겠지만
> 너는 커서 농부나 거지가
> 되었으면 되었지 죽어도
> 광부는 되지 말라고 하신다.

막장 인생을 사는 아버지의 피맺힌 절규가 아들의 시에 잘 나타나
있습니다. 아버지는 광부의 생활이 얼마나 비참한 것인가를 몸으로
체험해서 잘 알고 있는 사람입니다. 그래서 사랑하는 아들에게 차라
리 거지가 될지언정 절대로 그곳에 와서는 안 된다고 힘써 만류하는
것입니다. 어떤 수단과 방법을 무릅쓰고서라도 아들이 그곳에 오는
것을 막으려는 것이 아버지의 심정입니다.

하나님은 심판의 무서움을 가장 잘 아시는 분입니다. 그래서 가장
적극적으로 당신이 그곳에 가는 것을 막으십니다. 구원자 예수를 믿
으라고 하십니다. 당신을 위해 대신 죽으시고 다시 사신 예수를 믿으
라고 하십니다. 믿기만 하면 심판에 이르지 않습니다. 믿기만 하면 영
원한 생명을 누리게 됩니다.

내가 진실로 진실로 너희에게 이르노니 내 말을 듣고 또 나 보내신

이를 믿는 자는 영생을 얻었고 심판에 이르지 아니하나니 사망에서

생명으로 옮겼느니라_요 5:24

지금 그분의 이름을 부르며 당신의 무릎을 그분 앞에 꿇지 않으시

겠습니까?

2

다시
태어나지
아니하면

아직도 예수를 믿지 않는다면 당신은 시한부 생명입니다.
무심히 넘기지 마십시오. 반드시 새생명을 얻어야 합니다.
그러기 위해서는 예수님 안에서 거듭나야 합니다.
이 문제가 당신이 세상에서 당면한 그 어떤 문제보다도
가장 먼저 해결해야 할 급선무라는 사실을 잊지 마십시오.

요한복음 3:1-8

1 바리새인 중에 니고데모라 하는 사람이 있으니 유대인의 지도자라 2 그가 밤에 예수께 와서 이르되 랍비여 우리가 당신은 하나님께로부터 오신 선생인 줄 아나이다 하나님이 함께하지 아니하시면 당신이 행하시는 이 표적을 아무도 할 수 없음이니이다 3 예수께서 대답하여 이르시되 진실로 진실로 네게 이르노니 사람이 거듭나지 아니하면 하나님의 나라를 볼 수 없느니라 4 니고데모가 이르되 사람이 늙으면 어떻게 날 수 있사옵나이까 두 번째 모태에 들어갔다가 날 수 있사옵나이까 5 예수께서 대답하시되 진실로 진실로 네게 이르노니 사람이 물과 성령으로 나지 아니하면 하나님의 나라에 들어갈 수 없느니라 6 육으로 난 것은 육이요 영으로 난 것은 영이니 7 내가 네게 거듭나야 하겠다 하는 말을 놀랍게 여기지 말라 8 바람이 임의로 불매 네가 그 소리는 들어도 어디서 와서 어디로 가는지 알지 못하나니 성령으로 난 사람도 다 그러하니라

다시 태어나지
아니하면

예수님을 만난 사람들 가운데 니고데모라는 사람이 있습니다. 그는 예수님이 개인적으로, 또 사석에서 만났던 사람들 중에서 가장 저명한 인사에 해당될 만큼 신분이 높은 사람이었습니다. 그가 2천여 년이 흐른 오늘날에도 많은 현대인들로부터 호감을 사고 있는 까닭이 무엇일까요? 그의 믿음에는 치명적인 문제가 있었는데도 말입니다.

아, 니고데모

니고데모는 대단한 명문 출신이었습니다. 그는 최고 교육을 받은 사람으로서 유대 나라의 최고 의결기관인 산헤드린 공회의 회원으로 활약하고 있었습니다. 70명의 공회원 가운데서도 특별히 인품이 뛰어나고 발언권 또한 막강한 사람이었습니다. 니고데모는 그 누구보다도 높은 지위에 있었지만 현실과 안일하게 타협하지 않고 직접 문제와 부딪쳐 사건을 해결해 나가려는 통찰력을 지닌 사람이었습니다.

그 당시 산헤드린 공회원들은 예수 그리스도에 대하여 한결같이 증오와 질시의 감정을 가지고 어떤 꼬투리라도 잡아서 예수님을 비판하고자 혈안이 되어 있었습니다. 그러나 니고데모는 동료 공회원들과 무분별하게 어울리지 않고 예수님에 대해 독자적으로 어떤 결론을 얻고자 스스로 노력했던 현명한 사람이었습니다.

어느 날 밤, 니고데모가 예수님을 찾아왔습니다. 그 당시 작은 나사렛 마을에서 천한 목수일을 하던 시골 청년에게 니고데모와 같이 신분이 높은 사람이 직접 찾아온다는 것은 대단한 뉴스가 아닐 수 없습니다. 니고데모가 그의 자존심을 포기하지 않고서는 도저히 불가능한 사건이었습니다.

사랑의교회가 허름한 상가 빌딩에서 예배드리던 지난날에, 부인들이 남편을 인도해 오기가 무척 어려웠다는 말을 많이 했습니다. 부인의 설득에 남편이 교회에 따라 나오기는 했지만 너무나 어설픈 건물과 예배 처소를 보고는 자존심이 상했나 봅니다. "나를 어떻게 보고 그런 후진 곳으로 데리고 가는 거야? 내 신분 내 체면에 도무지 맞지 않게" 하면서 그다음부터는 남편이 교회에 나오지 않았다고 합니다.

전부 다 그런 것은 아니지만 지체가 있고 학력 수준이 높을수록 자기 체면을 더 내세우는 것 같습니다. 지체 높은 니고데모가 낮고 천한 나사렛 목수 예수 그리스도를 찾아왔다는 것은 대단한 결단과 대단한 겸손이었습니다. 이런 관점에서 볼 때 우리는 일단 그를 존경하는 마음으로 대할 수 있습니다. 그러면 그가 무슨 이유로 예수님을 찾아왔는지 그 이유를 살펴봅시다.

랍비여 우리가 당신은 하나님께로부터 오신 선생인 줄 아나이다 하
나님이 함께하시지 아니하시면 당신이 행하시는 이 표적을 아무도
할 수 없음이니이다_요 3:2

니고데모의 이 첫 인사말에서 우리는 그의 주된 관심이 오로지 이
적과 기사에 쏠려 있었다는 것을 알 수 있습니다. 그러나 니고데모의
말을 들으신 예수님은 전혀 뜻밖의 대답을 하셨습니다.

진실로 진실로 네게 이르노니 사람이 거듭나지 아니하면 하나님의
나라를 볼 수 없느니라_요 3:3

예수님의 이 말씀에 니고데모는 대단히 놀랐습니다. 그래서 다음
과 같이 반문했습니다.

사람이 늙으면 어떻게 날 수 있사옵나이까 두 번째 모태에 들어갔다
가 날 수 있사옵나이까_요 3:4

니고데모는 대단히 심각했습니다. 그의 머리로는 도저히 이해가
되지 않았던 것입니다. 그러나 예수님은 말씀을 반복할 뿐 더 이상의
설명을 하지 않으셨습니다.

진실로 진실로 네게 이르노니 사람이 물과 성령으로 나지 아니하면

하나님의 나라에 들어갈 수 없느니라 육으로 난 것은 육이요 영으로
난 것은 영이니 내가 네게 거듭나야 하겠다 하는 말을 놀랍게 여기
지 말라_요 3:5-7

예수님은 '거듭나야 한다'는 것과 '하나님의 나라' 이 두 가지에 지
대한 관심이 있었습니다. 따라서 서로의 대화가 원활하게 소통되지
않는 것은 당연합니다. 예수 믿는 사람과 믿지 않는 사람이 서로 만나
서 대화를 나눌 때 의사소통이 잘 안되는 경우가 자주 있습니다. 한 사
람은 육적으로만 생각하고 다른 한 사람은 영적으로 생각하기 때문입
니다. 이것이 신자와 불신자 사이의 갭(gap, 차이)입니다. 예수님과 니
고데모 사이에는 이와 같은 메꿀 수 없는 갭이 작용했습니다. 그런 까
닭으로 대화의 핵심이 빗나가고, 서로의 관심이 불연속선을 그리며
마지막까지 만나지 못하고 맞설 수밖에 없었던 것입니다.

니고데모는 겉으로 보기에는 결점이 없는 완벽한 사람에 가까웠습
니다. 그러나 영적으로 살피시는 예수님 앞에서 그는 흔히 있는 자연
인의 한 사람에 불과했습니다. 사람의 표준에서는 니고데모가 합격자
였는지 모르지만 예수님의 표준에서는 분명히 불합격자였습니다. 그
런데 구체적으로 어떤 점이 예수님의 안목에 빗나가는 문제였을까요?

자기 의(義)를 자랑하는 사람

니고데모는 유대교 전통을 이어받은 명문 집안에서 성장하였고 두뇌
도 출중했습니다. 또 안식일을 반드시 지키고 십일조도 구별해서 바
칠 뿐 아니라 며칠에 한 번씩 반드시 금식을 하는 등 구약성경에 기
록된 율법은 하나도 어기지 않는 철저한 신앙의 사람이었습니다. 다

른 사람들과는 비교가 안 될 만큼 자신이 의로운 사람이라고 자부하는 바리새 교인 중의 한 사람이었습니다. 따라서 하나님 나라에 들어가는 문제에 대해서는 전혀 걱정을 하지 않던 사람이었는지도 모릅니다. 왜냐하면 니고데모는 은근히 자기 신앙을 자부하고 있는 사람으로, 자기 의에 도취된 사람이었기 때문입니다. 그런 점이 예수님의 관점에서 결격 사유가 된 것입니다. 하나님이 보시는 표준과 사람이 보는 표준에는 이렇게 엄청난 차이가 있습니다.

요즈음 많은 사람들이 니고데모의 후예가 되어서 그를 따라 행사하는 것을 보게 됩니다. "나만큼 양심적인 사람이 어디 있어? 나만큼만 양심적으로 살라고 그래! 예수를 믿든 안 믿든 말이야." 이런 은근한 자부심을 가지고 어리석게 행동하는 사람이 많습니다. 니고데모와 같이 자기 의에 도취된 사람들입니다. 마음에 특별한 변화가 없으면서 형식적으로 교회 생활을 잘하고 또 교회 봉사도 잘하는 사람이 있습니다. 이렇게 자기 의에 도취된 사람들은 자기의 선행을 잊지 않고 꼭 기억합니다. "내가 언제 ○○일을 했다. 내가 언제 ○○를 도와주었다"고 말입니다. 하나님 앞에 가서 행여나 써 먹을 수 있을까 하고 기억하는 것입니다. 이런 사람은 자기 의를 내세우는 니고데모형의 사람입니다.

자기 의를 들고 나오는 이런 사람을 하나님이 제일 싫어하십니다. 하나님 나라에 들어갈 수 있는 사람의 자격이 어디에 있는지 살펴봅시다.

하나님께서 세상의 미련한 것들을 택하사 지혜 있는 자들을 부끄럽게 하려 하시고 세상의 약한 것들을 택하사 강한 것들을 부끄럽게 하려 하시며 하나님께서 세상의 천한 것들과 멸시받는 것들과 없는 것들을 택하사 있는 것들을 폐하려 하시나니 이는 아무 육체도 하나님 앞에서 자랑하지 못하게 하려 하심이라_고전 1:27-29

사람이 교만하게 자기 것을 들고 나오면 하나님 앞에서는 불합격입니다. 하나님은 자기 것을 아예 내놓을 만한 것이 별로 없는 사람들을 하나님의 나라로 부르십니다. 아무도 하나님 앞에 나와서 자기를 자랑하지 못하도록 아무것도 자랑할 것이 없는 사람을 택하십니다. 우리는 여기에서 자기 의를 자랑하는 사람을 하나님이 얼마나 싫어하시는가를 알 수 있습니다.

너희는 그 은혜에 의하여 믿음으로 말미암아 구원을 받았으니 이것은 너희에게서 난 것이 아니요 하나님의 선물이라 행위에서 난 것이 아니니 이는 누구든지 자랑하지 못하게 함이라_엡 2:8-9

이 말씀을 알기 쉽게 비유를 들어 말하면 이렇습니다. 누구든지 하나님 나라에 들어가려면 패스포트(passport)가 있어야 합니다. 여권이 하나 있어야 된다는 말입니다. 그런데 하나님께서는 하나님 나라에 들어가는 조건인 믿음까지도 사람에게 요구하지 않고 자기가 선물로 주셨다고 했습니다. 왜냐하면 누구든지 하나님 앞에 나와서 "내가 내 믿음을 가지고 구원 얻었다"고 자랑하지 못하도록 하기 위해서 선물로 주신 것입니다. 여기에서도 우리는 자기 의에 도취된 사람을 하나님이 얼마나 싫어하시는가를 잘 알 수 있습니다.

니고데모에게 문제점이 되었던 것은 예수님을 잘못 보았다는 사실입니다. 이적과 기사만 보고 유대 사람의 견해에 비추어 위대한 선지자 정도로만 생각했던 것입니다. 즉, 니고데모는 예수님을 그저 위대한 선생 정도로 머릿속에 그렸던 것입니다.

오늘날 스스로 지성인이라 자부하고 종교에 대해 상당히 식견이 있는 것처럼 행세하는 사람들 가운데 니고데모처럼 예수님에 대해 착각하고 있는 사람들이 많습니다. 그러나 지금까지 지식 수준이 높은 사람들을 많이 접해 보았습니다만 자기가 예수를 믿지 않더라도 결코 예수님을 과소평가하는 사람을 본 적은 없습니다. "예수가 무슨 대단한 인물이라구!" 혹은 "그는 꾸며낸 가공 인물이야!"라고 말하는 사람은 거의 없었습니다. 현대인들은 자기의 무식이 드러나고 잘못하면 체면마저 깎일지 모르는 그런 어리석은 말은 하지 않습니다.

대부분의 지성인들은 예수님이 주후 30년경에 유대 나라에서 살았던 사람이요, 십자가에 돌아가신 분이요, 위대한 기독교 창시자라는 것을 잘 알고 있습니다. 그리고 세계 역사에 크게 영향을 미친 역사적인 인물로 다 인정을 합니다. 그러나 그러한 지식을 가졌다고 해서 하나님 나라에 들어갈 수 있을까요? 천만에요. 예수님을 하나님의 아들이라고 시인하지 못한다면 당신의 예수관은 틀렸습니다. 예수님이 인류의 구원자라는 사실을 믿지 못한다면 하나님의 나라에 들어갈 수 없습니다.

○ ○ ○ ○ ○ ○
양자택일하라!

저명한 영문학자요 변증학자였던 C. S. 루이스(C. S. Lewis, 1898-1963) 박사는 오랫동안 예수님 문제로 진통을 겪은 사람이었습니다. 모태신앙으로 어릴 때부터 주일학교에 다니며 예수님에 대해서는 귀가 아프게 들었지만 머리가 커지고 자의식이 생기면서부터 기독교에 대해 회의를 느낀 것입니다. 그래서 그는 교회를 떠나 몇십 년 동안 세상에서 제 마음대로 생활을 했습니다. 게다가 세상의 학문에 심취하여 교만하게 예수님을 멋대로 비판했습니다. 그러나 그의 마음은 후련하지 않고 늘 갈등과 회의의 연속일 뿐이었습니다. 그래서 그는 이 문제에 매달려 수년 동안 진통하고 고심했었는데 드디어 하나님의 은혜로 그의 마음에 변화가 일어나게 되었습니다.

"예수님은 하나님의 아들이요 나를 위해 십자가에 죽으시고 삼 일만에 살아나셔서 나를 하나님 앞에 인도하는 구원자가 되셨다"라는 사실을 C. S. 루이스가 확신하게 된 것입니다. 그 후로부터 그는 기독교에 회의를 느낀 사람을 깨우치기 위해 많은 글을 썼습니다. 그가 남긴 글 가운데 이런 말이 있습니다.

"나는 여기서 가끔 사람들이 그에 대해서 말하는 정말 어리석은 말을 어느 누구도 하지 않도록 하려고 노력합니다. 즉, 그 어리석은 말이라는 것은 '나는 예수를 위대한 도덕 선생으로 받아들일 용의가 있다. 그러나 나는 그의 주장을 하나님의 것으로서 받아들이지는 않겠다'는 등의 말입니다. 이것이 우리가 말해서는 안 되는 한 가지입니다. 단순한 인간으로서 예수님이 말씀하신 것과 같은 것을 말하는 사람은 위대한 도덕 선생이 아닐 것입니다. 그는 아마 미치광이거나 지옥에서 온 마귀일 것입니다. 당신은 결단을 내려야만 합니다.

이분을 하나님의 아들로서 인정하든지 미친 사람이거나 더 나쁜 사람으로서 판단하든지 둘 중에 하나입니다. 당신은 그를 바보로 인정할 수 있고 그에게 침을 뱉고 그를 마귀로서 죽일 수도 있습니다. 또한 당신은 그의 발 아래 엎드려 그를 주님, 그리고 하나님이라고 부를 수도 있습니다. 그러나 우리는 선심 쓰는 체하며 그를 위대한 도덕 선생이라고 하는 불합리한 제안 따위는 하지 맙시다. 그는 우리가 결정할 어떤 여지를 남겨 놓지 않으셨습니다."

만약 당신이 아직도 예수님을 한 사람의 성자로 여기고 있다면 성경의 진리를 모르기 때문입니다. 니고데모는 예수님을 잘못 보았습니다. 마찬가지로 오늘날 많은 현대인들이 예수님을 자기의 시각으로 잘못 보고 있습니다. 그렇기 때문에 하나님 나라에 들어갈 자격이 없는 가장 비극적인 사람이 되는 것입니다.

세계 어디에서나 이적과 기사를 행하는 부흥사가 집회를 인도할 때면 사람들이 많이 몰려드는 것 같습니다. 그러나 예수님 이야기를 중심으로 하는 집회에는 많이 모이지 않습니다. 니고데모와 같이 이적과 기사만 쳐다보는 사람치고 예수를 제대로 아는 사람은 별로 없습니다. 이것은 바른 신앙을 가지기 위해서 반드시 고쳐야 할 문제입니다.

○ ○ ○ ○
중생(重生)

이적과 기사를 좋아하는 니고데모에게 예수님이 가르치신 진리의 핵심은 중생(重生)입니다. 중생은 우리 속사람을 새롭게 만드는 창조 작업입니다. 지금까지는 아담의 후손이었고 아버지, 어머니로부터 태어난 사람의 후손이었지만 자신도 모르는 사이에 내면 깊은 곳에서 큰 변화가 일어나 드디어 하나님의 자녀로 탈바꿈을 하는 작업, 이것을 일컬어 '중생' 또는 '거듭난다'고 말합니다.

거듭나는 일은 너무나 신비스러워서 대부분의 사람들은 그것을 인식하지 못하는 경우가 많습니다. 부지불식간에 일어나는 것입니다. 마치 어머니 뱃속의 아기가 모태에서 자기가 어떻게 태어나는지를 모르듯이 중생은 하나님의 손에서 신비스럽게 태어나는 작업입니다. 그러나 어떤 사람은 그 순간을 분명하게 기억하는 경우도 있습니다.

이미 세상을 떠난 이수정 집사 이야기입니다. 이 집사는 생전에 나에게 "목사님, 제가 하나님 자녀로 태어난 지 네 돌째 되는 생일을 맞았어요. 멸망의 구렁텅이에서 건져 주신 주님께 감사드립니다"라는 글귀가 담긴 카드를 보내왔습니다. 자기가 언제 거듭났는지 그날을 정확히 아는 사람입니다. 이제는 하나님 나라에서 행복하게 쉬고 있겠지만 마흔 살이 되도록 너무나 불우한 생을 살았던 사람이었습니다. 부모 형제 없이 혈혈단신으로 날마다 남의 집 부엌에서 먹고 자야 했던 그녀는 공부를 한 적은 없지만 대학을 나온 사람이 깨닫지 못하는 거듭남을 알고 있었습니다. 박사가 아니었지만 박사가 감히 깨닫지 못하는 하나님 자녀의 신비스러움을 알고 있었습니다. 하나님이 주시는 큰 은혜를 받은 사람이었습니다.

어떤 사람이 새사람으로 태어날 수 있을까요? 하나님의 말씀에 귀를 기울이는 사람에게 거듭나는 역사가 일어납니다. 여기에 좋은 예가 있습니다. 유럽 지역에서 최초로 예수를 믿은 사람은 '루디아'라고 하는 부인입니다. 선교사 바울이 강가에서 설교를 할 때 루디아가 그의 말씀에 귀를 기울였습니다. 그 순간에 그는 거듭난 사람이 되었는데 성경은 그 사건을 이렇게 표현하고 있습니다.

> 두아디라 시에 있는 자색 옷감 장사로서 하나님을 섬기는 루디아라
> 하는 한 여자가 말을 듣고 있을 때 주께서 그 마음을 열어 바울의 말
> 을 따르게 하신지라_행 16:14

루디아는 말씀을 듣고 있다가 성령께서 그 마음을 열어 주셔서 자기도 모르게 거듭났습니다. 그리하여 그의 온 가정이 다 세례를 받고

자기의 집을 개방하여 유럽 최초의 교회 역할을 감당했습니다. 우리가 말씀을 들을 때 하나님의 영이신 성령께서 작업을 하십니다.

성령이 해산 작업을 할 때 우리는 무엇만 하면 됩니까? 성경 말씀에 귀만 기울이면 됩니다. 태어날 아기가 뱃속에서 자꾸 발악을 하면 엄마의 생명까지 위험합니다. 성령이 일하실 때는 가만히 있어야 합니다. 말씀을 들을 때 자기도 모르게 마음이 열리면서 "그렇구나!" 하고 고개가 끄덕끄덕해지면 벌써 거듭나는 사람입니다. 그러나 말씀을 들으면서 얼굴이 찡그려지고 거부 반응이 생기면 중생의 역사는 일어나지 못합니다.

거듭나는 것은 이렇게 신비스럽지만 거듭난 사람이냐 아니냐를 따지는 것은 그리 어렵지 않습니다. 왜냐하면 증거가 금방 나타나기 때문입니다. 제일 먼저 나타나는 증거는 예수님을 정확하게 보는 사람으로 바뀐다는 사실입니다. 니고데모처럼 예수님을 성자나 선생으로 보지 않습니다. 예수님이야말로 하나님의 아들로서 나의 죄를 위하여 십자가에 죽으셨다는 것과 죽은 지 삼 일 만에 부활하셔서 전 인류의 구원자가 되신 사실을 믿게 됩니다. 그러고는 무의식 중에 "주여!"라고 부르는 사람으로 바뀌어 있는 자신을 발견할 수 있습니다. 이렇게 중생받은 후로는 세상적인 생각과 생활태도가 점점 바뀌면서 예수님을 따라 기쁘게 신앙생활을 합니다. 먼지 속을 기어 다니던 애벌레가 번데기 속에 들어가 얼마 동안 있더니 드디어는 오색찬란한 날개짓을 하며 하늘을 나는 것을 봅니다. 한순간에 변한 이 나비처럼 중생도 이와 비슷합니다.

빌리 그레이엄(Billy Graham, 1918-2018)이라고 하면 그 이름을 모르는 사람이 없을 정도로 인지도가 높은 세계적인 영적 지도자입니다. 그래서 그가 예수님을 영접하고 변화 받은 동기 또한 대단히 극적일 것이라고 상상할 수 있습니다. 그러나 우리의 상상과는 다르게 그는 담담하게 예수를 믿은 사람이었습니다.

그가 하루는 천막을 쳐 놓고 부흥집회를 하는 곳에 친구들과 같이 가서 설교를 들었습니다. 부흥사 목사님이 설교를 한 다음 "이 시간 예수 그리스도를 믿기로 작정한 사람은 일어서서 앞으로 나오십시오"라고 말할 때 20대의 빌리 그레이엄은 무반응이었습니다. 그리고 그 다음 날 집회에 또 참석했습니다. '결신자는 나오라'고 하는 시간에 자기 친구가 그레이엄더러 같이 나가자고 했습니다. 그래서 반강제로 친구 손에 끌려 나가기는 했지만 빌리 그레이엄의 마음에는 변화가 없었습니다. 그리고 집에 돌아와서도 아무런 변화가 일어나지 않았습니다.

그런데 하룻밤 자고 일어났을 때 그레이엄이 보는 천지가 확 변했습니다. 자기도 모르게 마음에 큰 변화가 일어난 것입니다. 새사람이 되었습니다! 하늘을 보니 과거에 보던 하늘보다 더 높고, 길가의 야생화는 예전보다 더 아름답게 보였습니다. 자기의 마음에 예수님이 들어오셔서 가득히 자리잡고 있는 것을 느끼게 된 것입니다. 말씀을 듣는 순간 자기도 모르게 변화가 일어났는데 '형광등'처럼 감각이 둔해 조금 늦게 체험했던 것입니다.

어거스틴(Augustine, 354-430)이라는 교부의 이름을 들어 본 적 있습니까? 유명한 신학자요, 철학자이기도 한 그는 총명함이 그 누구에게도 뒤지지 않았습니다. 그 당시를 풍미하던 수사학과 웅변술에도 아주 능통한 사람이었는데 그런 만큼 여인들에게 인기가 높다 보니까 자연히 사생활이 문란했습니다.

그러나 어거스틴이 서른 살 때 예수님 앞에 완전히 굴복하고 나서 거듭난 새사람이 되었습니다. 하루는 길을 가는데 예전 방탕하던 시절에 사귀던 여인이 알아보고는 "어거스틴!" 하고 불렀습니다. 아무리 거듭나도 옛날의 그 음성을 모를 리는 없지요. 그는 걸음을 멈추고 그 여자를 쳐다보지도 않은 채 이렇게 대답했다고 합니다. "나는 옛날의 어거스틴이 아닙니다!" 이와 같은 어거스틴의 행동에서 그가 거듭난 사람이라는 것이 증명된 것입니다.

변화는 중생받은 사람의 증거입니다. 오늘의 한국 현실에서 시급히 요구되는 캠페인을 들라면 저는 '새사람 운동'이라고 말하고 싶습니다. 우리의 가정과 사회를 한 번 돌아보십시오. 가치관을 잃고 혼란에 빠져 있는 사람들이 너무나 많습니다. 젊은 청년들을 한 번 보십시오. 또 우리의 정치 현실을 보십시오. 사람이 변화되지 아니하면 아무리 제도를 뜯어고쳐도, 아무리 헌법을 열 번 스무 번 개정해도, 아무리 수출을 많이 해도 이 사회는 바뀌지 않습니다. 하나님의 능력으로 새사람이 되기 전에 이 사회는 구제받지 못합니다. 근본적으로 바뀌지 않는 한 방법이 없습니다.

속사람이 변화되지 아니하면 행동이 변하지 않습니다. 아무리 결심해도 얼마 지나면 또 예전으로 돌아갑니다. 사람이 근본적으로 변하지 아니하면 교회가 골목골목마다 수십 개씩 들어서도 이 사회의 혼탁한 물을 깨끗하게 할 수 없습니다. 예수 믿는 사람 중에 엉터리 신자부터 먼저 거듭나야 합니다. 교회를 적당히 다니는 것으로 변화되지 않습니다. 자기 자신도 하나님 나라에 들어갈 수 없을 뿐 아니라 이 사회를 구제할 수도 없습니다.

◦ ◦ ◦ ◦ ◦
하나님 나라

만약 하나님 나라에 들어가지 못하게 되면 영원한 심판을 면할 수 없습니다. 예수님은 니고데모에게 하나님 나라가 중요하다는 것을 거듭 강조하고 계시는데 우리 모두는 각성해야 합니다. 예수님은 하나님 나라에 관심을 두고 계시지만 우리는 썩어질 이 세상에 관심을 둡니다.

예를 들어, "나는 지금 35세니까 70세까지 살려면 아직 35년 세월이 남아 있어"라고 그 35년에다 기대고 있습니다. 그러나 누구든지 중생받는 문제를 지금 당장 해결하지 못하면 예수님은 이 35년을 안심할 수 없는 시간으로 해석합니다. 우리의 좁은 소견에는 35년이 대단히 긴 것처럼 느껴지지만 절대자인 예수님의 눈에는 한 점의 먼지처럼 아무것도 아닌 것입니다. 우리가 앞으로 몇 년 살 것이냐, 얼마나 건강하게 살 것이냐 하는 문제는 주님이 그렇게 관심을 갖고 있지 않습니다. 왜냐하면 영원한 하나님 나라는 너무나 행복한 곳이기 때문에 이 세상의 행과 불행은 예수님의 눈에 대단한 것이 못됩니다. 예수님은 하나님 나라에 들어가는 문제에 전적으로 관심을 기울이고 계십니다.

하나님이 교회를 세우시고 성도를 사방으로 흩어 전도하게 하시는 이유가 어디에 있습니까? 무서운 저 멸망의 구렁텅이를 향해 걸어가는 사람들을 건지기 위해서, 한 영혼이라도 지옥으로 가는 것을 막기 위해서입니다. 예수님은 지옥문을 열기도 하고 닫기도 하는 주권을 갖고 계신 분입니다. 지옥을 너무나 잘 아시기 때문에 우리가 영원한 심판을 면하고 하나님 나라로 들어오는 것에 모든 관심을 집중하고 계십니다.

아직도 예수를 믿지 않는다면 당신은 시한부 생명입니다. 무심히 넘기지 마십시오. 반드시 새생명을 얻어야 합니다. 그러기 위해서는 예수님 안에서 거듭나야 합니다. 이 문제가 당신이 세상에서 당면한 그 어떤 문제보다도 가장 먼저 해결해야 할 급선무라는 사실을 잊지 마십시오.

나는 부활이요 생명이니 나를 믿는 자는 죽어도 살겠고 무릇 살아서
나를 믿는 자는 영원히 죽지 아니하리니_요 11:25-26

3

사람이 되신
하나님

우리로 하여금 조금도 거리감이 없도록 하기 위해서,
조금도 마음에 부담을 갖지 않도록 하기 위해서
우리와 똑같은 모습으로 찾아오셨습니다.

요한복음 1:1,14

1 태초에 말씀이 계시니라 이 말씀이 하나님과 함께 계셨으니 이 말씀은 곧 하나님이시
니라

14 말씀이 육신이 되어 우리 가운데 거하시매 우리가 그의 영광을 보니 아버지의 독생
자의 영광이요 은혜와 진리가 충만하더라

사람이 되신
하나님

인류 역사상 오래전부터 사람들은 신에 대해 어떤 병적인 환상을 가지고 있었습니다. 그 환상은 '신이 어떻게 생겼을까?' 하는 궁금증에서 나오는 일종의 추측을 말합니다. 그러한 까닭으로 많은 사람들이 이모저모로 신의 환상을 그렸는데 그 환상이 종내에는 어떠한 형태로 굳어졌습니다. 이것이 발전하여 나중에 미신이 되고 우상이 되고 종교가 되었습니다.

인간은 무엇이나 형체를 떠나서는 그 실체와 의미를 포착할 수 없는 약점을 지니고 있습니다. 그래서 신에 대한 환상을 어떤 결정론적인 신관으로 굳혀 버렸는데, 이것은 대단한 실수였습니다. 왜냐하면 하나님의 실체는 사람들이 추측하고 고집하는 그런 형태의 존재가 아니기 때문입니다.

형상이 없는 하나님

하나님은 자신을 무엇이라고 합니까? 그분은 형상이 없다고 하셨습니다. 이사야 선지자를 통해서 명확히 이렇게 말씀하셨습니다.

> 너희가 하나님을 누구와 같다 하겠으며 무슨 형상을 그에게 비기겠
> 느냐_사 40:18

또 이스라엘 백성이 광야생활을 할 때 하나님께서 모세의 입을 통해서 이렇게 말씀하셨습니다.

> 여호와께서 불길 중에서 너희에게 말씀하시되 음성뿐이므로 너희
> 가 그 말소리만 듣고 형상은 보지 못하였느니라_신 4:12

하나님께서는 자신이 형상이 없다고 분명히 말씀하셨습니다. 이런 의미에서 하나님을 어떤 모양이나 형상으로 마음에 그린다든지 또는 형상을 만들려고 하는 생각 그 자체가 하나님에 대한 모독이라고 할 수 있습니다.

초등학교 1학년인 어떤 아이에게 자기 아빠를 그려 보라고 했을 때 그 아이가 아빠를 돼지처럼 그렸다고 가정해 봅시다. 그림을 보니까 영락없는 돼지 모습입니다. 그런데 그 아이는 그것을 자기 아빠라고 우긴다면 우리는 어떤 느낌을 받게 됩니까? '이런! 애가 철이 없어도 이렇게 없을 수가 있나?' 하고 마치 그 아이가 자기 아빠를 모독하는 것처럼 생각되지 않겠습니까?

하나님은 형상이 없는데도 인간은 하나님을 이 모양, 저 모양으로 만들어 놓고 하나님이라고 고집을 합니다. 그러한 생각 자체도 하나님에 대한 모독입니다. 그런데 형상까지 만드는 우상 행위는 얼마나 하나님을 모독하는 것이 되겠습니까?

결국 분명하게 드러난 한 가지 사실은 하나님의 실체와 인간의 환상 사이에 엄청난 간격이 있다는 것입니다. 그리고 이것은 인간의 입장에서 볼 때 굉장한 딜레마로 등장했습니다. 그러므로 이 문제는 인간이 하나님의 수준으로 올라가든지 아니면 하나님이 인간의 수준으로 내려오시든지 둘 중에 하나가 이루어져야 해결이 가능한 문제였습니다.

말씀의 하나님

하나님께서는 이 문제의 어려움을 극소화시키기 위해서 구약시대에는 말씀을 사용하셨습니다. 말씀이라는 매개체를 사용하셔서 직접 하나님이 음성으로 듣게도 하시고 어떤 때는 천사들을 보내기도 하셨습니다. 어떤 때는 선지자들을 보내서 사람들로 하여금 하나님의 말씀을 듣게 했습니다. 그러므로 구약의 하나님은 말씀의 하나님이셨습니다. 말씀으로 이스라엘을 애굽에서 구원하셨고, 말씀으로 홍해를 가르셨고, 말씀으로 시내산 광야로 인도하셨습니다.

성경에서 그 예를 하나 들어 보겠습니다. 모세가 가시덤불에서 불길을 본 사건입니다. 모세는 처음에 가시덤불에서 불이 난 줄 알았습니다. 그러나 나무가 타지 않는 것을 보고 이상히 여겨서 가시덤불 가까이 접근해 보았습니다. 그것은 불길이었습니다. 그러나 모세는 그것이 무엇인지를 몰랐습니다. 왜냐하면 말씀이 없었기 때문입니다. 드디어 "모세야, 모세야! 네 발에서 신을 벗으라" 하는 말씀으로 나타나시는 하나님 앞에 모세는 비로소 하나님이라는 존재를 알게 되었습니다. 그리고 그는 신을 벗었습니다. 그러나 하나님의 형상은 보이지 않았습니다.

하나님을 말씀이라고 한 것은 대단히 흥미 있는 표현입니다. 하나님을 로고스(logos)라고 했습니다. 하나님이 말씀을 가지고 인간과의 교제를 지속해 오셨습니다만 역시 인간 편에서는 여전히 문제가 남아 있었습니다. 왜냐하면 인간은 마음 깊은 곳에서부터 '하나님을 보여 주시오' 하는 간절한 욕구가 있었기 때문입니다. 빌립이 이것을 너무나 잘 표현했습니다.

> 주여 아버지를 우리에게 보여 주옵소서 그리하면 족하겠나이다
> _요 14:8

하나님을 보기를 원하는 것은 모든 사람들의 공통적인 소원입니다. 말씀으로만 나타나시는 하나님에게서 인간은 뭔가 후련함을 느끼지 못하고 하나님의 모습을 보기 원했습니다. 이것이 얼마나 심각한 문제였는지 우리는 이스라엘 역사를 통해서 그 사실을 잘 알 수 있습니다.

이스라엘의 역사를 당신은 어떻게 보십니까? 성경을 가만히 보세요. 이스라엘 사람들은 아침에는 말씀하시는 하나님 앞에 가서 예배를 드리고 제사를 드린 사람들이 저녁에는 형상을 가진 신 앞에 가서 무릎을 꿇고 절을 했습니다. 어떻게 이럴 수가 있습니까? 말씀하시는 하나님 앞에서 예배하던 백성들이 어떻게 형상을 가진 우상 앞에 가서 경배할 수 있습니까? 이처럼 인간의 모습은 왔다 갔다 하는 것입니다. 그들이 말씀하시는 하나님 앞에서 듣기는 들어도 '보았으면 좋겠다'는 욕망 때문에 형상을 가진 우상 앞에 가서 굴복을 하고 마는 것입

니다. 이스라엘의 역사는 말씀의 하나님과 형상을 가진 우상 사이를 왔다 갔다 하는 일종의 갈등의 역사였습니다. 이것은 바로 신관(神觀) 문제로 끊임없이 갈등하는 인간의 본연이라고 볼 수 있습니다.

이 난제를 풀기 위해 우리가 하나님 편으로 올라갈 수는 없습니다. 너무나 잘 아는 바와 같이 우리는 다 죄인이기 때문입니다. 그 어떤 사람도 하나님을 찾아갈 능력이 없습니다. 하나님을 만날 만한 체면도 없습니다. 하나님과 만나서 떳떳하게 대화를 나눌 만한 양심도 없습니다. 우리는 모두 다 철저하게 죄인입니다. 그러므로 인간이 기대를 걸 수 있는 것이 있다면 그것은 하나님이 인간 세계로 찾아오시는 것이었습니다. 그렇게 해야만 하나님과 인간 사이의 간격이 없어질 수가 있었습니다.

여기에서 우리는 어떤 오해도 하면 안 됩니다. 하나님이 사람이 되어서 세상에 오셔야 할 이유가 순전히 인간의 욕구를 채워 주기 위해서, 단순히 인간의 호기심을 만족시켜 주기 위해서 오셨다고 생각하면 성경 전체의 진리를 크게 곡해할 수 있습니다. 어디까지나 인간 편에서 볼 때 그렇다는 이야기입니다.

왜 인간으로 오셨는가?

하나님 편에서 보실 때는 자신이 인간의 모습을 입고 오실 수밖에 없는 필연적인 이유가 두 가지 있었습니다.

첫째 이유는, 우리에게 하나님을 정확하게 알려 주시려는 것입니다. 죄를 범한 인간은 하나님을 정확하게 아는 것이 생명입니다. 호세아 선지자는 이스라엘 백성을 바라보고 "내 백성이 지식이 없으므로 망하는도다"(호 4:6)라고 했습니다. 하나님을 바로 아는 것이 내가 사는 길이요, 조금이라도 알지 못하면 내가 망하는 길입니다. 그렇다면 우리에게 하나님을 정확하게 알려 주시는 것은 우리를 구원하시려는 하나님의 입장에서 볼 때 너무나 당연한 일입니다.

어떻게 하면 하나님을 정확하게 알려 줄 수 있을까요? 공중에서 말씀만 가지고 정확하게 알려 줄 수 있을까요? 아닙니다. 구약에서 그것은 큰 효과를 거두지 못했습니다. 어떻게 우리에게 하나님 자신을 정확하게 알려 줄 수 있습니까? 인간은 눈에 보이는 하나님을 요구했습니다. 그래서 하나님께서 인간의 수준으로 내려오시게 된 것입니다.

둘째 이유는, 하나님 스스로 대속물이 되시려는 것입니다. 우리 인간을 죄와 죽음에서 구원하려면 죄의 값을 대신 지불할 만한 희생제물이 필요했습니다. 전 인류를 구원하기 위해서는 어떤 제물이 가장 합당한 제물이겠습니까? 구약에서와 같이 황소나 염소 같은 짐승으로 가능합니까? 아닙니다. 아무리 흠이 없고 깨끗하다 하더라도 그것으로는 인류의 모든 죄를 완전히 씻을 수 없다는 것이 드러났습니다. 수백 번, 수천 번, 수만 번 제사가 반복되는 악순환밖에 남는 것이 없습니다.

하나님은 모든 인류가 깨끗하게 씻음 받고 용서받을 수 있는 제물을 세상에서 찾았지만 하나도 발견하지 못했습니다. 하나님은 "의인은 없나니 하나도 없다"고 하셨습니다(롬 3:10 참조). 하나님의 제단에 올려놓을 깨끗한 제물이 이 세상에는 하나도 없었습니다. "피 흘림이 없이는 죄 사함이 없다"는 대전제를 하나님 자신이 깨뜨릴 수는 없습니다. 그러므로 피를 흘리는 완전한 제물이 하나님 제단에 올라가야 하는데 이 문제를 풀기 위해서는 하나님 자신이 인간이 되는 길밖에 없었습니다. 우리를 구원하기 위해서 그 길밖에 다른 길이 없었습니다. 이것이 하나님께서 이 세상에 찾아오시게 된 필연적인 이유입니다.

이런 이유 때문에 하나님께서는 창세기부터 자주 예언을 하셨습니다. 창세기 3장 15절에 '여자의 후손으로 찾아오실 것'이라고 예언하셨고 이사야의 입을 통해서 '처녀의 몸에서 탄생하실 것'을 이미 몇백년 전부터 예언하시고 구원을 기다리는 많은 사람으로 하여금 그 하나님을 바라보도록 만들어 놓았습니다. 이 약속이 이루어진 것이 성탄의 기적입니다.

> 말씀이 육신이 되어 우리 가운데 거하시매 우리가 그의 영광을 보니
> 아버지의 독생자의 영광이요 은혜와 진리가 충만하더라_요 1:14

이 짤막한 말씀 중에서 당신의 마음에 닿는 감동적인 단어가 무엇입니까? 각 사람마다 틀리겠으나 저에게는 "우리가 그의 영광을 보니"라는 구절의 '본다'는 단어입니다.

하나님을 본 사람

구약에서 하나님을 보았다고 하는 것은 천사를 보고 하는 말이지 하나님을 본 것이 아닙니다. 하나님을 본 사람은 없습니다. 하나님이 말씀하시기를 "누구든지 나를 본 자는 반드시 죽으리라"고 하셨습니다. 아무도 하나님을 본 사람이 없는데 여기에 "우리가 그의 영광을 보았다"는 말씀이 나옵니다. 드디어 인간의 소원이 이루어진 것입니다. 그렇게 보고 싶어 하던 하나님을 두 눈으로 보는 큰 기적이 일어난 것입니다. "우리가 그의 영광을 보니!" 이 얼마나 감격스러운 말입니까! 여기에서 '영광'이라는 단어는 무엇을 뜻합니까? 글자 그대로는 '빛'을 말합니다. 간단하게 표현하면 '하나님 자신의 임재'라고 할 수 있습니

다. 구약에서도 하나님의 임재가 영광으로 표현되었지만 구름만 보이거나 불길만 보이고 소리나 지진만 있었습니다.

구약에서 하나님의 영광이 처음 나타난 것은 만나를 처음에 내려주실 때 '하나님의 영광이 구름 가운데 보였다'고 기록되어 있습니다 (출 16:10 참조). 그리고 십계명을 처음 주실 때 '하나님의 영광이 불꽃 가운데 나타나셨다'고 했습니다. 또 성막을 세울 때 '하나님이 그 성막 위에 구름으로 덮혔고', 솔로몬이 성전을 짓고 난 후 헌당식을 할 때 그 '성전 안에 구름으로 가득하게 임하신 하나님의 영광을 보았다'고 했습니다. 그러나 하나님의 형상은 없었습니다.

그런데 "우리가 그의 영광을 보니"라는 말씀에서 그 영광은 구름을 의미하는 것이 아닙니다. 불길을 의미하는 것도 아닙니다. 음성을 의미하는 것도 아닙니다. 사람의 몸을 입고 오신 하나님, 바로 하나님의 모습입니다.

이것이야말로 얼마나 감동적인 사건입니까! 얼마나 환희에 넘치는 표현입니까! 막연히 읽을 말씀이 아닙니다. "야, 드디어 하나님의 영광이 보이는구나! 하나님이 드디어 우리 눈앞에 나타나셨구나! 내 눈에 보인다! 저분이 하나님이다!" 자신도 모르게 환성이 터집니다. 놀라운 감격이요, 놀라운 축복입니다.

○ ○ ○ ○ ○ ○ ○ ○ ○
참사람이 되신 하나님

하나님께서는 우리가 눈으로 뚜렷하게 볼 수 있는 모습을 가지고 나타나시기 위해서 두 가지 일을 하셨습니다.

첫째는 육신이 되는 것이요, 둘째는 우리 가운데 거하시는 것입니다. 그런데 우리가 예수님에 대해서 잘 이해하지 못하는 부분이 있습니다. 그분은 참 하나님이요, 동시에 참사람이란 점입니다. 한 분 존재 안에 두 속성을 가지신 분입니다. 우리는 그것을 잘 설명하지 못합니다. 그럼에도 하나님이면서 동시에 사람인 이 사실을 믿지 아니하면 그는 신자가 아니라 불신자입니다. 만약에 이것을 부정하면 사도 요한이 말한 것처럼 이단입니다. 적그리스도입니다. 예수를 믿고 구원받기 원하는 사람은 예수님이 참 하나님이요, 참사람이라는 이 사실을 반드시 믿어야 합니다.

예수님은 참사람으로 이 땅에 오셨습니다. 사람의 눈에 보이는 어떤 환상의 존재가 아닙니다. 그리고 이 땅에 오신 그분은 구름을 타고 있는 분도 아니요, 저 성곽이 높은 궁중에 계신 분도 아닙니다. 바로 "우리 가운데 거하시는 분"으로 오셨습니다. "우리 가운데 거하신다"는 이 말은 원문에 "장막을 친다"라는 뜻으로 나와 있습니다. 좀 더 쉽게 풀이하면 "하나님이 이 세상에 오셔서 아예 천막에 말뚝을 치고 우리와 함께 먹고 마시면서 동거한다"는 의미를 가지고 있습니다. 정말로 대단한 일입니다.

그런데 성경에서는 이 단어가 상당히 발전하면서 사용되는 예를 볼 수 있습니다. 구약시대에 이스라엘 백성이 40년 동안 광야에 있을 때는 하나님이 천막을 치고 계셨습니다. 이스라엘 백성이 살고 있는 그 회중 한가운데 천막을 치고 계셨는데 형상은 보이지 않고 순전히 장막만 보였습니다. 그러니까 천막이 하나님이 거기 계신다는 하나의 상징물이었습니다. 그래서 소위 성막이라고 하는 그 천막에서 그들은 하나님을 만났고, 하나님의 말씀을 들었습니다. 그리고 그곳에서 하나님 앞에 제사를 지냈습니다. 그러나 보이는 것은 천막밖에 없었습니다.

그런데 예수님이 오심으로 인해서 이 천으로 된 천막이 육체로 바꿴 것입니다. 마치 천막 속에 함께 거하시듯이 몸을 입고 오신 예수님, 그분이 우리 중에 거하십니다. 이제 우리는 천으로 된 천막을 보는 것이 아닙니다. 우리는 육체를 입고 나와 똑같은 모습으로 오신 하나님을 보는 데까지 이르렀습니다.

요한계시록 21장이 기록하고 있는 세계는 말로 다 표현할 수 없는 파라다이스입니다. 병도 없고, 죽음도 없고, 마귀도 없고, 우리를 유혹하는 죄도 없고, 슬픔도 없고, 늙는 것도 없는 오직 하나님이 택하신 의인들만 영원히 사는 새 하늘과 새 땅입니다. 하나님은 그 나라에서도 "하나님의 장막이 사람들과 함께 있으매"(3절)라고 했습니다. 거기에서도 천막이 나옵니다. 그런데 그 천막은 구약시대에서 본 천으로 된 천막이 아닙니다. 그러면 신약시대에 팔레스타인 한쪽 모퉁이에 잠깐 오셨다가 가신, 육체를 입고 계신 그와 같은 장막을 말합니까? 아닙니다. 이것의 신비스러움은 글로써 표현하기가 상당히 어려운 것 같습니다. 왜냐하면 그것은 영광스러운 하나님 자신을 말하고 있기 때문입니다.

○ ○ ○ ○ ○
은혜의 충만

아버지의 독생자의 영광이요 은혜와 진리가 충만하더라_요 1:14

여기에서 '은혜'라는 말은 글자 그대로 말하면 '값없이 얻는 선물'입니다. 또 다른 의미로 말하면 '아름다운 것'이 은혜입니다. 그렇다면 '아름답고 값없이 얻는 선물'은 무엇입니까? 하나님의 아들이신 예수님의 모습, 즉 나와 똑같은 몸을 입고 찾아오신 그분의 모습 그 자체가 아름답고 값없이 얻는 선물인 은혜라고 말하고 싶습니다.

하나님이 육신을 입고 이 세상에 오셨다는 것은 하나님 자신에게는 대단한 희생입니다. 대단한 자기 비하입니다. 이것은 하나님께서 낮은 자리로 임하시는 것을 의미합니다. 낮고 미천한 우리들이 어떻게 그 하나님을 만날 수 있을까요? 감격이 없이는 불가능한 일입니다. 눈물 없이는 그 하나님을 만날 수 없습니다. '하나님이 나 같은 모습을 입고 오셨다니!' 그것 하나만으로도 인간의 감정으로는 너무나 북받치는 흥분이 될 수 있습니다. 이것은 은혜입니다.

° ° ° ° ° ° ° °
눈먼 딸과 눈먼 엄마

〈리더스 다이제스트〉(Reader's Digest)에 게재되었던 이야기입니다. 에드워드 골드 세이더라는 사람이 스스로 체험한 것을 짤막하게 쓴 아름다운 글입니다.

세이더는 헤어진 사람들을 만나게 해 주는 유별난 직업을 갖고 있었습니다. 요사이 우리말로 하면 문제 해결사라고 할 수 있겠지요. 그런데 하루는 그에게 스콰이어즈라는 부인으로부터 편지가 왔습니다. 12년 동안이나 만나지 못한 클로디어라는 자기 딸을 찾아 달라는 내용이었습니다. 그 부인은 재혼을 한 사람이었는데 그의 전 남편은 한국 전쟁에서 전사를 했다고 합니다. 그때 그 남편과의 사이에 딸이 하나 있었는데 부인이 재혼하기 4년 전에 여덟 살 난 딸을 고아원에 맡긴 것입니다. 그 딸은 금발 머리에 파란 눈을 가졌으며, 특별히 음악에 재능을 지니고 있었습니다.

그 부인이 딸을 고아원에 맡긴 후 1년 동안은 가끔 소식이 왔습니다. 성악 레슨을 받으며 아주 귀엽게 자란다는 소식이 온 뒤 1년이 좀 지나자 딸의 소식이 뚝 끊어져 버렸습니다. 들리는 소문에 의하여 누구의 양녀로 입양된 듯하다고 했습니다. 그리고 12년 동안 전혀 소식이 없었습니다. 그리고 이 부인은 지금의 남편과 재혼했습니다. 그런데 스콰이어즈 부인은 그 딸이 너무나 보고 싶고 소식이 궁금했습니다. 아무리 수소문해도 찾을 수가 없었습니다. 그래서 세이더라고 하는 전문가에게 딸을 찾아 달라고 의뢰를 한 것이었습니다.

"음악에 소질이 있고 성악 레슨을 받은 경력이 있음. 이름은 클로디어." 세이더가 같은 이름을 가진 사람을 계속 추적한 결과, 드디어 비슷한 사람을 찾아냈습니다. LA의 나이트 클럽에서 저녁마다 노래를 부르는 클로디어라는 여성이었습니다. 나이도 스무 살로 거의 맞았습니다. 그리하여 세이더가 편지를 띄우고 클로디어가 공연을 하는 나이트 클럽으로 찾아갔습니다. 무대 공연이 끝난 뒤 쉬는 시간에 세이더가 무대 뒤로 그녀를 찾아갔습니다. 그때 어떤 금발의 여인이 의자에 앉아서 뜨개질을 하고 있었습니다. 그 여인에게 세이더가 자기 소개를 하니까 "예, 제가 이미 편지를 받았어요. 저의 매니저가 그 편지를 읽어 주었어요. 저는 시각장애인이거든요"라고 그녀가 답변했습니다.

세이더는 그녀에게 스콰이어즈 부인의 이야기를 하면서 자기가 찾아온 목적을 밝혔습니다. 그런데 그 이야기를 가만히 듣고 있던 그녀의 얼굴이 무섭게 일그러지면서 갑자기 분노에 떠는 모습으로 바뀌었습니다. 그리고 하는 말이 "바로 나예요! 내가 그 아이예요. 여덟 살 때 어머니는 나를 고아원에 버렸어요. 내가 시각장애인이 된다는 것을 알고 나를 버린 거예요. 왜 이제야 나를 만나려고 해요? 나는 만나고 싶지 않아요!" 하고 클로디어는 거칠게 돌아앉았습니다. 세이더가 아무리 사정을 해도 그녀는 완강히 거부했습니다. 그래서 세이더는 돌아가서 생각을 하다가 그녀의 양부모에게 전화를 걸었습니다. 친모와 한 번만 만날 수 있도록 주선해 달라고 간청을 한 것입니다. 그 양부모의 덕분으로 호텔에서 모녀가 상봉하는 기회를 갖게 되었습니다.

드디어 그날이 왔습니다. 클로디어가 혼자 들어가지 않으려고 해서 세이더가 그를 데리고 들어갔습니다. 방문을 열고 들어가니 커다란 소파에 파란 눈의 여인이 조용히 앉아 있었습니다. 클로디어의 엄마였습니다. 클로디어가 목에서 겨우 기어 나오는 소리로 "안녕하세요?" 하고 더듬거리면서 인사를 했습니다. "이게 몇 년 만이지? 할 얘기가 많을 것 같았는데, 어찌된 셈인지 생각이 통 안 나는구나. 네 목소리는 옛날과 조금도 달라진 것이 없구나!"라는 어머니의 말을 들은 클로디어는 갑자기 신경질적으로 "그만두세요. 듣기 싫어요"하고 소리를 쳤습니다. 스콰이어즈 부인은 "너를 좀 찬찬히 보고 싶구나"라고 하면서 일어나 두 팔을 벌렸습니다. 그러자 세이더가 클로디어를 끌어다가 어머니 앞으로 인도했습니다. 그리고 그는 어머니가 딸을 포옹하려는 줄 알고 뒤로 좀 비켜섰습니다.

그런데 그것이 아니었습니다. 어머니가 손을 딸의 어깨 위에 얹더니 더듬더듬 딸의 얼굴을 만지기 시작했습니다. "어쩜, 내 딸이 많이 컸구나. 게다가 아주 예뻐지고." 딸은 머뭇머뭇 자기의 얼굴을 만지는 어머니의 손에 자기 손을 얹고는 놀라서 소리쳤습니다. "아니, 그럼 엄마도?" 딸의 말을 들은 어머니는 나직이 말했습니다. "그래, 나도 너와 같이 앞을 못 본단다. 그렇지만 너라면 어디서 만나더라도 꼭 알아볼 수 있을 거라고 생각했었지." 어머니의 그 말을 듣자 딸은 와락 울음을 터뜨리며 어머니의 품에 쓰러졌습니다.

모든 원한과 모든 감정이 한순간에 녹아내리는 장면이었습니다. 그 어머니는 과거에 유전성 눈병을 앓고 있었습니다. 그리고 그때 딸에게도 똑같은 증상이 나타나는 것을 보았습니다. 그래서 두 사람 모

사람이 되신 하나님

63

두 시각장애인이 되는 것을 감당할 수가 없어서 딸을 고아원에 맡긴 것인데 클로디어는 그 사실을 전혀 몰랐던 것입니다.

"나와 똑같이 눈이 먼 엄마를 만나는 감격!" 만약 시각장애가 없는 어머니를 만났다면 응어리진 그 딸의 마음에는 결코 따뜻한 봄이 찾아오지 않았을 것입니다. 자기와 어머니가 똑같은 문제를 가진 시각장애인이라는 사실을 알았을 때 딸의 마음은 순식간에 녹아내렸습니다. 한순간에 둘은 하나가 될 수 있었던 것입니다.

○ ○ ○ ○ ○ ○ ○ ○
어쩌면 나와 똑같이

예수님을 볼 때 '아, 그분은 어쩌면 나와 똑같이 닮았을까?' 하고 감격합니다. 예수님은 이사야가 표현한 것처럼 아름다운 것도 없습니다. 흠모할 만한 것도 없습니다. 사람들이 볼 때에 전혀 드러날 만한 존재가 아니었습니다. 하늘에서 누리던 그 찬란한 영광을 보잘것없는 육체의 옷으로 덮으시고 오신 것입니다. 우리로 하여금 조금도 거리감이 없도록 하기 위해서, 조금도 마음에 부담을 갖지 않도록 하기 위해서 우리와 똑같은 모습으로 찾아오셨습니다.

어떻게 하나님이 이런 모습으로 찾아오실 수 있을까요! 세리가 만나도 조금도 마음에 부담이 없었습니다. 창녀가 만나도 거부감을 느끼지 않았습니다. 가난한 자들이 만나도, 세상에서 실패한 자들이 만나도 포근히 안길 수 있는 똑같은 모습이었습니다. 너무나 감격적인 사실입니다. 눈물 없이는 볼 수 없는 사실입니다. 그래서 바울은 이 사실을 놓고 감격적인 말 한마디를 했습니다.

미쁘다 모든 사람이 받을 만한 이 말이여 그리스도 예수께서 죄인을

구원하시려고 세상에 임하셨다 하였도다 죄인 중에 내가 괴수(魁首)
니라_딤전 1:15

바울이 볼 때에 자기 앞에 나타난 예수 그리스도는 죄인의 괴수인
자기와 다를 바 없는 모습이었습니다. 너무나 감격스러운 사실입니
다. 이것이 성탄의 기쁨이요, 감격입니다. 이것이 성탄의 기적입니다.
 영광스러운 하나님이 당신을 구원하시기 위해서 당신과 똑같은 모
습으로 오셨습니다. 그 놀라우신 하나님의 은혜를 체험할 수 있도록
당신의 마음을 여십시오. 죄인임을 고백하고 예수님을 당신의 구주로
영접하십시오! 그리하여 평생토록 당신과 똑같은 모습의 하나님을 만
난 감격을 맛보며, 주님 앞에서 늘 은혜 충만한 삶을 사는 행복한 사람
이 되십시오.

4

목마른
인생

당신은 과연 영원히 목마르지 아니하는 생수를 마신 사람입니까?
정말 마음 속에서 끊임없이 솟아오르는 예수의 생수를
날마다 맛보면서 사는 사람입니까?
그래서 초가집도 천국이요, 실패한 자리에서도 감사요,
다른 사람처럼 출세는 못했지만 마음은 항상 천국이라고 자신 있게 말할 수 있습니까?
그렇다면 당신은 복 받은 사람입니다.

요한복음 4:1-14

1 예수께서 제자를 삼고 세례를 베푸시는 것이 요한보다 많다 하는 말을 바리새인들이 들은 줄을 주께서 아신지라 2 (예수께서 친히 세례를 베푸신 것이 아니요 제자들이 베푼 것이라) 3 유대를 떠나사 다시 갈릴리로 가실새 4 사마리아를 통과하여야 하겠는지라 5 사마리아에 있는 수가라 하는 동네에 이르시니 야곱이 그 아들 요셉에게 준 땅이 가깝고 6 거기 또 야곱의 우물이 있더라 예수께서 길 가시다가 피곤하여 우물 곁에 그대로 앉으시니 때가 여섯 시쯤 되었더라 7 사마리아 여자 한 사람이 물을 길으러 왔으매 예수께서 물을 좀 달라 하시니 8 이는 제자들이 먹을 것을 사러 그 동네에 들어갔음이러라 9 사마리아 여자가 이르되 당신은 유대인으로서 어찌하여 사마리아 여자인 나에게 물을 달라 하나이까 하니 이는 유대인이 사마리아인과 상종하지 아니함이러라 10 예수께서 대답하여 이르시되 네가 만일 하나님의 선물과 또 네게 물 좀 달라 하는 이가 누구인 줄 알았더라면 네가 그에게 구하였을 것이요 그가 생수를 네게 주었으리라 11 여자가 이르되 주여 물 길을 그릇도 없고 이 우물은 깊은데 어디서 당신이 그 생수를 얻겠사옵나이까 12 우리 조상 야곱이 이 우물을 우리에게 주셨고 또 여기서 자기와 자기 아들들과 짐승이 다 마셨는데 당신이 야곱보다 더 크니이까 13 예수께서 대답하여 이르시되 이 물을 마시는 자마다 다시 목마르려니와 14 내가 주는 물을 마시는 자는 영원히 목마르지 아니하리니 내가 주는 물은 그 속에서 영생하도록 솟아나는 샘물이 되리라

목마른
인생

예수님이 세상에 계실 동안 개인적으로 몇 명의 여인들에게 전도하셨는지 정확히 알 수는 없습니다. 그러나 꼭 한 군데 성경에 기록된 예가 있습니다. 예수님이 공적으로는 많은 여인들을 전도했습니다만 사적으로 직접 찾아가셔서 대화를 나누는 중에 여인을 구원하시는 예는 본문에 나타나 있는 것이 유일한 대목입니다.

그런데 본문에 등장하는 이 수가 성의 여인은 결혼에 실패한 불행한 여자였습니다. 그 이후에 무려 네 명의 남자를 거치며 전전하다가 또 실패하고 이제는 어디서 만났는지 모르는 여섯 번째의 남자와 동거생활을 하는 처량한 여인이었습니다.

태초에 하나님이 인간을 창조하실 때 하나님은 여자를 매우 존귀한 존재로 만드셨습니다. 단지 남자를 먼저 만드셨다는 순서의 차이뿐이지 남녀를 동등한 인격으로, 존귀한 하나님의 형상을 닮은 피조물로 창조하셨습니다. 매튜 헨리(Matthew Henry, 1662-1714)라는 유명한 성경학자는 "남자가 머리라면 여자는 그 머리의 왕관이다. 남자가 아주 정련된 흙에서 만들어졌다면 여자는 두 배로 정련된 흙에서 만들어졌다"고 말했습니다. 매튜 헨리의 말을 분석해 본다면, 남자는 흙으로 만들어졌지만 여자는 흙보다 한 단계 발전된 남자의 갈비뼈로 만들어졌다는 말입니다. 왜 하나님이 남자의 갈비뼈로 여자를 만드셨을까요? 그것은 남자와 여자가 서로 평등한 존재라는 것을 나타냅니다. 하나님은 여자가 남자의 마음 가장 가까운 곳에서 항상 사랑과 보호를 받는 존재가 되도록 하기 위해서 남자의 중요한 부분인 가슴 부위의 뼈를 사용하여 여자를 만드셨다는 것입니다.

천시된 여자의 존재

하와가 하나님을 반역하고 죄를 범함으로 인하여 인간은 하나님의 곁을 떠나게 되었습니다. 낙원을 떠난 후에 더 피해를 당한 쪽은 여자입니다. 여자는 불순종으로 인하여 하나님 앞에서 쫓겨난 다음부터 남자와 동등한 대우를 받지 못하는 자리에 서게 되었습니다.

> 모든 성도가 교회에서 함과 같이 여자는 교회에서 잠잠하라 그들에게는 말하는 것을 허락함이 없나니 율법에 이른 것같이 오직 복종할 것이요_고전 14:33-34

먼저 선악과를 따 먹은 죄와 아담까지 죄악에 끌어들인 죄 때문에 하와의 후예들은 오늘날까지 그 죗값을 지불하며 고통 속에 살고 있습니다. 인류 역사상 오랜 세월 동안 여자는 남자의 사유 재산처럼 취급을 받았습니다. 이것은 그리스의 철학자 아리스토텔레스(Aristoteles, B.C. 384-322)의 말 속에서도 확연히 드러납니다. "만약 여인이 자기 남편과 동등하다고 주장한다면 그것은 마치 노예가 상전과 동등하다고 하는 것처럼 사회질서는 무너지고 말 것이다."

여자를 노예 취급해야 사회질서가 유지된다는 이런 비참한 풍조는 16세기가 되어서도 변하지 않았습니다. 유명한 종교개혁자 루터 (Martin Luther, 1483-1546)는 이런 말을 했다고 합니다. "여자 아이는 남자 아이보다도 말을 빨리 배우고 걸음마를 빨리 배운다. 왜 그런지 아니? 잡초는 좋은 곡식보다 빨리 자라는 거야." 이 우스개 같은 루터의 말에서 당시의 뿌리 깊은 남존여비 사상을 엿볼 수 있습니다. 여자가 투표권을 행사하기 시작한 것도 19세기 말에 이르러서야 가능했습니다. 그만큼 여자는 수천 년의 역사를 통해서 천대를 받아 왔습니다.

그런데 예수님이 세상에 오시자마자 그때까지 타락한 남자들에게 짓밟혀진 여자의 인격이 파격적인 대우를 받기 시작했습니다. 주님이 여자들을 얼마나 극진히 대우했는지 모릅니다. 예수님이 부활하신 다음에 제일 먼저 만난 사람은 남자가 아니고 여자였습니다. 일찍이 복음이 증거되어 기독교 문명이 싹트기 시작한 유럽에서 제일 먼저 예수를 영접한 사람은 남자가 아니고 여자였습니다. 기독교가 전파되는 곳마다 인권이 신장되고 특히 여권이 더욱 신장됩니다. 그런 결과로 오늘날 여성들도 그들의 인격과 권리를 되찾게 되었고 여자도 한 사람으로서 인정받는 자리에 서게 되었습니다.

우리나라의 경우 지금으로부터 백 년 전만 해도 여성들의 지위가 낮고 천했던 것은 사실입니다. 그러나 복음이 이 땅에 들어오고 난 뒤 여성의 지위는 현저하게 향상되었습니다.

천한 여인을 찾아오신 예수님

예수님이 여자들의 신분과 권리를 존중하신 까닭으로 성경에는 여성들의 이름이 많이 등장합니다. 그중에서도 예수님이 여성들의 인격을 가장 감동적으로 대우해 주신 곳을 찾는다면 요한복음 4장을 말하고 싶습니다. 예수님이 갈릴리로 가시다가 일부러 사마리아로 길을 바꾸어 들어가신 이유가 무엇인지 아십니까? 세상에 버려진 천한 여인 한 사람을 구원하기 위해서 일부러 먼 길을 찾아오신 것입니다.

예수님이 걸어오신 길이 어느 정도의 거리인지 정확하게 말할 수는 없지만 이른 아침 예루살렘에서 출발하여 수가 성이라는 사마리아 지역의 우물가에 도착했을 때가 거의 12시경이었으니 줄잡아 서너 시간이나 뜨거운 햇볕을 받으며 찾아오신 것입니다. 세상에서 손가락질 당하는 비참한 영혼 하나를 구원하기 위해 하나님의 아들이 수가라는 조그마한 동네까지 오신 것입니다.

역사 속 어디에서 이런 기막힌 이야기를 찾을 수 있겠습니까? 그 천한 여인의 생명을 위하여 하나님의 아들이 직접 찾아오셔서 만나시는 대목에서 모든 여성들은 감격의 눈물을 흘려야 할 것입니다. 오늘날 교회를 다니는 많은 여성들이 옛날의 막달라 마리아처럼 주님을 무척 사랑하는 까닭이 여기에 연유한다고 봅니다. 그래서 교회 안에 여자의 수가 남자보다 더 많은 것이 당연한지도 모릅니다.

예수님이 영혼 하나를 얼마나 사랑하시는지 수가 성의 사건과 맞먹는 또 하나의 에피소드가 있습니다. 미친 사람 하나를 구원하시려고 돼지를 몇십 마리인지 몇백 마리인지 모르지만 많은 숫자를 희생시킨 사례가 성경에 나옵니다(마 8:28-32 참조). 미친 사람의 영혼 하나를 구원하기 위해서 그 막대한 재산을 아예 송두리째 내버리기까지 주님께서 하신 일이 있습니다. 그만큼 예수님은 영혼 하나하나를 귀히 보십니다.

미국에서 유학하는 동안 교포 교회에서 몇 번 불쌍한 여인들을 상담해 본 적이 있습니다. 어느 부인은 찾아와서 두세 시간을 이야기하는데 처음부터 끝까지 눈물과 콧물을 흘리면서 도무지 알아들을 수 없도록 횡설수설 이야기를 늘어놓았습니다. 정상적인 생활이 아닌 까닭에 눈치와 천대를 받으며 살아왔고, 또 정신적으로도 건전하지 못하니까 하소연조차 조리 있게 못했습니다. 영어도 제대로 못하고 한국말도 오랫동안 쓰지 않아서 국적불명의 이상한 말을 하는데 도무지 알아들을 수가 없었습니다. 그들과 조용히 앉아서 대화를 나누는 중에 내 가슴속에는 예수님이 천한 사마리아 여인을 찾아오셨다는 사실이 얼마나 엄청난 감동으로 와 닿았는지 모릅니다. 목회자로서 이래선 안 되는데 하면서도 건전한 여성과 이야기할 때만큼 마음이 가질 않았습니다. 선을 먼저 긋게 됩니다.

죄 없는 하나님의 아들 예수 그리스도가 천한 여자를 찾아오셔서 우물가에서 일대일로 만나셨다는 것은 상상할 수 없는 사건입니다. 한 영혼을 위해 그 마음에 흘리는 눈물이 얼마나 많은 분이셨길래 그처럼 추한 여인을 직접 찾아가셨을까요?

∘ ∘ ∘ ∘ ∘ ∘ ∘ ∘ ∘
고독에 짓눌린 여인

수가 성 여인에게는 자기 자신이 어찌할 수 없는 깊은 고통이 몇 가지 있었습니다.

첫째, 고독이라는 정신적인 고통이 있었습니다. 수가 성 여인이 정신적인 고통을 겪었다면 '고독'을 우선적으로 들 수 있을 것입니다. 얼마나 고독했을까요? 긴 설명이 필요 없을 만큼 너무나 고독한 여인입니다. 비록 지금 남자와 살고 있지만 벌써 여섯 번째 맞이한 남자입니다. 어찌할 수 없어서 사는 것이지 언제 헤어질지도 모르는 사이일 것입니다. 위로받을 자식도 없는 것 같습니다. 당연히 이웃도 없습니다. 그 당시만 해도 그런 생활을 하는 여자는 거들떠보지도 않았습니다. 먹고사는 것만 해도 지극히 다행한 일입니다.

그 여인은 사람 만나기가 싫었을 것입니다. 당시 사마리아에서 물을 길으러 나오는 것은 시원한 아침이나 저녁 시간을 이용했습니다. 햇볕이 강하게 쪼이는 12시경에는 사람들이 집밖으로 잘 나오지 않았습니다. 그런데 바로 인적이 드문 그 시간을 이용하여 살금살금 물을 길러 나온 그 여인은 얼마나 큰 고독을 소유한 사람입니까? 하지만 고독이라는 것은 수가 성 여인만의 것은 아닙니다. 이 세상에 살고 있는 모든 사람은 누구나 근본적인 고독을 안고 있습니다. 도대체 이 인간의 고독이 언제부터 생겨난 것일까요?

성경을 살펴보면 하와가 선악과를 따 먹었을 때부터 인간의 고독이 시작되었다는 생각을 하게 됩니다. 하나님이 아담에게 "너 왜 이것을 먹었느냐? 내가 먹지 말라고 하지 않았느냐?"라고 하셨을 때 아담은 그 책임을 하와에게 전가했습니다. "당신이 만들어서 내게 주신 저 여자가 먹으라고 해서 먹었나이다"라고 말한 것입니다. 하와가 남편으로부터 그 말을 듣는 순간에 고독이 탄생했다고 생각합니다. 그런데 아담이 "내가 먹고 싶어서 먹었나이다"라고 자기의 책임을 인정했더라면 하와가 그렇게 고독함을 느끼지 않았을 것입니다. 하와는 자기를 사랑한다는 남편도 결국 자기와는 다른 또 하나의 개체일 수밖에 없다는 뼈아픈 고독을 느꼈을 것입니다. 이런 이유로 아무리 남녀가 결혼하고 나서 "정말 행복하다", "꿀맛이다" 해도 남자는 남자대로 고독이 있고 여자는 여자대로 고독이 있습니다. 이것은 아담과 하와 때부터 비롯된 필연적인 것입니다.

흔히들 학자들이 '현대인은 역사상 가장 고독한 존재'라는 말을 합니다. 또 우리는 '군중 속의 고독'이라는 말을 가끔 듣게 됩니다. 칼 로저스(Carl Rogers, 1902-1987)라는 심리학자는 현대인의 고독을 두 가지로 정의했습니다.

먼저는, 자기 자신으로부터 소외된 상태에 있기 때문에 고독하다고 말합니다. 쉽게 말하면 자기를 상실했기 때문에 고독하다고 말합니다. 현란한 현대문명 속에 사는 우리는 '나 자신'을 도둑맞은 지 벌써 오래입니다. 돈에 인격을 값싸게 팔아넘기고, 쾌락에 나 자신의 인격과 고귀한 영혼까지 송두리째 내던지고 텅텅 빈 로봇과 같은 인간이 되어 버린 지가 오래입니다. 그러므로 인간은 몹시 고독합니다.

또 다른 하나는, 자기를 내어줄 만한 대상을 발견하지 못했기 때문이라고 합니다. 아무도 믿을 사람이 없다는 것입니다. 그래서 고독합니다. 참 옳은 말이라고 생각합니다. 사람이 사람답게 참 멋있게 사는 것은 그저 내 생명을 몽땅 주고도 아깝지 않은 어떤 대상을 찾을 때만이 가능합니다. 그때 고독에서 벗어날 수가 있고 날마다 의욕을 가지고 활활 타오를 수 있는데, 나 자신을 송두리째 바칠 만한 대상이 없습니다. 그러므로 인간은 고독을 느낄 수밖에 없습니다. 그래서 개인주의의 울타리가 더 높이 올라가는 것입니다.

○ ○ ○ ○ ○
사랑의 갈증

수가 성 여인에게 있었던 두 번째 정신적 고통은 사랑의 갈증이었습니다. 얼마나 사랑에 굶주린 여인인지 어쩔 수 없이 여섯 번째 남자를 의지하고 사는 여자입니다. 저는 성경에서 제일 불쌍한 사람을 택하라면 솔로몬이라고 말할 것입니다. 처첩이 천 명 정도나 되니까 아무도 사랑하지 못한 사람이나 마찬가지입니다. 마음이 그렇게 나뉘는 것이 가장 불쌍한 사람입니다. 이 여인도 벌써 여섯 번째 남자라고 하면 사랑이 없다는 것입니다. 사랑받지 못하는 것만큼 사람을 초라하게 만드는 것이 없습니다. 사랑을 받지 못하면 자기 가치를 상실해 버립니다. 도대체 왜 살아야 하는지 그 의미를 잃어버립니다. 그러나 사랑을 받으면 자기 가치를 발견합니다. 사랑받고 있는 그것 때문에 '나는 살아갈 의미가 있다'고 생각하는 것이 인간입니다.

이름을 기억할 수 없는 유럽에 있는 어느 긴 다리에서 생긴 일입니다. 어느 날 그 다리 난간에 꽃다발이 하나 걸려 있었습니다. 그것을 본 어떤 사람이 "여기에 왜 꽃다발을 걸어 두었나요?" 하고 난간에서 강물을 바라보던 사람에게 물었습니다. 그는 말하기를 "조금 전에 스포츠카를 몰고 온 어떤 여인이 개 한 마리를 품에 안고 투신자살을 했어요. 그래서 내가 여기에 꽃다발을 걸어 놓았답니다"라고 대답했습니다. 그리고 그 여인이 타고 온 스포츠카 안에서 한 장의 유서를 발견했습니다. 거기에는 '아무도 나를 사랑하는 사람이 없다. 이 개 외에는'이라고 적혀 있었습니다. 사랑을 받지 못하면 인간은 이렇게 비참해집니다.

조용히 자신에게 물어보십시오. 이 지구상에서 당신을 진실로 사랑하는 사람이 있습니까? 하나님처럼 조건없이 당신을 사랑하는 사람이 있습니까? 하나님은 당신의 솔직한 대답을 원하고 계십니다.

영적인 갈증

수가 성 여인에게 있었던 세 번째 정신적 고통은 영적인 고통이었습니다. 그것은 창녀처럼 살아가는 여인이 남모르게 갖게 된 가책이었습니다. 아무리 술을 마셔도 취할 때뿐이지 술만 깨면 고통을 느꼈을 것입니다. '이렇게 살아서는 안 되는데' 하는 가책과 '내가 이렇게 살다가 나중에는 어떻게 될까?' 하는 불안감에서 헤어나지 못했을 것입니다.

아무리 악한 사람이라도 조금은 양심이 살아 있습니다. 하나님께서 마지막 심판을 위해서 아무리 악한 사람이라도 양심은 살려 놓으십니다. 인간은 속일 수 있을지 모르지만 하나님을 속이지는 못합니다. 떳떳하지 못한 생활을 하는 자는 항상 그 죄책감을 지우지 못합니다. 밑바닥에는 불안과 공포가 깔려 있기 때문입니다.

레닌(Vladimir Lenin, 1870-1924)이라고 하는 공산주의자를 모르는 사람이 없을 것입니다. 그는 임종을 앞두고 유명한 말 한마디를 남겼습니다. "나는 실수를 저질렀다. 압박을 받고 있는 대중은 자유를 얻어야만 했다. 그러나 우리가 취한 방법은 한층 더 압박과 잔학한 대학살만을 선동했을 뿐이다. 나는 생사의 악몽에서 헤아릴 수 없이 많은 희생자들의 피로 붉게 물들어 있는 망망대해 가운데 버려져 있는 나 자신을 발견하였다. 지난 일을 뉘우치기에는 이제 너무 늦었다."

그 짐승 같은 사람의 마음에도 양심은 살아 있었습니다. 사마리아 여인도 마찬가지입니다. 양심의 가책을 느끼고 고통을 당하는 여자였습니다. 그러한 까닭으로 그는 구원자를 기다리는 영적 갈증을 안고 있었습니다. 여인이 예수님과 대화하는 중에 '메시아를 기다리고 있다'는 말에서 우리는 그의 영적 갈증을 짐작할 수 있습니다. 여인은 세상에는 희망을 둘 만한 것이 아무것도 없고 자신이 파멸 직전에 놓여 있다는 것을 알고 있었습니다. 자기의 능력으로 어찌할 방법이 없어서 그는 손을 허우적거리며 '날 좀 살려 줘요. 제발!' 하고 애타게 부르짖는 여자가 되어 있었습니다. 이 영혼의 울부짖음을 들으신 주님이면 사마리아 땅까지 여인을 위해 직접 찾아오셨습니다.

당신은 양심의 가책을 느끼는 일이 없습니까? 당신은 수가 성 여인처럼 구원자가 필요하지 않습니까? 공포와 죄악에 빠져서 허우적거리는 인생은 아닙니까? 수가 성 여인을 보십시오. 예수님과의 짧은 대화를 통해 갑자기 여자의 마음에 놀라운 변화가 일어났습니다. 여인은 물 길을 생각은 간곳없이 물동이를 내던지고 동네로 뛰어 들어 갔습니다. 그리고 이렇게 외쳤습니다.

> 내가 행한 모든 일을 내게 말한 사람을 와서 보라 이는 그리스도가
> 아니냐 하니_요 4:29

사람들 앞에서 소리 높이 외치는 그 여인의 얼굴은 얼마나 환하게 밝았을까요? 그때까지 수가 성 사람들에게 비쳐진 그런 여인이 아니었습니다. 완전히 다른 여인이었습니다.

주님은 이 여인에게 놀라운 변화가 일어나기까지 여인을 세 단계로 다루셨습니다.

그 첫째 단계로, 주님은 여인의 관심을 영적인 것으로 돌리게 하셨습니다. 여인이 물을 길으려고 하는데 주님이 여인에게 "미안하지만 물 좀 주시오"라고 말씀하셨을 것입니다. 그런데 여인은 모르는 남자가 물을 달라고 하니까 얼굴도 들지 않고 "당신은 유대 사람인데 어찌 체면없이 나에게 물을 달라고 합니까?" 하고 순순히 응하지 않았던 것입니다. 그래서 주님이 "당신이 만일 물을 달라고 하는 사람이 누군지

알고 또 그 사람이 당신에게 어떤 선물을 주려고 준비하는 줄 알았다면 당신은 두말하지 않고 물을 주었을 것이오"라고 말씀하신 것입니다.

그 말을 듣자 여인은 눈이 번쩍 뜨였습니다. "아니, 우물이 이렇게 깊은데 어디서 막 솟아나오는 샘물을 얻을 수 있습니까?" "내가 주는 물을 마시는 자는 영원히 목마르지 아니하리니 내가 주는 물은 그 속에서 영생하도록 솟아나는 샘물이 되리라"(14절). 여인이 가만히 들어 보니 정말 놀라운 메시지였습니다. 귀가 번쩍 트였습니다. 비로소 여인은 "아, 주여 그런 생수가 있으면 나에게 주시옵소서" 하고 주님께 매달렸습니다.

이때부터 예수님은 여자를 물질적인 관심에서 영적인 관심으로 눈을 돌리게 만들었습니다. 물질적인 욕구보다 더 근본적인 문제는 영적인 것임을 가르치신 것입니다. 그러니까 여인이 달라졌습니다.

> 사람이 떡으로만 살 것이 아니요 하나님의 입으로부터 나오는 모든 말씀으로 살 것이라_마 4:4

인간은 물질로써 육체의 욕망을 채우는 것으로 만족하는 존재가 아닙니다. 근본적인 문제는 안에 있다는 것을 주님이 지적하셨습니다. 안에서부터 그 문제를 해결하는 역사가 일어나지 않는 이상, 여자가 갖고 있는 문제는 해결되지 않는다는 것을 지적하신 것입니다. 많은 사람들이 자기 내면의 욕구불만을 가지고 있습니다. 그래서 얻기를 사모하는 어떤 야망을 다 성취시켜야만 문제가 해결된다고 생각합니다. 그래서 솔로몬 같은 사람은 눈에 보이는 대로 마음이 원하는 대로 전부 끌어들였습니다. 그러나 나중에 모든 일의 수고가 다 헛되고 무익했노라고 고백했습니다(전 2:10-11 참조).

지금도 많은 사람들이 솔로몬처럼 속고 있습니다. 50평짜리 집을 짓고 살다가 불만이 있으니까 100평짜리 집을 짓고, 또 불만이 생기니까 그다음에는 큰 맨션을 삽니다. 그래서 자꾸 욕망대로 끌어들여야만 자기의 내적 욕구를 채울 수 있다고 생각합니다. 돈이 없어서 우리에게 문제가 생기나요? 쾌락을 얻지 못해서 문제가 생깁니까? 그런 것이 아닙니다.

예수님은 우리의 문제가 밖에 있는 어떤 물질의 문제가 아니라고 말씀하십니다. 근본적인 문제는 우리 내면에 있다고 합니다. 우리의 영혼이 병들어 있기 때문이라고 말합니다. 그러므로 당신이 영적으로 깨어날 때 주님은 당신의 문제를 해결해 주십니다.

○ ○ ○ ○ ○ ○ ○ ○
네 남편을 데리고 오라

둘째 단계로, 예수님은 여자로 하여금 자기의 죄를 인정하도록 역사하셨습니다. 여인이 예수님께 "주여, 그런 물을 내게 주사 한번 마시면 영원히 목마르지 않고 또 물 길러 오지 않게 해 주옵소서"라고 말했을 때 예수님이 "네 남편을 데리고 오라"고 말을 돌립니다. 여인의 입장은 정말 난처했습니다. 여섯 명의 남편 중에 누구를 데리고 와야 할지, 불결한 자기의 과거가 들통이 날 판국입니다. 그래서 그만 얼떨결에 "저는 남편이 없어요"라고 대답했습니다. 그냥 그것으로 끝날 줄 알았는데 하나님의 아들이 그것을 모를 리가 없습니다. "네 말이 옳도다. 네게는 남편이 없다. 지금까지 다섯하고 살았고 또 어떤 남자하고 살고 있지만 다 네 남편이 아니야." 드디어 여인의 내면에 숨어 있던 죄가 백일하에 드러나고 말았습니다.

왜 주님이 여인의 수치스러운 부분을 들추어냅니까? 왜 아픈 상처를 찌릅니까? 여인의 뱃속에서 끝없이 생수가 솟아오르려면 막힌 데가 없어야 합니다. 막힌 곳이 있으면 통하지 않습니다. 막힌 데가 없으려면 회개해야 합니다. 자신의 잘못을 하나님 앞에 그대로 내놓고 "주여 나는 이런 죄인입니다"라고 회개할 때에 막혀 있던 곳이 터집니다. 숨은 죄를 그대로 움켜 쥐고 있어서는 생수가 터져 나오지 않습니다. 여인으로 하여금 진정한 기쁨을 맛보게 하기 위해 주님은 여인의 부끄러운 과거를 지적하신 것입니다.

○ ○ ○ ○ ○ ○ ○ ○ ○ ○
생수를 주시는 구원자 예수

셋째 단계로, 주님은 자기 자신이 누구인가를 여인에게 가르치셨습니다. 여인이 예수님께 "하나님의 아들 메시아가 오시면 나의 모든 문제를 해결해 주실 것입니다"라고 말했습니다. 이때 "네게 말하는 내가 그로라"라고 예수님이 말씀하십니다. 여인의 눈이 번쩍 뜨였습니다. 자기 앞에 계시는 분이 하나님의 아들이요, 그처럼 마음으로 기다리던 예수 그리스도라는 것을 알게 되자 여인은 완전히 변했습니다. 드디어 주님이 약속하신 영원히 목마르지 아니하는 생수를 마신 사람이 되었습니다. 그래서 물동이를 내던지고 동네로 뛰어 들어갔습니다.

예수님이 말씀하시는 생수는 무엇을 의미합니까? 영원히 목마르지 아니하고, 뱃속에서 끊임없이 솟아오르는 생수는 무엇입니까?

> 나는 생명의 떡이니 내게 오는 자는 결코 주리지 아니할 터이요 나를 믿는 자는 영원히 목마르지 아니하리라_요 6:35

생수는 바로 '예수님 자신'입니다. 그래서 예수님을 마시고 먹는 사람은 영원히 목마르지 아니한다고 했습니다. 어떻게 마십니까? 예수님께 와서 예수를 믿는 것이 생수를 마시는 것입니다. 예수님께 나와서 예수를 하나님의 아들로 믿으면 그것이 생수를 마시는 것입니다.

예수님은 고독한 여인에게 "너의 고독을 고치려면 네가 사는 남자와 대화를 시도하라"와 같은 처방을 하지 않았습니다. 사랑에 대해 갈증을 느끼면 어떻게 할까요? '누구든지 먼저 사랑해 보아라.' 다른 어떤 상담자가 이야기하는 것처럼 예수님은 말하지 않았습니다. 마음의 가책을 어떻게 할까요? '선한 일을 몇 가지 하면 가책이 없어진다.' 이런 식으로 예수님은 처방하지 않았습니다.

그러나 여인이 예수님을 하나님의 아들로 믿는 순간, 그동안 여인을 괴롭혔던 사랑의 갈증, 고독의 고통, 양심의 가책 등이 어디로 갔는지 다 사라져 버렸습니다. 예수님 자신이 우리 안에 들어오시기만 하면 어떠한 문제라도 얼마나 기가 막히게 해결되는지 모릅니다. 당신은 이 사실을 아십니까? 우리의 문제는 다양하지만 해답은 하나, 오직 예수 그리스도입니다.

가끔 시간을 내어 유치부실을 둘러볼 때가 있는데 어떤 아이는 엄마와 떨어져도 잘 노는데 어떤 아이는 내내 우는 것을 봅니다. 달래도 보고 업어도 보지만 안 통하는 그런 아이가 있습니다. 우는 아이는 지금 어머니를 그리워하는 것입니다. 그래서 그 아이는 무언가 불안과 두려움을 느끼고 있습니다. 아이의 마음을 분석해 보면 여러 가지 진단이 나올 수 있겠지만 해답은 하나입니다. 엄마를 만나는 것입니다. 눈물 콧물 흘리며 울던 아이도 자기 엄마를 보는 순간 벌써 다른 사람이 되어 버립니다.

마찬가지입니다. 예수 그리스도가 우리 마음에 오시면 우리 마음 속의 질병은 갖가지이지만 그 순간 깨끗이 낫습니다. 왜냐하면 생수가 터져 나오고 예수님이 우리 마음을 가득히 채우기 때문입니다. 지금까지 이 세상의 그 무엇으로도 채울 수 없던 공허한 자리에 예수의 영광이, 진리의 빛이, 하나님의 무궁한 사랑이 생수처럼 솟아오릅니다.

당신은 과연 영원히 목마르지 아니하는 생수를 마신 사람입니까? 정말 마음 속에서 끊임없이 솟아오르는 예수의 생수를 날마다 맛보면서 사는 사람입니까? 그래서 초가집도 천국이요, 실패한 자리에서도 감사요, 다른 사람처럼 출세는 못했지만 마음은 항상 천국이라고 자신 있게 말할 수 있습니까? 그렇다면 당신은 복 받은 사람입니다.

아직도 예수를 모르는 당신이 스스로 해결할 수 없는 마음의 고통은 무엇입니까? 아내와 자식들 앞에서는 의젓한 것처럼 가리고 살지만 당신은 속으로 울고 있습니까? 남편 앞에서는 우울한 티를 내지 않으려고 하지만 당신의 속마음은 울고 있습니까? 주님이 당신의 마음속에 들어가시면 모든 문제는 해결됩니다. 놀라운 역사가 일어납니다.

예수님이 누구신가를 배우십시오. 예수님은 하나님의 아들이요, 우리의 구원자입니다. 그는 수가 성의 여인처럼 천한 우리들을 구원하기 위해서 십자가에 죽으시고 사흘 만에 살아나셔서 우리를 하나님 앞으로 인도하는 유일한 구원자입니다.

예수 그리스도를 수가 성 여인처럼 믿고 순간적으로 받아들이십시오. 그러면 주님이 당신의 마음에 두 팔을 벌리고 들어가셔서 자리를 잡으실 것입니다. 드디어 당신의 마음은 천국을 이룰 것이요, 오늘날까지 공포와 불만과 고통으로 가득 찼던 그 암흑의 골짜기가 천국의 찬양소리로 메아리치는 아름다운 역사가 일어날 것입니다.

내가 곧 길이요 진리요 생명이니 나로 말미암지 않고는 아버지께로
올 자가 없느니라_요 14:6

5

당신 마음의
지배자는
누구입니까?

하나님의 나라는 성령 안에서 의를 사모하는 자, 희락을 누리는 자,
평강을 소유한 자의 마음입니다. 그것이 곧 하나님의 나라입니다.
하나님의 나라가 임했기 때문에 의를 사모하는 사람이 되고,
그 마음에 항상 희락과 평안이 있습니다.
참된 그리스도인은 이것을 실제로 체험합니다.

누가복음 11:20-26

20 그러나 내가 만일 하나님의 손을 힘입어 귀신을 쫓아낸다면 하나님의 나라가 이미 너희에게 임하였느니라 21 강한 자가 무장을 하고 자기 집을 지킬 때에는 그 소유가 안전하되 22 더 강한 자가 와서 그를 굴복시킬 때에는 그가 믿던 무장을 빼앗고 그의 재물을 나누느니라 23 나와 함께하지 아니하는 자는 나를 반대하는 자요 나와 함께 모으지 아니하는 자는 헤치는 자니라 24 더러운 귀신이 사람에게서 나갔을 때에 물 없는 곳으로 다니며 쉬기를 구하되 얻지 못하고 이에 이르되 내가 나온 내 집으로 돌아가리라 하고 25 가서 보니 그 집이 청소되고 수리되었거늘 26 이에 가서 저보다 더 악한 귀신 일곱을 데리고 들어가서 거하니 그 사람의 나중 형편이 전보다 더 심하게 되느니라

당신 마음의 지배자는
누구입니까?

인간의 생명을 다루는 의료기술이 예전에 비하여 괄목할 만큼 많이 향상되었습니다. 그래서 정기적으로 자기의 건강을 진단해 보거나 또 의사의 지시에 따라 사전에 미리 예방하고자 하는 현대인들이 늘어나고 있습니다. 질병을 조기에 예방하는 것은 매우 현명한 처사가 아닐 수 없습니다. 그런데 이와 같은 정기적인 건강진단이 우리의 육신에게만 필요합니까? 아닙니다. 우리는 영혼의 건강문제에 더욱더 관심을 가지고 면밀히 진단해 보아야 합니다.

필요한 영혼의 진단

예수를 잘 믿는 사람은 날마다 하나님의 말씀을 읽으면서 자기 영혼을 진단합니다. 그러나 대부분의 신자들은 한 번 교회에 나와서 예배드리고 돌아가면 영적 문제는 미처 생각지도 못하고 일주일을 그냥 다 보내 버립니다. 그러한 생활이 오래 지속되면 나중에는 자신이 어떤 상태에 놓여 있는지조차 분간을 못하고 무감각하게 지내게 됩니다. 이것은 자기의 영혼을 위해서 대단히 불행한 일이 아닐 수 없습니다.

강한 자가 무장을 하고 자기 집을 지킬 때에는 그 소유가 안전하되 더
강한 자가 와서 그를 굴복시킬 때에는 그가 믿던 무장을 빼앗고 그의
재물을 나누느니라 나와 함께하지 아니하는 자는 나를 반대하는 자요
나와 함께 모으지 아니하는 자는 헤치는 자니라_눅 11:21-23

본문 말씀은 예수님이 주신 비유입니다. 이 비유를 자세히 읽어 보
면 '예수, 마귀, 인간'이라는 세 존재 간의 관계를 놓고 사람을 세 부류
로 나누고 있음을 알 수 있습니다.

첫째는 자연인이요, 둘째는 종교인이요, 셋째는 그리스도인입니
다. 이 세 부류 중에 당신은 과연 어느 편에 속한다고 생각합니까? 당
신의 마음을 누가 지배하고 있는지 한번 진단해 봄으로써 당신의 영
혼이 치료받는 기회를 얻기 바랍니다.

○ ○ ○ ○ ○ ○ ○
나는 자연인인가?

사람은 누구나 태어날 때부터 자연인입니다. 그 마음속에 하나님을
부정하는 어리석음이 있습니다. 하나님의 말씀을 잘 듣지 않을 뿐 아
니라 마귀가 무장을 하고 그의 내면에 거하고 있습니다. 이 마귀는 대
단히 강합니다. 전 인류의 약 80% 이상을 이 마귀가 장악하고 있을 정
도입니다. 그래서 모든 사람이 이 마귀의 지배를 받고 그 요구대로 움
직이고 있습니다. 인간의 힘으로는 마귀를 이길 수 없습니다.

하나님을 믿는 사람들도 가끔 마귀의 희생물이 되는 것을 봅니다.
천하장사 삼손도 한때는 마귀의 희생물이 되었고, 세상에서 제일 지

혜로웠다고 하는 솔로몬도 결국 말년에 가서 마귀의 희생물이 되었습니다. 심지어 예수님을 3년 동안 따라다니면서 제자 행세를 하던 가룟 유다도 마지막에는 마귀가 되어 버렸습니다.

이만큼 마귀는 강합니다. 마귀의 주무기는 거짓말입니다. 진리를 거짓으로 의심하게 만들고 참 하나님을 찾지 못하게 하며, 거짓 신에게 절하게 만듭니다. 그러나 영의 눈을 뜨고 성경을 읽으면 그 말씀이 참으로 진리라는 사실을 온전히 받아들이게 됩니다. 하나님의 존재가 어떠함을 우리는 말씀을 통해서 배우는데 그 말씀은 인간의 운명이 어떤 것인가를 분명히 가르쳐 줍니다. 사람이 구원을 받으려면 예수를 믿어야 한다는 분명한 길을 우리는 이 말씀을 통해 발견할 수 있습니다.

영의 눈을 뜨고 성경을 보십시오! 하나님을 기쁘시게 하는 길이 있습니다. 세상과 함께 망하지 않는 길이 있습니다. 상처받은 자가 치료받는 길이 있습니다. 이것은 분명한 진리입니다.

그러나 마귀는 인간의 마음을 혼탁하게 만들어서 이 참된 진리의 말씀을 거짓말처럼 의심하게 만들고 회의를 갖게 합니다. 지옥의 벼랑에서 춤을 추며 즐기게 만들면서도 그것을 천국으로 착각하게 하는 것이 마귀입니다. 세상의 향락과 부귀영화에 몰입해서 그것이 전부인 것처럼 빠져들게 합니다. 이 무서운 사기극을 꾸미는 것이 마귀가 하는 일입니다.

○ ○ ○ ○ ○ ○ ○
생각할 틈도 없다

거짓말을 잘하는 마귀는 자연인의 본능을 참으로 교묘하게 이용합니다. 짐승과 사람의 차이점이 무엇입니까? 여러 가지 있겠지만 특별히 본능에 대한 반응을 들 수 있습니다. 짐승은 본능적으로 자극을 받으면 그대로 행동합니다. 반면에 사람은 하나님의 형상을 닮았기 때문에 자극을 받으면 단 얼마 동안이라도 생각을 해 보고 행동합니다. 이것이 소위 생각하는 인간의 태도입니다. 그러나 마귀가 우리를 얼마나 강퍅하게 만드는가 하면 우리가 본능의 자극을 받고 행동으로 옮기기 전까지 전혀 생각할 여유를 주지 않습니다. 그래서 결국 마귀는 우리를 본능대로 행동하도록 합니다.

현대인들은 점점 마귀가 유도하는 대로 따라가고 있습니다. 마치 미친 사람처럼 되어 갑니다. 신문에 이런 사건이 보도된 적이 있습니다. 20대 초반의 청년이라고 하면 어느 정도 사리를 분별할 수 있는 나이의 젊은이입니다. 그런데도 자기 오토바이에 치인 부인을 보았을 때 무서운 본능의 자극을 받고 그 부인을 태우고 가서 욕보이고 죽였습니다. 이것은 마귀입니다. 결코 사람이 아닙니다. 어떻게 사람이 그런 짓을 합니까? 분명히 마귀가 하는 짓입니다. 아마 그가 지난 밤에 이상한 꿈을 꾸었던지 아니면 좋지 못한 소설을 읽었던지 혹은 난잡한 영화를 보았을지도 모릅니다. 또는 마음이 굉장히 흥분되어 있는 상태에서 눈앞에 나타난 여자가 마음에 들었는지도 모릅니다.

본능의 자극을 받았을 때 그는 생각할 여유를 갖지 못했습니다. 곧바로 행동으로 옮겨 사람을 죽이고 나서 나중에는 가책을 받고 자기가 죽였다고 떠들었습니다. 이것은 분명히 마귀가 하는 짓입니다.

이와 같이 현대인들은 점점 마귀가 인도하는 대로 끌려가고 있습니다. 과거에는 사람들이 어느 정도 생각할 줄 알았습니다. 그러나 오늘날 사람들은 자극을 받는 대로 움직이고 도무지 생각하려 하지 않습니다. 이것이 자연인입니다. 우리 가운데 누구라도 그리스도 앞으로 돌아오지 아니하면 그는 자연인입니다. 자연인으로 있는 한 그는 계속 마귀의 지배를 받으며 거짓말에 속아 살게 됩니다. 그의 인생은 본능적으로 살다가 본능적으로 끝납니다. 그러므로 우리 모두는 예수 그리스도를 통해서 추악한 마귀의 지배에서 벗어나야 합니다.

○ ○ ○ ○ ○ ○ ○
나는 종교인인가?

더러운 귀신이 사람에게서 나갔을 때에 물 없는 곳으로 다니며 쉬기
를 구하되 얻지 못하고 이에 이르되 내가 나온 내 집으로 돌아가리
라 하고_눅 11:24

마귀의 세력은 물러가고 그 마음속이 비어 있는 사람, 이 사람을 일컬어 '종교인'이라 할 수 있습니다. 종교인이라는 명칭이 적당한지는 모르겠지만 그러나 우리에게 대단히 실감을 주는 용어라고 생각합니다. 그런데 주의할 것이 하나 있습니다. 언제 이 사람에게서 마귀가 나갔습니까?

예수 안 믿던 집안에서 부인이나 남편이 예수를 믿음으로 종교적인 분위기가 지배하기 시작하면 사탄의 역사가 물러가게 됩니다. 그 가정에서 자란 자녀도 부모 덕분에 어느 정도 종교적인 사람이 되어 갑니다. 사탄이 이들의 마음을 전적으로 지배한다고는 볼 수 없습니다. 그래서 교회에도 나오고 신앙생활에도 취미를 붙일 수 있습니다. 이제 마귀가 나가고 청소되어 정돈된 마음이 된 것입니다.

가서 보니 그 집이 청소되고 수리되었거늘 이에 가서 저보다 더 악
한 귀신 일곱을 데리고 들어가서 거하니 그 사람의 나중 형편이 전

'청소'라는 것이 무엇입니까? 청소는 먼지를 털고 쓸어내는 것입니다. '예수 믿는다' 또는 '기독교에 대해 대단히 관심이 있다'고 하면서 교회에 다니다가 자기도 모르게 술, 담배를 끊고 예배 출석도 착실하게 하는 사람을 볼 수 있습니다. 그 사람이 겉으로 보기에는 달라져 있습니다. 예수님의 십자가가 벽에 걸려 있기도 하고 성경이 책장에 꽂혀 있기도 합니다. 그래서 꽤 질서 잡힌 그리스도인이 사는 냄새를 풍기게 됩니다.

그러나 청소하는 것과 세탁하는 것은 다릅니다. 예수를 진짜 믿는 사람은 청소하는 사람이 아닙니다. 자기 마음의 먼지를 대충 털어낸 정도가 아니고 예수 그리스도의 피로써 더러운 곳을 완전히 씻어 낸 사람을 말합니다. 예수를 진실로 믿는 사람은 적당히 자기 자신을 개혁한 사람이 아니라 그리스도 안에서 완전히 다시 태어난 새로운 피조물이 된 사람을 말합니다.

그런데 소위 종교인이라고 하는 사람은 그런 것을 잘 모릅니다. 그 사람은 자신의 죄 때문에 회개하는 눈물도 없고 하나님 앞에서 괴로워하는 일도 별로 없습니다. 또 성경 말씀을 읽으면서 그 말씀에 부딪혀 하나님의 말씀을 깨달아도 그 마음을 진정으로 하나님 앞에 쏟아 놓는 기도의 경력이 별로 없습니다. 또 성령 충만이 무엇이냐고 물으면 약간의 상식적인 대답을 할 뿐입니다. 그리고 이 세상 살 동안 세상에다 정을 두지 않고 영원한 나라에 소망을 두고 걸어가는 것이 참된 그리스도인의 삶이라고 말을 하면 그것을 케케묵은 생각으로밖에 여기지 않습니다. 깊이가 없고 마음은 비어 있습니다. 주님이 당장 그 자리에 오시지 않으면 그 속에는 금방 자기중심적인 여러 가지 잡초들이 우거지게 됩니다. 이런 것들을 일컬어서 기독교적인 인문주의 사상이라고 말할 수 있습니다.

에고(ego)의 노예

기독교적인 인문주의 사상은 에고(ego)가 중심이 된 사상입니다. 자기 자신이 판단 기준이 되어 모든 것을 처리하는 사람입니다. 마음은 비었고 마귀는 떠났습니다. 그러나 예수 그리스도가 지배하지 않으므로 '내'가 지배합니다. 이 사람을 빈 사람이라고 하지만 사실 그 마음에는 기독교적인 인문주의 사상으로 가득 차 있습니다.

유대인이 좋아하는 종교생활은 제사를 지내는 것이었습니다. 우리 주변에도 유대인처럼 종교적 의식에만 관심을 가지는 사람들이 많습니다. 교회는 다니고 있지만 다른 데는 별로 관심이 없고 단지 예배만 드리고 가는 종교적인 의식에 모든 것을 걸고 있는 사람입니다. 그들은 설교자 혹은 성가대, 교인수, 분위기 등 외적인 면에 상당히 관심을 갖습니다. 이런 사람을 유대인들이 좋아하는 인문주의자라고 합니다.

헬라인이 좋아하는 인문주의 사상도 있습니다. 헬라 사람들은 미(美)를 추구하는 것을 인생의 가장 중요한 목적으로 생각합니다. 뿐만 아니라 인간의 모든 문제를 지성으로 해결할 수 있다고 보기 때문에 중요시합니다. 이런 이유로 그들은 예수의 사상을 좋아합니다. 교회를 다니면서도 이런 헬라적인 사고방식을 가지고 기독교를 보는 사람들은 기독교를 하나의 철학 그 이상으로 여기지 않습니다. 그리고 오늘날 20세기에 유행하고 있는 기독교 사상이 하나의 인간 문제를 해결할 수 있는 어떤 미적 추구라고도 생각합니다. 이것이 헬라 사람들이 좋아하는 유형의 사상입니다.

또 로마 사람들이 좋아하는 사상이 있습니다. 그들은 법과 질서를 매우 존중합니다. 그래서 법과 질서를 통해서 자신을 수양하려는 사람이 있습니다. 곧 도덕자인데 그리스도인 가운데서도 상당수가 여기에 해당됩니다. "내가 좀 더 깨끗이 살고자 하는 마음에서 예수 믿는 것이고 인생의 어떤 의미를 발견하기 위해서 교회도 다니는거야!"라고 말하는 사람들이 있습니다. 그들은 이런 생각으로 자기 수양과 교양을 쌓으려는 사람들입니다.

유대적이든, 헬라적이든, 혹은 로마적이든 간에 이런 사고방식을 가지고 기독교를 대하는 사람들은 아무리 그 사람의 겉모양이 좀 변화되었다고 할지라도 그 마음 중심의 주인은 한마디로 자기 자신입니다. 자기 기준에 따라서 성경을 판단하고 자기 기준에 따라서 모든 신앙생활을 평가합니다. 그러므로 자기에게 좋아 보이는 것은 받아들이지만 그렇지 못한 것은 항상 거부합니다. 하나님의 말씀에 순종하는 것이 아니라 자기 주관에 순종합니다. 이런 사람이 바로 종교인입니다.

칼 바르트(Karl Barth, 1886-1968)가 이런 말을 했습니다. "사람 안에는 마지막으로 무너져야 할 벽이 하나 있는데 그것은 바로 에고를 숨겨놓은 벽이다." 에고의 벽을 깨뜨리지 못한 사람, 그 사람은 비록 교회에는 다닐지 모르지만 종교인에 불과합니다. 아무리 겉으로는 그리스도인의 냄새를 풍긴다 할지라도 그 이상은 못 됩니다. 빈 마음은 오래 지탱할 수 없기 때문입니다.

○ ○ ○ ○ ○ ○ ○ ○ ○ ○
일곱 귀신을 불러들인 사람

끝끝내 나갔던 마귀가 다시 돌아오면 이것은 대단히 심각한 문제입니다. 마귀가 돌아와서 "야, 이 집에 누구 없니?" 하고 소리쳐 봅니다. 예수 믿는 집에는 이럴 때 예수님이 대답합니다. 그러나 아무 대답이 없으면 마귀는 집밖으로 나와서 그 사람 마음의 문설주를 확인합니다.

예수 믿는 사람의 마음의 문설주에는 예수 그리스도의 피로 붉게 발라져 있기 때문에 그가 예수의 사람이고 그 집 주인이 예수라는 사실이 분명히 드러납니다. 그러나 에고의 사람에게는 그 피가 없음을 본 마귀가 쾌재를 올리며 자기보다 더 악한 일곱 귀신을 끌고 와서 여덟 귀신이 한꺼번에 들어가는 비참한 상황이 벌어집니다. 이상하게 생각될지 모르지만 이런 예는 의외로 많습니다.

예수님의 제자로 3년을 따라다니던 가룟 유다의 경우가 그렇습니다. 그는 주님을 따라다니면서 모든 진리를 다 들었고 이적도 보았고 그리고 감동도 받았습니다. 그러나 그는 종교인일 뿐이었습니다. 그래서 결국 마귀가 그를 사로잡고 말았습니다. 주님이 그를 마귀라고 했습니다. 박태선, 문선명, 후메네오와 알렉산더, 그 외 성경에 나오는 수다한 이름들이 결국 왜 그렇게 되어 버렸느냐 하면 그들이 군대 마귀에게 사로잡혔기 때문입니다. 예수님은 마태복음에서도 똑같은 내용을 말씀하고 계십니다.

> 이에 가서 저보다 더 악한 귀신 일곱을 데리고 들어가서 거하니 그
> 사람의 나중 형편이 전보다 더욱 심하게 되느니라 이 악한 세대가
> 또한 이렇게 되리라_마 12:45

이것은 대단히 무서운 말입니다. 이 말의 뜻이 무엇입니까? 그것은 장차 세계 종말이 오면 교회 안에서나 교회 밖에서나 모든 사람들이 군대 마귀에게 잡힌 사람들처럼 미친다는 뜻입니다. 타락한다는 의미입니다. 앞으로 교회 안에서 무서운 이단들이 계속 나올 것입니다. 배

교자들이 계속 교회 안에서 나올 것입니다. 예수 믿는 것이 자기 사업에 지장이 되면 믿지 않을 것입니다. 반드시 돌아설 사람이 있을 것입니다. 그때에 마귀가 그 마음을 지배합니다. 성경을 보면 이런 세대가 다가오는 것을 알 수 있습니다.

하루에 몇십 개씩 교회가 서고 있습니다. 다만 언젠가 이 같은 시대가 끝나고 그야말로 교회 안에서 많은 사람들이 등을 돌리고 교회를 떠나는 무서운 시대가 올 것입니다. 그때에 마귀는 한 사람 한 사람을 무섭게 사로잡을 것입니다. 많은 종교인들이 주님의 품에서 떠날 것입니다. 그러나 한 가지 분명한 사실이 있습니다. 종교인이 되었다는 것은 바로 기회를 만났다는 사실입니다. 자기의 마음이 비어 있을 때가 예수 그리스도를 모셔 들일 수 있는 기회입니다.

지금까지의 진단에 몹시 가책을 느낀 사람이 있을 것입니다. 그러나 어떤 통로이든 간에 기독교에 대한 관심을 갖는다는 것은 하나님이 주신 기회입니다. 어떤 고난과 어려움의 막바지에서 하나님을 찾아보려는 사람에게 주어지는 기회가 됩니다. 비록 자기의 마음이 근본적으로 변화되지 않았다 할지라도 일단 관심을 갖고 예수 믿는 것에 대해서 깊이 마음을 기울인다는 것은 하나님이 주신 기회입니다.

종교인은 예수를 믿을 수 있는 기회를 가진 사람입니다. 당신은 어떤 사람에 속합니까?

○ ○ ○ ○ ○ ○ ○ ○
진정한 그리스도인

> 강한 자가 무장을 하고 자기 집을 지킬 때에는 그 소유가 안전하되
> 더 강한 자가 와서 그를 굴복시킬 때에는 그가 믿던 무장을 빼앗고

여기에서 강한 자는 마귀를 말합니다. 그러나 더 강한 자는 예수님
이십니다. 예수께서 마귀를 결박하고 쫓아내심으로 그 안에 있는 자
는 회개하고 죄를 고백하게 되며, 주님을 주인으로 모십니다. 그러므
로 그는 예수님의 생각과 목적과 취미 그리고 말과 행동 모두 그 자신
의 것이 되며 점차 그리스도를 닮아 가게 됩니다. 이런 사람이 그리스
도인이요, 변화 받은 사람입니다. 이런 사람은 요한계시록에 나오는
바와 같이 "어린양이 인도하는 대로 따라 가는 자"입니다.

> 이 사람들은 여자와 더불어 더럽히지 아니하고 순결한 자라 어린양
> 이 어디로 인도하든지 따라가는 자며 사람 가운데에서 속량함을 받
> 아 처음 익은 열매로 하나님과 어린양에게 속한 자들이니 그 입에
> 거짓말이 없고 흠이 없는 자들이더라_계 14:4-5

마귀가 아무리 우리 마음을 강하게 지킨다고 할지라도 예수 그리
스도가 우리 마음속에 들어오셔서 주관하기 시작하면 마귀는 쫓겨나
고 맙니다. 주님은 손가락으로 마귀를 쫓아낼 정도로 능력이 많으십
니다. 예수님에게 마음을 전부 내어 준 사람에게는 하나님의 나라가
임합니다.

> 그러나 내가 만일 하나님의 손을 힘입어 귀신을 쫓아낸다면 하나님
> 의 나라가 이미 너희에게 임하였느니라_눅 11:20

하나님의 나라는 성령 안에서 의를 사모하는 자, 희락을 누리는

자, 평강을 소유한 자의 마음입니다. 그것이 곧 하나님의 나라입니다. 하나님의 나라가 임했기 때문에 의를 사모하는 사람이 되고, 그 마음에 항상 희락과 평안이 있습니다. 참된 그리스도인은 이것을 실제로 체험합니다.

> 하나님의 나라는 먹는 것과 마시는 것이 아니요 오직 성령 안에 있
> 는 의와 평강과 희락이라_롬 14:17

근본적인 치료

만일 당신이 삶의 진정한 기쁨을 맛보고자 한다면 근본적인 치료를 받아야 합니다. 자연인에게 "예수 믿으시오. 예수를 쳐다보면 당신의 마음이 평안해집니다"라고 하는 것은 잘못된 치료입니다. 또 종교인을 보고 "예수님께 기도하십시오. 그러면 당신의 문제를 해결해 주십니다"라고 하는 것도 잘못된 치료입니다. 이것은 모두 근본적인 치료방법이 아닙니다.

아무리 적극적인 사고를 하라고 해 보십시오. 마귀의 지배 아래 있는 사람이 적극적이면 얼마나 적극적이겠습니까? 아무리 긍정적으로 생각하라고 해 보십시오. 에고의 벽이 무너지지 않는 사람에게 어느 정도 긍정적인 사고를 기대할 수 있겠습니까? 그들의 마음의 바닥을 바로 고쳐 주지 않은 채 이것저것 이야기 하는 것은 돌팔이 의사가 내리는 처방이나 다름이 없습니다.

그러면 근본적인 치료가 무엇이라고 생각합니까? 그것은 자신의 마음에 의와 희락과 평안이 지배하는 하나님의 나라가 임하는 것입니

다. 그리스도께서 우리의 마음을 지배하는 주인이 되는 것입니다. 그리스도께서 마음에 있는 사람은 문제가 없기를 바라는 사람이 아닙니다. 오히려 크고 작은 문제들이 다가와도 마음의 평안을 잃지 않는 사람이요, 기쁨을 잃지 않는 사람입니다. 하나님의 능력을 가지고 모든 문제를 극복해 나가고 이겨 내는 사람입니다. 이 사람이야말로 진정한 그리스도인입니다.

그러나 하나님의 나라가 임하는 문제는 우리의 힘으로 해결되지 않습니다. 자신이 아무리 자기 마음에 하나님의 나라를 임하게 하려 해도 되지 않습니다. 오직 능하신 그리스도가 우리에게 찾아오셔서 우리의 마음을 소유하실 때만 가능한 일입니다.

만약 당신에게 '나는 아직 자연인이구나!' '나는 아직 종교인이구나!' '나는 아직 진정한 그리스도인이 아니구나!' 하는 생각이 잠시라도 마음속에 떠오른다면 마음을 열고 예수 그리스도의 십자가를 바라보십시오. 그리고 이렇게 기도하십시오.

"주여, 내 마음에 오시옵소서. 나의 에고를 완전히 깨뜨려 주시고 주님이 내 마음의 왕이 되어 주시옵소서. 내 마음에 하나님의 나라가 임하도록 하셔서 진정한 의와 희락과 평강이 무엇인지 알게 해 주옵소서."

당신의 마음을 예수님께 내어 놓으십시오. 주저하지 말고, 너무 오래 끌지 마십시오. 주님이 오셔서 마귀를 쫓아내고 당신의 에고를 깨뜨리고 완전히 주님만으로 충만하게 되도록 마음을 열어 보십시오. 이럴 때 우리는 근본적인 치료를 받은 복된 하나님의 자녀가 됩니다.

> 죄를 짓는 자는 마귀에게 속하나니 마귀는 처음부터 범죄함이라 하나님의 아들이 나타나신 것은 마귀의 일을 멸하려 하심이라
> _요일 3:8

하나님은 그의 능력으로 마귀의 일을 완전히 멸하시고 우리를 영원한 하나님의 나라로 인도하시는 분입니다. 그 주님을 우리 마음의 주인으로 모시고 살아야 합니다. 그러면 어떠한 문제 앞에서도 우리는 이길 수 있습니다. 마귀가 아무리 우리를 시험하고, 우는 사자와 같이 우리에게 덤빈다 할지라도 주님이 지키는 한 우리는 하나님 나라를 늘 체험하며 살 수 있습니다. 이것이 진정한 그리스도인입니다.

지금 당장 당신 마음의 지배자로 예수 그리스도를 받아들이십시오. 지체하면 지체할수록 당신은 더 비참해질 뿐입니다.

6

아무리 악한
사람이라도

십자가에서 예수님이 흘리신 피는 그 누구의 죄라도 깨끗하게 씻어 줄 수 있습니다.
그 누구에게라도 새 옷을 입혀 줄 수 있습니다.
아무리 악한 죄인이라도 하나님은 구원하실 수 있습니다.

사도행전 22:4-11

4 내가 이 도를 박해하여 사람을 죽이기까지 하고 남녀를 결박하여 옥에 넘겼노니 5 이에 대제사장과 모든 장로들이 내 증인이라 또 내가 그들에게서 다메섹 형제들에게 가는 공문을 받아 가지고 거기 있는 자들도 결박하여 예루살렘으로 끌어다가 형벌 받게 하려고 가더니 6 가는 중 다메섹에 가까이 갔을 때에 오정쯤 되어 홀연히 하늘로부터 큰 빛이 나를 둘러 비치매 7 내가 땅에 엎드러져 들으니 소리 있어 이르되 사울아 사울아 네가 왜 나를 박해하느냐 하시거늘 8 내가 대답하되 주님 누구시니이까 하니 이르시되 나는 네가 박해하는 나사렛 예수라 하시더라 9 나와 함께 있는 사람들이 빛은 보면서도 나에게 말씀하시는 이의 소리는 듣지 못하더라 10 내가 이르되 주님 무엇을 하리이까 주께서 이르시되 일어나 다메섹으로 들어가라 네가 해야 할 모든 것을 거기서 누가 이르리라 하시거늘 11 나는 그 빛의 광채로 말미암아 볼 수 없게 되었으므로 나와 함께 있는 사람들의 손에 끌려 다메섹에 들어갔노라

아무리
악한 사람이라도

기독교 역사상 가장 극적으로 예수를 믿은 사람을 들라면 바울을 빼놓을 수가 없습니다. 바울이 어떻게 인생의 극적인 전환점을 맞이하게 되었습니까? 또 그는 예수를 믿고 난 뒤 얼마나 변화된 삶을 살았습니까? 바울의 회심을 통하여 성경은 우리들에게 커다란 진리를 가르쳐 주고 있습니다.

바울

바울은 그리스도를 영접하기 이전에 독실한 유대교 신자였습니다. 유대교를 위해서라면 생명까지도 불사할 만큼 그는 철저하게 유대교로 무장된 젊은 청년이었습니다. 그 당시에 유대교 신자들은 하나님의 아들 메시아가 오실 것을 기다리고 있었습니다. 이스라엘을 로마로부터 해방시킬 수 있는 영웅을 기다리며 그들은 철저한 신앙생활을 하고 있었습니다. 그중에서도 바울은 이러한 신앙이 골수에 박힌 뿌리 깊은 유대교 신자였습니다.

이러한 바울이 나사렛 출신의 한 초라한 목수를 메시아라고 추종하는 사람들을 볼 때 속에서부터 치밀어 오르는 분노를 참을 수 없었던 것은 당연한 일이었습니다. 그의 신앙 인격으로서는 천한 동네 나사렛에서 태어나 교육도 한 번 받지 못하고 서른 살이 되도록 목수 일만 하던 젊은 청년을 메시아로 받아들일 수는 없었습니다. 더욱이 그 예수가 십자가에서 죽었다가 다시 살아났다고 하는 말은 바울로 하여금 더 이상 울분을 참지 못하게 했습니다.

그래서 결국 그는 예수를 믿고 복음을 전하는 스데반을 돌로 쳐 죽이는 주모자가 되었습니다. 그리고 그것으로도 분이 풀리지 않아서 예루살렘에 있는 기독교인들을 닥치는 대로 끌어다가 감옥에 가두고 채찍질하며 그들을 핍박했습니다. 바울의 핍박은 여기에 그치지 않고 날이 갈수록 광적으로 변해 갔습니다.

그는 도망간 신자들을 잡아 끌고 오는 특별한 권한을 부여받아 그들을 체포해 오고자 예루살렘에서 120마일이나 떨어진 다메섹까지 부하들을 인솔해 갔습니다. 약 1주일이나 걸어가야 하는 먼 길이었습니다. 바울이 그 무더운 사막길을 걸어서 다메섹으로 내려가는 도중이었습니다. 거의 그 마을에 가까워진 어느 날 12시쯤, 하늘에서 갑자기 강한 빛이 바울을 둘러쌌습니다. 강한 빛에 에워싸인 그는 사정없이 땅바닥에 거꾸러졌습니다. 정신을 잃을 정도의 강한 빛이었습니다.

○ ○ ○ ○ ○ ○
예수를 만나다

한참 동안 멍하니 있던 바울이 눈을 떠서 주변을 보았습니다. 그때 자기 앞에 어떤 분이 서 계셨습니다. 바울은 자기도 모르게 "주여, 당신은 누구시옵니까?"라고 놀라서 물었습니다. 그때 그는 놀라운 대답을

들었습니다. "나는 네가 박해하는 나사렛 예수라!"(행 9:5)

그 대답을 듣고 바울은 얼마 동안이나 정신없는 사람처럼 땅바닥에 얼굴을 대고 있었는지 모릅니다. 자기는 지금 예수 믿는 사람을 죽이기 위해서 가는 길이요, 결국 예수 믿는 사람을 핍박하는 것은 방금 예수님이 말씀하신대로 예수님을 박해하는 것이라는 사실을 모를 리가 없었습니다.

'나는 이런 사람이었구나!' 바울의 모든 것이 깨지는 순간이었습니다. 그때까지 자신이 무장하고 있던 사상, 철학, 신앙, 지식 등 모든 것이 예수님을 만난 순간에 썩은 고목이 쓰러지듯이 한순간에 와르르 무너져 버렸습니다.

바울이 한참 동안 땅바닥에 얼굴을 대고 있다가 "주여, 내가 무엇을 해야 합니까?"라고 물었습니다. "다메섹으로 들어가라. 거기에서 내가 네게 어떻게 해야할 지를 가르쳐 주겠다"고 예수님이 말씀하시자마자 빛도 사라지고 예수님도 사라졌습니다.

바울의 눈이 너무나 강한 빛에 노출되었기 때문에 그는 시각장애인이 되었습니다. 하나도 안 보였습니다. 캄캄했습니다. 같이 가던 동행자들이 바울을 부축해서 다메섹으로 들어갔습니다. 바울은 거기서 골방에 들어앉아 삼 일 동안 식음을 전폐하고 눈물을 흘리며, 가슴을 치면서 지난날 자신의 어리석음과 무모함을 탄식했습니다.

예수, 나사렛 예수! 그분이 진정 하나님의 아들이요, 메시아였다는 사실을 지금까지 모르고 마치 미친 개처럼 덤비던 자기 자신을 돌이켜 볼 때 얼마나 부끄럽고 후회스러웠겠습니까? 바울은 삼 일 동안 잠도 자지 않고 회개했습니다.

드디어 아나니아라는 선지자가 왔을 때 그로부터 세례를 받고 바울은 그리스도인이 되었습니다. 그 순간 하나님께서 그에게 성령 충만함을 주셨고 그 눈의 비늘을 벗겨서 세상을 다시 볼 수 있게 해 주셨습니다. 그 바울이 기독교에서 유래없는 선교자요, 신학자요, 성경 중에 13권을 성령의 감동으로 기록해 놓은 위대한 하나님의 종이 되었습니다. 세계 교회의 기초를 닦은 사람이 된 것입니다.

오늘날 서양에서 남자 아이를 낳으면 제일 많이 지어 주는 이름이 폴(Paul)입니다. 바울이라는 말입니다. 얼마나 많은 남자 아이들이, 또 어른들이 폴이라는 이름을 가지고 자랑스럽게 살고 있는지 모릅니다. 세상에서 바울처럼 영광을 받은 사람도 없을 것입니다. 또한 바울처럼 극적으로 예수를 믿은 사람도 없을 것입니다.

바울은 원래 다소라는 대도시 출신의 사람이었습니다. 다소는 대학교와 큰 운동장이 있고 체육관과 박물관이 있는 아주 큰 도시였습니다. 그 도시에서 출생해서 어릴 때부터 자란 것을 퍽 긍지로 삼고 있던 바울이었습니다. 그의 부모는 세상의 처세술에 대단히 밝은 편이어서 그 당시 유대인으로서는 마치 하늘의 별 따기만큼이나 얻기 힘든 로마 시민권을 따 낸 사람들이었습니다. 그의 부모가 어떤 방법으로 시민권을 획득했는지 모르지만 부모가 로마 시민권를 가지고 있었기 때문에 바울도 태어나면서부터 로마 시민이었습니다. 혈통은 유대인이지만 법적으로는 로마 사람이었습니다.

로마 시민권 덕분에 바울은 선교사로 일할 때에도 대단히 많은 도움을 받았습니다. 감옥에 끌려가서 어려움을 당할 때도 로마 시민권 덕분에 살아남은 때가 한두 번이 아니었습니다. 또 사람 취급을 받지 못할 위험에 빠졌을 때도 로마 시민권 때문에 그는 당당히 사람 대우를 받았습니다. 그는 재판을 받을 때도 로마 황제에게 재판을 받겠다고 항소를 할 수도 있었습니다. 그 덕분에 그는 황제 앞에 설 수도 있었습니다.

바울이 두 번째 수감되었을 때 사형선고를 받았지만 죽을 때도 그는 사람 대우를 받고 죽었습니다. 로마 시민에게 내리는 사형의 방법은 칼로 목을 베는 것이 전부입니다. 이렇게 하여 바울은 깨끗하게 순교를 당했습니다. 바울에 비해서 로마 시민권이 없었던 베드로는 유대 식민지 사람이라는 이유로 거꾸로 십자가에 매달려 죽는 수모를 당해야 했습니다.

바울은 가말리엘이라고 하는 위대한 스승 밑에서 교육을 받았고 철저하게 유대교로 무장할 수 있었습니다. 그러한 까닭으로 예수 그리스도가 하나님의 아들이라고 주장하는 스데반을 도저히 용납할 수 없었고, 그를 비참하게 끌어내어 돌로 쳐 죽이는 사건의 주모자가 되었습니다.

당신은 바울처럼 이렇게 무모한 사람을 보았습니까? 어떤 면에서는 전혀 타협의 여지가 없는 완강한 사람이 아닙니까? 그런데 그가 예수 믿고 변화를 받아 기가 막히게 하나님의 손에 쓰임 받은 사람이 되었습니다. 당신은 이 사실을 어떻게 생각하십니까?

○ ○ ○ ○ ○ ○ ○ ○
죄인 중의 괴수라도

바울을 통해서 우리는 크게 중요한 두 가지 진리를 배울 수 있습니다.

첫째로, 아무리 악한 사람이라도 하나님은 구원하실 수 있다는 진리입니다. 바울은 도덕상 난잡한 생활을 한 사람은 아니었습니다. 그의 생활은 깨끗했지만 예수 그리스도를 대적하고 기독교를 핍박하는 무서운 죄를 범한 사람이었습니다. 그는 스데반과 같은 사람을 돌로 쳐 죽이는 살인죄를 범했습니다. 무고한 남녀노소를 감옥에 집어넣고 채찍질하는 무서운 죄를 범한 사람이었습니다. 바울이 고백한 말을 들어 보십시오.

내가 전에는 비방자요 박해자요 폭행자였으나_딤전 1:13

바울은 자기 자신이 전에는 예수님을 보고 함부로 욕하고 모욕하던 비방자였고, 박해자였고, 수천 명을 괴롭힌 폭행자였으며 또 살인자였다고 고백했습니다. 그리고 그는 자신을 '죄인 중에 두목이었다'고 눈물로 고백했습니다.

하나님과 바울과의 관계에서 볼 때 바울은 너무나 무서운 죄인이었습니다. 그러므로 누가 보아도, "저 사람은 예수 안 믿을거야. 세상 사람이 다 믿어도 바울은 예수 못 믿어. 저런 사람이 어떻게 예수 믿겠나?" 하고 낙인찍어 버리고 완전히 부정적인 눈으로 바라볼 수밖에 없던 사람이었습니다. 우리들의 눈에도 바울은 도저히 예수를 믿지 못할 사람으로 보입니다. 그러나 그렇지 않았습니다. 우리의 상상을 초월하여 하나님은 바울을 자신의 자녀로 삼아 주셨습니다.

하나님께서는 사람의 추측이나 상상을 뛰어 넘는 일을 하시는 분입니다. 특별히 사람을 구원하시는 일에는 더욱 그러한 것 같습니다. 인간사회에서도 용납할 수 없다고 생각하는 흉악범들을 하나님께서 구원하심으로 우리를 깜짝깜짝 놀라게 만듭니다.

○ ○ ○ ○ ○ ○ ○ ○
하나님의 구원의 섭리

과거 우리 사회에서 커다란 흉악범으로 지목되었고 또 우리 뇌리에서 아직도 그 악몽이 사라지지 않는 몇 사람이 있습니다. 사람을 16명이나 죽인 김대두나 금당사건의 주범인 박철웅, 일가족을 도끼로 살해

한 고재봉을 들 수 있습니다.

그들은 가고 없지만 그들이 남겨 놓은 희한한 일들이 남아 있습니다. 그것은 그들이 사형수로 복역하는 동안 예수 그리스도를 그들의 구주로 받아들였다는 사실입니다. 몹시 갈증 난 사람이 찬물을 벌컥벌컥 들이키듯이 갈급하게 하나님의 사랑을 들이마신 사람들이었습니다. 그들은 예수님의 십자가를 발견하고 눈물로 철저하게 회개하는 사람들이 되었습니다. 그리고 감옥 안에서 수백 명을 전도해서 예수 믿게 했다고 기록에 나와 있습니다.

그들이 형장의 이슬로 사라지기 직전에 그들은 다시 한번 자기들 때문에 희생된 사람들에게 사죄를 했습니다. 그리고 예수님이 자신의 죄를 용서해 주셨음과 이제 하나님 나라에 들어간다는 소망을 고백하고 형장에서 평안히 숨졌다고 합니다.

그들은 지옥을 가더라도 맨 밑바닥으로 가야 하는 자들처럼 생각되지 않습니까? 그런 사람들이 어떻게 예수 믿고 구원받느냐고 묻고 싶지 않습니까? 왜 하나님이 그렇게 하실까요?

사람들은 흔히 자기보다 악한 사람이 구원받는다고 하면 약간 거부반응을 일으킵니다. 그리고 자기 같은 사람이라야 그래도 구원받을 자격이 있다고 생각합니다. 그런데 하나님은 이런 생각을 거꾸로 뒤집어 놓습니다. 오히려 구원받을 수 있다고 생각하는 사람은 옆으로 밀어제치고 "너 같은 놈이 어떻게 구원받아? 너 같은 놈이 어떻게 예수 믿어?"라고 멸시당하는 사람을 끌어다가 하나님이 구원하십니다. 예수님이 계시는 동안에도 그렇게 하셨습니다.

내가 진실로 너희에게 이르노니 세리들과 창녀들이 너희보다 먼저 하나님의 나라에 들어가리라_마 21:31

아무리 악한 사람이라도

●

그 당시 바리새인들은 아무도 예수를 믿으려 하지 않았습니다. 그러나 창녀들은 예수를 믿었습니다. 세상에서 사람 취급을 받지 못하던 세리들이 예수 믿고 구원받았습니다. 오늘날도 마찬가지입니다. 바울과 같은 살인자를 주님이 구원하십니다. 사람들이 볼 때 도무지 가능성이 없다고 낙인찍힌 사람들이 예수 믿고 변화되어 새사람이 되는 것을 봅니다. 하나님은 놀라운 분입니다.

혹시 당신의 가정에서 예수 믿는 사람을 몹시 핍박하는 가족이 있다면 결코 그를 부정적으로 보지 마십시오. 하나님께서는 오히려 그런 사람을 빨리 구원하십니다. 반면, "예수 믿는 거 좋지! 그래 교회 나가지" 하면서도 엿가락 늘어지듯이 안 나오는 사람들이 오히려 더 어려운 경우가 있습니다. 오히려 "왜 교회에 다니느냐?"고 고래고래 고함을 지르고 집안을 요란하게 만드는 사람이 더 빨리 예수 믿는 것을 볼 때가 있습니다.

하나님은 당신이 얼마나 악하냐고 묻지 않으십니다. 하나님 앞에서는 모든 사람이 똑같습니다. 살인한 사람이나 남을 미워한 사람이나 똑같습니다. 그러므로 하나님은 당신이 얼마나 악하냐고 묻지 않으시고 무궁무진한 그의 사랑으로 누구든지 포용하기를 원하신다는 사실을 꼭 기억하십시오.

인간이 포용하지 못한 사람을 하나님이 포용하십니다. 사람이 용서하지 못한 사람을 하나님이 용서하십니다. 사람이 무시하고 복음을 전해 주지 않는 버림받은 사람을 하나님이 직접 찾아가셔서 바울처럼 예수 믿게 하십니다. 십자가에서 예수님이 흘리신 피는 그 누구의 죄라도 깨끗하게 씻어 줄 수 있습니다. 그 누구에게라도 새 옷을 입혀 줄 수 있습니다. 아무리 악한 죄인이라도 하나님은 구원하실 수 있습니다.

○ ○ ○ ○ ○ ○ ○ ○
하나님의 절대주권

둘째로, 하나님이 구원하시려고 할 때에는 인간이 절대로 거부하지 못한다는 진리입니다.

바울은 예수 믿을 생각을 추호도 한 적이 없는 사람이었습니다. 그러나 하나님이 다메섹으로 가는 길에서 그를 강제로 거꾸러뜨렸습니다. 그래서 바울은 예수를 믿게 되었습니다. 그렇다면 바울이 자의로 예수를 믿게 되었습니까? 타의로 믿었습니다. 바울이 믿고 싶어 믿었습니까? 하나님이 믿게 해서 믿었습니다.

하나님이 바울을 구원해서 그의 자녀로 삼으실 때 바울이 거절할 수 있었습니까? 그렇게 완벽한 유대교 신앙으로, 그렇게 완벽한 헬라 철학으로 무장한 바울이었지만 하나님 앞에서 "안돼요!"하고 거부하지 못했습니다. 결국 그는 길바닥에 거꾸러졌고 "주여, 누구시오니까? 내가 무엇을 하리이까?" 하고 완전히 주의 손에 붙들린 사람이 되어 버렸습니다. 이렇게 원하지도 않는 사람을 강제로 예수 믿게 할 수 있는 이 하나님의 능력을 일컬어서 절대적인 주권이라고 합니다.

> 내가 긍휼히 여길 자를 긍휼히 여기고 불쌍히 여길 자를 불쌍히 여기리라_롬 9:15

이것이 하나님의 주권입니다. 하나님 마음대로 하십니다. 하나님이 원하시는 것은 무엇이나 마음대로 하십니다. 아무리 악한 사람이라도 구원해야겠다고 하실 때는 강권적으로 구원하시는 분입니다. 실패하는 법이 없습니다. 그러나 어떤 사람은 가만히 내버려 둡니다. 우리는 그분이 왜 그러시는지 모릅니다. 아무도 인간이 거기에 대해서

아무리 악한 사람이라도

●

"당신이 왜 그렇게 하시나요?" 하고 불평할 수 없습니다. 그분은 창조주요 우리는 피조물이기 때문입니다. 어찌 감히 토기가 토기장이더러 "너 나를 왜 이렇게 만들었느냐?"고 할 수 있겠습니까?

우리는 하나님이 자기 마음대로 하시는 데 대해서 절대 어떤 조건을 달 수 없습니다. 많은 사람들이 조건을 달려고 몹시 애를 쓰지만 어리석은 짓입니다. 하나님이라는 분을 너무나 모르기 때문에 건방지게 달려드는 것입니다. 독재자가 제 마음대로 해도 말 한마디 못하는 사람들이 하나님이 자기 마음대로 하는 데 대해서는 참지 못합니다. 이것이 인간입니다

어떤 사람은 '예수 믿는 것은 내 자유 의지에 의해서 결정하는 것이지 누가 믿으라고 해서 믿고, 믿지 말라고 해서 안 믿나? 내가 결정하는 거야!'라고 생각합니다. 하나님이 아무리 믿으라고 해도 자기가 안 믿으려면 안 믿는다고 자부하고 있습니다. 그 사람은 스스로 속고 있는 것입니다. 강권으로 바울을 다루신 하나님을 당신은 상상할 수 있습니까?

하나님이 찾아와서 "내가 너를 구원하고 싶은데 네 생각은 어떻니?" 하고 의논하는 분입니까? 그래서 내 의견을 들어보고 결정하시는 하나님인가요? 만약에 내가 "하나님, 나 싫어요. 안 믿어요. 왜 내가 믿어야 해요?"라고 하면 "그래? 그러면 할 수 없지" 하고 뒤로 물러서는 하나님이라고 생각합니까?

많은 사람들이 그런 식으로 생각합니다. 만약 하나님이 그렇게 하신다면 큰 문제가 발생합니다. 무능한 하나님이 되어 버리기 때문입니다. 사람의 의견에 따라서 이리도 되고 저리도 되는 뼈 없는 하나님을 상상할 수 있습니까? 그런 하나님을 아버지라고 믿고 싶습니까? 우리가 믿는 하나님은 절대 그런 분이 아닙니다.

성경에 보면 한 사람을 구원하기 위해서 하나님은 이 세상을 창조하기 전에 계획을 세우셨다고 했습니다. '나'라는 존재가 이 세상에 태어나기도 전에 하나님께서는 나를 구원하겠다고 계획을 세워 놓으셨다고 했습니다. 하나님은 그 계획대로 일하십니다. 놀라운 이야기입니다. 자기가 세워 놓은 계획을 사람이 싫어하며 거부한다고 해서 하나님이 자기 계획을 포기하시겠습니까? 창조 전부터 세워 놓은 계획을 하나님이 인간의 거부반응 때문에 실천하지 못하신다면 그분은 하나님이 아닙니다.

하나님은 바울을 구원하기 위해서 창세 전부터 계획하시고 기다리셨다가 다메섹 도상에서 그를 거꾸러뜨렸습니다. 왜 그렇게 하셨습니까? 하나님이 작정하신 일이기 때문입니다. 그러므로 하나님이 구원하시려고 할 때 인간은 아무도 거부하지 못합니다. 이것을 일컬어서 절대주권이라고 합니다.

요즈음 우리 교회 안에서도 "예수 절대 안 믿는다"고 고집하던 사람을 하나님이 강제로 꺾으시는 예를 가끔 보게 됩니다. 그렇게 자신만만하게 위용을 자랑하던 사람이 별안간 병상에 누워 꺾이니까 세상에서 제일 약한 사람이 됩니다. 누구나 다 마찬가지입니다. 강인하고 자신이 넘치고 모든 면에서 완벽한 사람일수록 나중에 꺾일 때 보면 제일 약한 사람이 되는 것을 봅니다. 그들의 병상을 찾아 가서 "선생님, 기도해 드릴까요?" 하면 "예, 기도해 주십시오" 하고 전에 없이 다소곳하게 변해 있는 것을 봅니다. 얼마나 약해졌는지, 얼마나 고분고분해졌는지 하나님이 한 번 꺾으시면 사정이 없습니다. 누가 감히 반항할 수 있습니까?

어떤 사람은 만사가 형통한데 눈이 어두워 하나님이 없는 것처럼 으시댑니다. 그러다가 하나님이 그의 재산을 송두리째 거두어 가시면 그제야 잿더미 위에 앉아서 하나님 앞에 무릎 꿇는 모습을 봅니다. 누가 거부할 수 있습니까? 나중에 그들이 예수 믿고 나서 "하나님이 나의 재산을 앗아 가시고 나를 구원해 주심을 감사합니다" 하고 눈물로 감사하는 모습을 보았습니다. 어떤 사람은 병 고침 받고 하나님 앞에 "주여, 무서운 질병을 통해서 나를 하나님 자녀로 삼아 주신 것을 감사합니다" 하고 그제야 비로소 영의 눈을 뜨는 사람도 보았습니다. 그렇습니다. 누구든지 하나님 앞에서는 거부할 수 없습니다.

가슴에 총을 맞고서야

1976년 몬트리올(Montreal)에서 올림픽이 열리던 당시에 그곳에서 직접 겪었던 일입니다. 한국 선수의 경기를 구경하고 오후 늦게 토론토로 돌아가려고 하는데 어떤 집사 부부가 저를 붙들었습니다. 목사를 만나면 꼭 대접을 해서 보낸다는 그 부부의 간청을 뿌리칠 수가 없어서 할 수 없이 그들과 같이 음식점에 들어갔습니다. 주문한 음식이 나오기 전에 그들과 대화를 나누었습니다. 남편은 명문대학교 법학과를 졸업하고 미혼 시절에 은행에서 근무를 했다고 합니다. 그때 그곳에서 근무할 동안에 은행 동료인 어떤 자매와 교제를 하다가 결혼 문제가 나오게 되었습니다. 이 자매는 어릴 때부터 철저한 신앙으로 자라난 아름다운 그리스도인이었습니다. 그러나 그때 남편은 예수를 믿지 않는 사람이었습니다. 이것이 그들의 문제가 되었습니다.

주례를 서는 목사님은 세례를 받기 전에는 절대로 주례를 해 주지 못한다고 딱 잘라 말했기 때문에 그는 결혼하기 위해서 억지로 예수 믿겠다고 약속을 했습니다. 결혼을 위해서라면 못할 게 없다는 생각이 들어서 여자를 따라 교회에 나가 학습도 받고 세례도 받아서 드디어 결혼을 했습니다. 얼마간은 행복했습니다. 그러나 얼마 지나지 않아 가정에 먹구름이 끼기 시작했습니다. 부인의 신앙이 얼마나 좋은지 주일날이면 아침부터 저녁까지 교회에서 봉사를 하고 월급을 갖다주면 하나님의 것이라고 꼭 십일조를 구별해서 바치니까 믿음이 없는 남편은 울화통이 터질 일이었습니다. 때문에 가정에 불화만 계속되었습니다. 부인이 고민에 빠져서 "제 남편을 정말 구원해 주옵소서. 주여, 다메섹 도상에서의 바울처럼 남편을 꺾어 주세요"라고 기도하기 시작했습니다.

그러다가 그 부부가 캐나다로 이민을 왔습니다. 제가 만났을 때는 이민 온 지 3년이 된 때였습니다. 그들이 이민 왔을 때 몬트리올에서 조그마한 식품가게를 열었습니다. 처음에는 장사가 아주 잘되었다고 합니다. 그러던 어느 날 남편이 가게를 보고 있고 아내는 자기 방에서 다른 일을 하고 있는데 갑자기 총소리가 났습니다. 부인이 놀라서 가게에 뛰어나가 보니 어떤 백인이 무턱대고 남편을 쏜 것이었습니다. 남편은 가슴에 총을 맞아 피를 흥건히 쏟고 쓰러져 있었습니다. 급히 병원으로 실려 갔으나 의사들은 전혀 가망이 없다고 말했습니다.

부인이 너무나 기가 막혀서 하나님 앞에서 이렇게 매달렸다고 합니다. "주여, 남편의 영혼을 데려가는 것은 좋지만 구원을 해야 할 것이 아닙니까? 사람은 데려가더라도 그 영혼이 하나님 나라에 들어가도록 준비는 시켜야 되지 않습니까? 하나님, 이렇게 데려가시면 어떻게 합니까?" 하고 대성통곡을 했다고 합니다. 그런데 기적이 일어났습니다. 의사들도 기적이라고 했습니다. 환자가 의식이 돌아오더니 고비고비를 넘기면서 서서히 회복되기 시작했습니다.

수개월 동안 투병생활을 하면서 부인은 날마다 남편 옆에서 하나님께 매달려 기도했습니다. 눈물로 기도하는 부인을 물끄러미 바라보던 남편의 마음이 녹기 시작했습니다. 그리하여 자기가 얼마나 완악하고 잘못된 사람인가를 회개하기 시작했습니다. 그리고 부인의 손을 붙잡고 예수를 믿겠다고 고백하고 하나님의 자녀가 되었습니다. 새사람이 되었습니다. 하나님이 강제로 꺾은 것입니다. 부인의 기도대로 다메섹 도상에서 바울을 꺾으시듯 확 꺾어 놓으신 것입니다. 이런 이야기를 하면서 그는 속옷을 올리고 총을 맞은 자국을 보여 주었습니다. 아직도 총탄이 박혀 있는데 뽑을 수가 없다고 했습니다.

눈물로 기도했던 그의 부인이 남편을 이렇게 자랑합니다. "우리 남편 너무 너무 변했어요. 이제는 제가 따라가려면 숨이 막힐 지경에요. 얼마나 교회에 열심이고 얼마나 은혜를 사모하는지, 부흥회를 한다면 몬트리올에서 토론토까지 그렇게 먼 길이지만 막 뛰어 달려오고 헌금하자고 하면 주머니에 있는 것 다 털어놓고…. 이 정도로 사람이 바뀌었어요."

당신도 거부하지 못한다

하나님의 자녀가 되어 구원받는 일을 자기가 했다고 말할 사람은 세상에 하나도 없습니다. 전적으로 하나님께서 하셨습니다. 그래서 기독교를 은혜의 종교라고 말합니다. 김대두, 고재봉과 같은 사람들—인간의 생각으로는 도무지 구원받지 못할 것이라고 생각한 사람—이 구원받았습니다. 그 사람들이 자기 힘으로 구원받았습니까? 하나님이 구원해 주셔서 구원받은 것뿐입니다. 하나님이 구원하시려고 할 때 인간이 거부하지 못합니다. 이것이 은혜입니다.

당신은 마음으로 예수를 믿고 싶지 않을지 모릅니다. 그러나 주님이 당신에게 예수 믿으라고 끌어들일 때 당신은 거부하지 못합니다.

왜냐하면 당신을 사랑하시기 때문입니다. 당신을 너무 사랑하셔서 주님이 십자가에서 당신을 위해 그 보배로운 피를 흘려 주셨습니다. 자기의 생명을 아끼지 않고 희생하신 분이 우리를 구원하지 않겠습니까? 아무리 악한 사람이라도 하나님 나라에 들어오게 할 수 있는 풍성한 은혜를 가지신 하나님 앞으로 나오십시오!

지금 교회에 다니고 있기는 하지만 바울처럼 철저하게 굴복하지 못하고 있다면 하나님은 당신의 결단을 기다리고 계십니다. 바울처럼 하나님 앞에 꿇어 엎드리십시오. 그리고 "주여, 내가 무엇을 해야 합니까?" 하고 물어보십시오. 그리고 주님이 내미시는 피 묻은 손을 거절하지 마십시오. 당신을 부르시는 사랑이 넘치는 그 음성에 귀를 막고 돌아서지 마십시오. 주님의 부르심에 대답하십시오.

7

인생의
카운트다운

우리의 인생이 모세가 말한 대로 연수가 칠십이요,
강건하면 팔십 정도 된다는데 그 연수도 따지고 보면 손바닥만한 것이요,
또 어떤 면에서는 없는 것이라고 말할 수 있습니다.

시편 39:4-7

4 여호와여 나의 종말과 연한이 언제까지인지 알게 하사 내가 나의 연약함을 알게 하소서 5 주께서 나의 날을 한 뼘 길이만큼 되게 하시매 나의 일생이 주 앞에는 없는 것 같사오니 사람은 그가 든든히 서 있는 때에도 진실로 모두가 허사뿐이니이다 (셀라) 6 진실로 각 사람은 그림자 같이 다니고 헛된 일로 소란하며 재물을 쌓으나 누가 거둘는지 알지 못하나이다 7 주여 이제 내가 무엇을 바라리요 나의 소망은 주께 있나이다

인생의
카운트다운

우리가 아무리 여유를 잃어버린 현대인이라 하지만 계절이 바뀌는 변화에조차 무심할 수는 없습니다. 사시사철 속에는 저마다 하나님의 섭리가 담겨져 있습니다. 그중에서도 특별히 가을은 어느 계절보다도 생의 엄숙함을 일깨우는 영감이 풍부한 계절입니다. 그래서 가을이 되면 사람들은 떨어진 낙엽더미를 보고 인생의 덧없음을 절감하기도 하고, 스산한 바람 소리를 들으며 삶과 죽음에 대해 생각하는 사색가가 됩니다. 저도 때때로 한 편의 시를 음미하다가 조용히 명상에 잠기기도 합니다.

가을에는
기도하게 하소서
낙엽들이 지는 때를 기다려 내게 주신
겸허한 모국어로 나를 채우소서
(중략)
가을에는

호올로 있게 하소서

— 김현승의 〈가을의 기도〉 중에서 –

이렇듯 가을은 우리로 하여금 보다 진지하게 삶을 바라볼 수 있는 자리로 이끌어 줍니다. 그러나 반드시 알아 두어야 할 사실이 하나 있습니다. 그것은 그 어떤 훌륭한 예술가나 철학가라 할지라도 자연 속에서 인생의 의미에 대한 온전한 해답을 밝혀낼 수 없다는 것입니다. '우리가 어디에서 왔고 지금 왜 이 자리에 있으며, 장차 무엇을 향해 살아가야 하는가?' 이 물음에 자신 있게 대답하지 못합니다. 오직 성경만이 그 궁극적인 답변을 제시할 수 있습니다. 그러므로 우리 모두는 하나님의 말씀 앞에 겸허하게 서서 유일무이한 그분의 음성에 귀 기울여야 합니다.

다윗의 진정한 기도

시편 39편은 다윗이 영감으로 기록한 기도입니다. 그는 여기에서 하나님께 두 가지 기도를 하고 있습니다.

여호와여 나의 종말과 연한이 언제까지인지 알게 하사 내가 나의 연약함을 알게 하소서_시 39:4

주여 이제 내가 무엇을 바라리요 나의 소망은 주께 있나이다 _시 39:7

다윗의 기도를 주목해 보십시오. 다윗과 같이 자신의 약함을 인정하게 될 때 인생은 강해지고 자신의 무가치함을 깨달을 때 진정 그 인생은 가치를 지니게 되는 것입니다. 이것이 하나님께서 우리에게 가르쳐 주신 만고불변(萬古不變)의 진리입니다. 그러나 대부분의 사람들은 자신의 약한 것을 드러내지 않으려고 갖가지 추태를 다 부리다가 자기뿐만 아니라 다른 사람에게도 돌이킬 수 없는 악영향을 미치게 되는 것을 봅니다.

한 뼘 길이만한 인생

다윗은 자기의 생이 대단히 짧다는 사실에서 자신의 연약함을 깨달았습니다. 그는 인생을 가리켜 '한 뼘 길이만하다'고 했습니다. 영어로 말하면 'Nothing'입니다. 없는 것 같다는 말입니다.

> 우리의 연수가 칠십이요 강건하면 팔십이라도 그 연수의 자랑은 수고와 슬픔뿐이요 신속히 가니 우리가 날아가나이다_시 90:10

우리의 인생이 모세가 말한 대로 연수가 칠십이요, 강건하면 팔십 정도 된다는데 그 연수도 따지고 보면 손바닥만한 것이요, 또 어떤 면에서는 없는 것이라고 말할 수 있습니다.

> 나의 때가 얼마나 짧은지 기억하소서 주께서 모든 사람을 어찌 그리 허무하게 창조하셨는지요_시 89:47

에단이라고 하는 시편 기자가 인생의 짧음과 허무함을 하나님께 하소연하고 있습니다. 우리도 가끔 하는 탄식입니다.

인생을 좀 더 깊이 관조하고 깨달은 사람들 중에서 에드먼드 쿡 (Edmund Vance Cook, 1866-1932)이라는 사람은 인생을 '텅빈 거품'에 비유했습니다. 또 시인 바이런(George Gordon Byron, 1788-1824)은 "내 인생은 만추의 낙엽—꽃과 열매는 다 떨어지고 벌레와 낡음과 비애만이 남았다"고 쓸쓸히 인생의 허무를 노래했습니다. 유명한 극작가 셰익스피어(William Shakespeare, 1564-1616)는 "인생! 그것은 단지 걸어가는 그림자, 초라한 배우일 뿐"이라는 말을 남겼습니다. 그는 무대에 나와서 제 시간을 채운 뒤 소리없이 사라지는 배우로 인생을 묘사했습니다.

인생을 70년이라 가정하고 계산했을 때, 부모 슬하에서 성장하는 기간 15년, 수면 시간 20년, 먹고 쉬고 즐기고 또 적당히 보내는 시간 15년, 늙어서 아무것도 못하는 시절 5년, 그래서 사람 구실을 할 수 있는 기회는 70년 중에서 15년밖에 남지 않는다고 합니다. 그러나 요즈음에는 TV시청으로 7, 8년을 빼앗기고 나면 일을 제대로 할 수 있는 시간은 7, 8년 내지 5년밖에 남지 않을 것입니다. 정말 한 뼘 길이만합니다. 아무것도 없습니다.

또 인생을 하루 24시간에다 맞추어 계산해서 재미있게 소개한 사람의 이야기를 들어 봅시다.

열다섯 살은 오전 8시 51분이고, 스무 살은 11시 8분, 스물다섯 살은 정오가 넘어간 12시 25분, 중천에 해가 뜬 대학시절이 제일 좋은가 봅니다. 결혼할 때쯤인 서른 살은 오후 1시 25분, 자식을 낳고 사회적으로 지위가 올라갈 때쯤인 서른다섯 살은 2시 59분, 이제는 좀 괜찮게 자리를 잡았다고 느낄 때쯤인 마흔 살은 벌써 4시 16분, 아주머니로 치면 장바구니 들고 저녁거리를 사러 갈 때입니다. 별 것 아닙니다. 마흔다섯 살쯤이면 인생의 황금기인지도 모릅니다. 젊었다고 마지막으로 기를 쓸 수 있는 때요, 축적된 어떤 능력을 가지고 무언가 인생을 바로 볼 수 있는 때라고 생각되는데 이때는 시간으로 따져서 5시 43분, 해가 뉘엿뉘엿 넘어가는 시간입니다. 쉰 살은 6시 50분, 쉰다섯 살은 8시 8분, TV의 황금 시간대 프로그램도 끝날 시간입니다. 예순 살은 10시 11분, 이제 이부자리를 펼 시간입니다.

이런 식으로 인생을 따져 본다면 허무하기 짝이 없는 것이 인생입니다. 정말 한 뼘 길이만한 것이요, 사실은 없는 것입니다. 우리의 젊음과 건강, 또 많은 재물도 인생의 무상함을 절대로 구제하지 못합니다.

인생의 덧없음을 얘기할 때 사람들은 대략 두 가지로 반응을 보입니다. "아, 나는 아무것도 아니구나. 어떻게 살아야 가치 있게 살 수 있을까?" 이렇게 겸손한 태도를 보이는 사람이 있습니다. 또 어떤 사람은 "먹고 즐기자. 이 짧은 인생, 늙기 전에 여한없이 즐겨야지." 이렇게 인생을 하루살이처럼 취급하는 사람도 있습니다. 우리는 하나님이 원하시는 반응을 보여야 합니다. 그것은 절대자 앞에서 겸손해지는 것입니다.

> 또 비유로 그들에게 말하여 이르시되 한 부자가 그 밭에 소출이 풍성하매 심중에 생각하여 이르되 내가 곡식 쌓아 둘 곳이 없으니 어찌할까 하고 또 이르되 내가 이렇게 하리라 내 곳간을 헐고 더 크게 짓고 내 모든 곡식과 물건을 거기 쌓아 두리라 또 내가 내 영혼에게 이르되 영혼아 여러 해 쓸 물건을 많이 쌓아 두었으니 평안히 쉬고 먹고 마시고 즐거워하자 하리라 하되 하나님은 이르시되 어리석은 자여 오늘 밤에 네 영혼을 도로 찾으리니 그러면 네 준비한 것이 누구의 것이 되겠느냐 하셨으니 자기를 위하여 재물을 쌓아 두고 하나님께 대하여 부요하지 못한 자가 이와 같으니라_눅 12:16-21

이 어리석은 부자의 비유를 보십시오. 하나님은 교만한 사람을 원하시지 않습니다. 알렉산더(Alexander, B.C. 356-323)와 같이 세계를 정복하려는 야망에 불타는 영웅을 원하시는 것도 아닙니다. 하나님은 우리 모두가 하나님 앞에 다소곳이 지혜를 구하는 겸손하고 온유한 사람이 되기를 원하십니다.

죽음이란 수수께끼

다윗은 또 죽음을 염두에 두고 자기의 연약함을 깨달았습니다. 죽음이란 인생이 아직 풀지 못한 최대의 수수께끼입니다. 어떤 위인도 그 죽음과 싸워 이긴 적이 없습니다.

매사추세츠 대학교 교수를 역임했던 밀턴 메이어(Milton Mayer, 1908-1986)가 죽음을 주제로 한 논문을 쓴 적이 있습니다. 브리태니커(Britannica) 백과사전의 특집 부록에 실렸던 논문입니다. 그 논문에서 메이어 교수는 죽음이라는 수수께끼를 이렇게 표현했습니다.

"죽음에 대해 무엇을 말해야 할지 나는 모른다. 왜냐하면 죽음에 대해 무엇을 생각해야 할지 모르기 때문이다. 나는 죽음에 대해 무엇을 생각해야 할지 모르겠다. 왜냐하면 죽음 그 자체가 무엇인지조차 도무지 모르기 때문이다."

죽음을 말하는 메이어 교수의 관점은 알쏭달쏭하기만 합니다. 그러나 핵심을 찌르는 이야기입니다. 죽음에는 역사가 없다고 합니다. 역사는 변화가 있어야 하는 것인데 죽음에는 변화가 없기 때문에 역사가 없습니다. 수천 년 전의 죽음의 모습이나 수천 년이 지난 현대 문명에 찾아오는 죽음의 모습이 똑같기 때문입니다.

주께서 그들을 홍수처럼 쓸어 가시나이다 그들은 잠깐 자는 것 같으
며 아침에 돋는 풀 같으니이다_시 90:5

120년을 살았던 모세의 말입니다. 그런데 이 말이 실감이 납니까? 지금 현재 세계에서 하루 동안에 죽는 사람이 170만 명입니다. 세계적으로 하루 동안 죽는 사람이 매초에 20명입니다. 아무리 홍수가 무섭게 몰려와도 백만 명이 죽었다는 예는 아직 없습니다. 그러나 죽음은 하루에 170만 명을 쓸어 갑니다. 모세의 말이 맞습니다. 얼마나 죽음이라는 것이 잔인하고 무서운 것입니까? 그 170만 명 안에 언제 자신이 포함될는지 아무도 모릅니다. 하나님은 이 죽음을 통해서 우리가 연약함을 깨닫기를 원하십니다.

초상집에 가는 것이 잔칫집에 가는 것보다 나으니 모든 사람의 끝이
이와 같이 됨이라 산 자는 이것을 그의 마음에 둘지어다_전 7:2

우리는 매일 집을 나서며 오늘도 무사히 주님의 은혜 안에서 살게 해 주시기를 마음속으로 기도합니다. 그러나 여기에 한 가지 기도를 더해야 합니다. 오늘이라도 나에게 죽음이 다가온다면 준비된 사람으로서 죽음을 맞이할 수 있게 해 달라는 기도를 해야 합니다. 대부분의 사람들은 "오늘도 무사히"라는 기도는 하면서도 "준비된 사람이 되게 해 달라"는 기도는 하지 않습니다. 그만큼 우리는 아직도 정신을 차리지 못하고 인생을 살고 있습니다.

직접 교통사고를 당해 보니까 '참, 인생이 순간이구나!'라는 것을 실감했습니다. '이제는 죽었구나!' 하는 생각이 섬광처럼 뇌리를 스쳐 지나갈 때 이미 사고가 일어난 것입니다. 이 짧은 1, 2초 사이를 누가

준비할 수 있습니까? 아무도 준비하지 못합니다. 만약에 그 사고가 치명적인 것이었다면, 저는 저도 모르는 사이에 벌써 주님 앞에 섰을 것입니다. 죽음이라는 것이 얼마나 잔인하고 무섭게 다가오는지요.

언젠가 무척이나 가슴 아픈 이야기를 들은 적이 있습니다. 하와이에 사는 어느 교포의 이야기입니다. 그 사람은 이민 온 뒤 생명보험 회사를 찾아갔다고 합니다. 보험회사의 직원과 액수를 놓고 상담하다가 아무래도 보험 금액이 좀 많은 것 같아서 잠시 생각해 보고 오후에 오겠다는 약속을 남긴 채 집으로 돌아오다가 그만 자동차 사고로 유명을 달리했다는 것입니다.

이런 얘기를 들으면 정말 인생이 별게 아닌 것 같습니다. 차라리 보험증서에 사인이나 하고 돌아왔으면 돈이나 받을 텐데 좀 더 살 줄 알고 사인을 미루고 집으로 오다가 비명에 간 것입니다. 우리 앞에 언제 죽음의 그림자가 덮칠지 그것을 아는 자는 한 사람도 없습니다.

○ ○ ○ ○ ○ ○
이런 젊은이도

가끔 병원에 가 보면 적지 않은 사람들이 언제 그 병상을 떨치고 일어날지 모르는 지병을 안고 외롭게 투병생활을 하는 모습을 대하게 됩니다. 개척교회를 막 시작하고 나서 겪은 일인데 지금까지 잊혀지지 않는 사람이 있습니다. 암에 걸려 고통하던 스물여덟 살의 청년입니다. 고통을 견디다 못해 몰핀을 맞으며 그 힘든 병상생활을 하다가 나중에는 뼈만 앙상하게 남은 채 중환자실에서 눈을 감던 그 젊은이를 잊을 수 없습니다. 가족들은 처음에 그 형제에게 암이라는 것을 숨겼습니다. 가슴에 있는 혹을 떼 냈다고 거짓말을 하고 이제 아물면 퇴원한다는 말로 3개월을 속이고 지냈습니다. 그러나 목사인 저는 그 사실을 알고 복음을 가지고 거의 매일같이 그를 방문했습니다.

제가 예수님 이야기를 할 때마다 잘생기고 똑똑한 그 청년은 도무지 마음 문을 열지 않았습니다. "목사님, 이제 퇴원하면 제가 해야 할 일이 너무나 많아요. 조금 더 지나고 나서 예수 믿는 것에 대해서 고려해 보겠습니다. 의사 말로는 혹을 떼 냈으니까 한 달만 지나면 퇴원할 수 있대요." 그의 포부를 듣는 그 순간 얼마나 깊은 인생의 비애와 고통을 느껴야 했는지 모릅니다. 오늘날 이 세상을 활보하며 걸어 다니는 많은 사람들 중에 이와 같이 어리석은 소리를 하는 사람이 많습니다. 재물을 쌓아 놓고 세월에 맞춰 갖가지 계획을 세우지만 한 가지 중요한 사실을 잊고 있습니다. 이미 죽음의 운명을 안고 사는 사람이라는 것을 깨닫지 못하는 것입니다.

우리는 죽음 앞에 겸손해야 합니다. 죽음을 통해서 우리 자신이 겸손을 배웁시다. 하나님 앞에 내 자신이 아무것도 아니고 약한 존재라는 것을 배웁시다. 이것이 우리가 강해지는 길이요, 삶을 좀 더 보람 있게 개척해 나가는 비결입니다.

> 네가 흙으로 돌아갈 때까지 얼굴에 땀을 흘려야 먹을 것을 먹으리니 네가 그것에서 취함을 입었음이라 너는 흙이니 흙으로 돌아갈 것이니라 하시니라_창 3:19

> 죄의 삯은 사망이요_롬 6:23

> 한번 죽는 것은 사람에게 정해진 것이요 그 후에는 심판이 있으리니_히 9:27

세 가지 죽음

죽음은 죄의 결과입니다. 그러므로 인생의 허무와 죽음의 문제를 해결하려면 죄 문제를 해결해야 합니다. 죄는 우리에게 죽음을 안겨 주었습니다. 성경은 죽음에 대하여 다음과 같이 세 가지로 말하고 있습니다.

첫째는 영의 죽음입니다.

둘째는 육신의 죽음입니다.

셋째는 영원한 죽음입니다.

우리는 죄의 결과로써 이 세 가지를 복합적으로, 또 순서적으로 받았습니다.

제가 미국에 있을 때 미시간 대학에 다니는 교포 학생들을 데리고 아름다운 호숫가에 가서 3박 4일 동안 수양회를 인도한 적이 있습니다. 꿈 많은 젊은이들에게 진정한 죽음의 의미를 보여 준다는 것은 대단히 어려운 일입니다. 그러나 그 시간에 죄의 값은 사망이라는 것을 가르쳐야 했기에 저는 속으로 하나님께 기도했습니다. 지혜를 달라고 말입니다. 그런데 좋은 생각이 스쳐 지나갔습니다.

저는 머리 위에 있는 파란 나뭇가지를 하나 꺾었습니다. 그리고 학생들에게 "여러분, 이 가지는 살았나요, 죽었나요?" 하고 물었습니다. 당연히 두 가지 대답이 나왔습니다. 한편에서는 살았다는 대답을 하는가 하면 다른 한편에서는 죽었다고 대답하는 것이었습니다. "왜, 살았어요?" 하고 물었더니 "아직 파랗잖아요?"라고 대답을 했습니다. 또 "왜 죽었어요?"라고 물으니 "가지가 이미 꺾여 나왔잖아요?"라고 대답했습니다.

저는 나뭇가지를 들고 먼저 영적 죽음을 설명했습니다. 나뭇가지가 아무리 파란 잎을 달고 있다 할지라도 이미 나무 줄기로부터 꺾어져 나온 것이므로 죽은 것입니다. 우리 인생은 하나님으로부터 끊어져 버렸습니다. 그래서 인생을 살면서 하나님의 존재를 깨닫지도 못하고 찾지도 않습니다. 이미 죄와 허물로 죽은 사람입니다. 생명의 원천이신 하나님으로부터 끊어져 나왔기 때문에 이팔청춘의 생을 구가하는 젊은이라도 그는 하나님 앞에 죽은 자입니다. 이것이 곧 영적 죽음입니다.

나뭇가지가 2, 3일 동안은 파랗게 살아 있습니다. 마찬가지로 영적으로 죽은 사람도 얼마 동안 육신으로 살 수 있습니다. 그래서 사람들은 생각하기를 이 세상에 태어나서 살아가는 7, 80년의 기간을 사는 것으로 여깁니다. 그리고 이 생명이 전부인 것처럼 생각하고 있습니다. 그러나 하나님이 보실 때에는 끊어진 나뭇가지와 같은 것입니다. 나뭇가지는 사나흘이 지나면 저절로 말라 버립니다. 잠깐 살다 죽는 인생, 그것을 일컬어 육신의 죽음이라고 합니다.

나뭇가지가 마르면 농부들이 와서 주워다가 불에 집어던집니다. 이와 마찬가지로 사람이 살다가 죽으면 하나님께서 죄의 대가를 받는 영원한 처소로 데려가십니다. 그것을 일컬어서 영원한 죽음이라고 합니다.

당신은 육신의 죽음과 그다음에 올 영원한 죽음에 대해서 어떤 준비를 하고 있습니까? 당신이 죽을 때 과연 누구의 이름을 부르겠습니까? 누구를 찾겠습니까?

○ ○ ○ ○ ○ ○ ○ ○ ○
죽음을 정복하신 예수

예수님은 십자가에 못 박혀 돌아가실 때 "아버지여, 나의 영혼을 주의 손에 부탁하나이다"라고 하셨고, 스데반은 돌에 맞아 죽으면서도 "오,

주 예수여 내 영혼을 받으시옵소서"라고 했습니다. 유명한 전도자 무디(D. L. Moody, 1837-1899)는 "아, 아름답구나. 어린아이들이 뛰논다. 정말 저것이 천국이구나. 죽음이 이런 것이라면 두려울 것이 없어. 나는 간다"고 하며 천국으로 갔습니다. 최권능 목사님은 병상에서 "금방 하나님 나라에서 나에게 전보가 왔어. 전보를 보니 빨리 오래. 나 먼저 가" 하고는 세상을 떠났습니다. 얼마나 멋있게 죽음을 준비한 사람들입니까?

그러나 준비되지 못한 사람은 나폴레옹(Napoleon, 1769-1821)처럼 죽을 때 그의 애인이었던 여인의 이름 '조세핀'을 부르고 죽습니다. 조세핀을 부르는 것이 무슨 의미가 있습니까? 참으로 불쌍한 존재입니다. 만약 우리도 죽을 때 그런 식으로 죽는다면 정말 한심하고 안타까운 일입니다.

볼테르(Voltaire, 1694-1778)는 뛰어난 지식인이었습니다. 그는 "하나님도 없다. 지옥도 없다. 천당도 없다. 우리의 이성으로 알지 못하는 것은 전부 거부한다"는 불가지론자였습니다. 그러나 천당도 지옥도 없다고 고집하던 그가 나중에는 "나는 이제 지옥으로 간다!"고 큰 소리로 외치며 죽었습니다.

우리는 죄 문제를 해결하고 인생을 살아야 합니다. 이 문제를 해결하시는 분은 오직 예수 그리스도 한 분 뿐입니다. 그분은 우리의 죄 때문에 십자가를 지셨고 우리의 죄를 그 십자가의 피로 완전히 청산하셨습니다. 그리고 모든 죄인을 죽음으로부터 해방시켜 자유하게 하셨습니다. 그러므로 그분 안에서는 생의 허무가 극복됩니다. 영원한 생명되신 그리스도를 모시고 살기 때문입니다.

내가 그리스도와 함께 십자가에 못 박혔나니 그런즉 이제는 내가 사

는 것이 아니요 오직 내 안에 그리스도께서 사시는 것이라 이제 내
가 육체 가운데 사는 것은 나를 사랑하사 나를 위하여 자기 자신을
버리신 하나님의 아들을 믿는 믿음 안에서 사는 것이라_갈 2:20

예수 믿고 십자가를 바라보는 사람은 죽음의 공포에서 해방됩니
다. 이미 영생 얻을 준비를 하고 있기 때문입니다. 또 죽기 일보 직전
의 사람이라도 그가 그리스도를 발견한다면 완전히 되살아난 사람으
로 변합니다. 세상에서 죽음을 극복한 삶을 삽니다.

예수를 믿으면 산다!

부목사로 섬기던 교회에서 있었던 일입니다. 하루는 심방을 마치고
좀 피곤하여 쉬고 있는데 어떤 청년이 교회에 찾아왔습니다. 그의 옷
에서는 냄새가 나고 보자기에다 무엇을 싸 들고 왔는데 얼굴은 말랐
고 행색이 남루하기 그지 없었습니다. 혹시나 걸인인가 싶어 "어떻게
오셨나요?" 하고 물어보았습니다. 남루한 그 청년은 "저는 과거가 기
가 막힌 사람입니다. 이제 더 살고 싶지 않아서 죽을 방도를 찾고 있는
데 누가 종이쪽지를 주었어요. 마지막으로 한 번 읽어 보기나 하자 하
고 무심히 봤더니 '주 예수를 믿으라'는 말이 적혀 있었습니다. 그리고
무슨 말인지 더 알고 싶으면 교회로 찾아오라는 말이 있어서 이왕 죽
을 바에 한 번 가 보자는 생각이 들어 교회로 온 것입니다"라고 하였습
니다.

그리고 그 청년은 보자기를 풀어 어떤 노트를 나에게 건네 주었습
니다. 자기의 지난 과거를 기록한 노트였습니다. 그것을 읽어 보니 참
으로 기가 막힌 인생이었습니다. 초등학교 때 가출하여 서울로 올라

와 남대문 시장을 거점으로 소매치기를 하면서 밑바닥을 헤매며 감옥에도 수없이 드나든 사람이었습니다. 한 번은 자살하려고 수면제를 먹었는데 깨어 보니까 감옥이었다고 합니다. 그 약의 후유증으로 팔하나를 제대로 쓰지 못하는 그는 정말 누더기 같은 인생을 산 사람이었습니다. 그의 말이 연극 같지는 않아서 저는 기도하는 마음으로 청년에게 복음을 전했습니다. 30분 가량 예수님을 증거했을 때 그는 예수를 믿겠다고 대답했습니다. 그래서 같이 손을 잡고 기도를 하는데 얼마나 그가 서럽게 우는지 저도 같이 눈물을 흘렸습니다. 한참을 우는 그를 달래서 "오늘 내가 준 성경을 어디서든지 열심히 읽고 다시는 소매치기 같은 짓 하지 말고 기다렸다가 사흘 후 주일이 되면 예배드리러 여기에 나오시오. 왜냐하면 당신은 돈을 얻으러 온 사람이 아니지 않소?"라고 말하고 그를 보냈습니다.

그런데 그를 보내놓고 생각하니 너무나 가슴이 아파서 불현듯 그를 뒤따라 정신없이 달려갔습니다. 한참을 헤매다 그를 찾아서는 호주머니의 돈을 있는대로 털어주며 "이 돈으로 허기를 면하고 주일날 꼭 교회로 나오시오" 했더니 한사코 사양을 했습니다. 간신히 돈을 건네 주고 돌아와서는 그때부터 주일을 기다렸습니다. 죽음을 앞에 놓고 인생 밑바닥을 헤매던 사람이 살아나는 모습을 보고 싶었습니다. 정말 하나님께서 일하시는가를 보고 싶었습니다. 드디어 주일날, 부목사인 저는 신자들을 안내하며 그를 기다리는데 예배시간 5분 전까지도 나타나지를 않았습니다. 속은 것이 아닐까 생각하는 순간에 그가 보따리 하나를 들고 어기적어기적 나타났습니다. 어찌나 반가운지요, 싱긋 웃으며 인사하는 그를 자세히 보니 얼굴도 씻고 매무새도 단정히 해서 온 것이었습니다. 그리고 그는 예배를 드리고 돌아갔습니다. 그리고 3주 동안을 꼬박꼬박 교회로 나오는 것을 보고 그때 교회에 알려서 구제비를 타다가 생계에 보태 쓰라고 쥐어 보냈습니다. 그 후에 그는 장사를 하며 지방을 다니면서도 신앙생활을 잘 했습니다. 그 와중에 하루는 그가 나를 찾아와서 이렇게 말했습니다.

"목사님, 다음 주에는 제가 십 년이 넘도록 찾아뵙지 못한 부모님을 찾아가려고 해요. 그래서 제 잘못을 빌고 돈이 없어 공부를 못하는 동생을 데리고 와서 새 생활을 시작하겠어요!"

어떻습니까? 이렇게 예수의 이름은 능력이 있습니다. 예수의 이름이 한 영혼을 죽음 직전에서 건져 내신 것입니다. 세상에서 제멋대로 살던 사람도 그리스도를 만난 후에는 그의 인생이 완전히 반전하는 것을 볼 수 있습니다. 지난 잘못을 회개하고 남은 인생을 순간순간 주님의 뜻에 맡기는 놀라운 기적이 일어나는 것입니다.

우리가 살아도 주를 위하여 살고 죽어도 주를 위하여 죽나니 그러므로 사나 죽으나 우리가 주의 것이로다_롬 14:8

더 이상 어리석은 삶을 살지 맙시다. 아무것도 아니면서 모든 것을 가진 것처럼 인생을 속고 살지 맙시다. 생명의 주인 되신 주님 앞으로 돌아오십시오. 그리고 죄 용서함을 받고 영원히 사는 영생을 얻으십시오.

예수를 믿는다고 하면서 아직 주님 앞에 겸손히 자신의 연약함을 고백하지 못하고 세상의 낙에 취해서 한 발을 세상에 걸치고 한 발은 예수님에게 걸치는 이중생활을 하고 있다면 세상과의 발을 떼십시오. 한 뼘 길이만한 인생에 집착하지 마십시오. 성령께서 당신의 마음을 감동시키고 주께로 돌아오는 은혜 주시기를 간절히 기원합니다.

8

복받은
큰 죄인

"나를 따르라"는 예수님의 말씀 안에는
모든 것을 다 버리라는 뜻이 들어 있었습니다.
예수님의 말씀대로 마태는 자기의 모든 것을 다 버렸습니다.
어디에서 그런 힘이 생겼는지 마태는 오직 예수 그리스도만을 따르는
새사람으로 변화되었습니다.

마태복음 9:9-13

9 예수께서 그곳을 떠나 지나가시다가 마태라 하는 사람이 세관에 앉아 있는 것을 보시고 이르시되 나를 따르라 하시니 일어나 따르니라 10 예수께서 마태의 집에서 앉아 음식을 잡수실 때에 많은 세리와 죄인들이 와서 예수와 그의 제자들과 함께 앉았더니 11 바리새인들이 보고 그의 제자들에게 이르되 어찌하여 너희 선생은 세리와 죄인들과 함께 잡수시느냐 12 예수께서 들으시고 이르시되 건강한 자에게는 의사가 쓸 데 없고 병든 자에게라야 쓸 데 있느니라 13 너희는 가서 내가 긍휼을 원하고 제사를 원하지 아니하노라 하신 뜻이 무엇인지 배우라 나는 의인을 부르러 온 것이 아니요 죄인을 부르러 왔노라 하시니라

복 받은
큰 죄인

우리가 잘 아는 바와 같이 예수님에게는 열두 명의 제자들이 있었습니다. 그 제자들 중에서 과거에 무엇을 하던 사람인가를 정확히 알 수 있는 사람은 불과 다섯 명 정도에 지나지 않습니다. 그들을 구체적으로 밝힌다면 베드로, 안드레, 야고보, 요한은 어부 출신이었고 마태는 세리 직업을 가졌던 사람이었습니다.

본문에 나타난대로 마태가 자신이 근무하는 세관 사무실에 앉아 있을 때였습니다. 예수님께서 그곳을 지나가시다가 마태를 보시고 "나를 따르라"고 말씀하셨습니다. 그때 마태는 예수님의 말씀을 듣자마자 곧바로 일어나 예수님을 따라갔습니다.

> 예수께서…이르시되 나를 따르라 하시니 일어나 따르니라_마 9:9

마태는 지금 자기 자신의 이야기를 서술하고 있습니다. 이렇게 단순하게 표현된 간증문을 본 적 있습니까? 열두 명의 제자 중에서 예수 믿고 구원을 받은 사건을 직접 자기 입으로 간증한 사람은 마태 한 사람뿐입니다. 감정 표현이 좋고 사건 전개가 잘된 어떤 다른 간증문 못지 않게 마태는 이 짧은 문장 안에서 자기의 결단을 분명하게 표현하고 있습니다.

때때로 다른 사람의 간증을 들을 때 어떤 느낌을 받습니까? 감정은 뜨거운 것처럼 보이나 행동이 애매하게 느껴지는 사람이 있을 것입니다. 반면에 감정은 냉정한 것처럼 보이나 변화된 삶의 모습이 분명히 드러나는 사람이 있습니다. 바로 마태와 같은 사람입니다. 이런 사람이 우리에게 더 큰 감동을 안겨 준다는 사실은 분명합니다.

예수님의 제자가 된 세리

마태가 구원받고 예수님의 제자가 된 사실은 그 당시에 매우 충격적인 사건이었습니다. 요한복음을 제외한 다른 복음서 저자들이 그 사건을 빼놓지 않고 밝히고 있는 것을 보아도 잘 알 수 있습니다. 그럴 수밖에 없는 것이 당시의 사회제도에 비추어 볼 때 세리가 예수님의 제자가 된다는 것은 일반적인 상식으로는 도저히 용납할 수 없는 일이었기 때문입니다. 예를 들어, 예수님의 제자 중에 극단적인 민족주의자였던 시몬과 같은 사람은 세리의 그림자만 보아도 침을 뱉을 정도로 세리를 증오의 대상으로 여겼습니다.

그러나 예수님께서는 세리에 대한 사람들의 모든 고정관념을 깨뜨리시고 마태를 그의 제자로 부르셨습니다. 그 당시 마태가 살던 사회에서 세리와 죄인과 창녀는 전혀 인간 대우를 받지 못하는 천민 계급에 속하였습니다. 보통 사람들도 이들과는 상종을 하지 않았습니다. 그러므로 그들은 다른 계층과 격리된 채 자기네들끼리 모여 살지 않으면 안 되었습니다.

이렇게 천대받는 세리에게도 한 가지 특혜는 있었습니다. 법의 보호를 받으며, 다른 사람들에 비해서 보다 쉬운 방법으로 많은 돈을 벌 수 있다는 것이었습니다. 마태가 어떻게 해서 세리가 되었는지 우리는 정확히 알 수 없습니다. 그러나 상상할 수는 있을 것 같습니다. 그는 당시 사회에서 만연하고 있던 금전 만능주의에 흠뻑 젖어 있었던 사람임에 틀림없습니다. '돈만 있으면 인생을 최고로 멋지게 살 수 있어. 어떤 수단과 방법을 써서라도 돈을 벌어 보자'라는 사고방식을 가진 사람이라면 자기의 목적 달성을 위해 세리직을 택하는 것이 가장 빠른 지름길이었습니다. 그 당시의 세리들은 법의 묵인 아래 많은 백성들의 재산을 착취하였고, 또 그 돈으로 고리대금을 놓아 재산을 불리는 데 혈안이 된 사람들이었습니다.

이처럼 사람이 돈에 눈이 어두워지면 가문이나 민족도 보이지 않나 봅니다. 명예니 체면이니 하는 따위는 그들에게 아마 약자의 잠꼬대처럼 들렸을지도 모릅니다. 또 한편으로는 '몇 년만 얼굴에 철판을 깔고 돈을 모으자. 그래서 한 밑천 두둑히 모아서 로마로 이주해 여생을 보내면 좋겠지. 그때 가서 다른 사람에게 돈으로 선심을 좀 베풀면 양심의 가책 따위는 사라져 버릴 거야. 그러면 도리어 다른 사람들이 나를 존경하게 될지도 몰라' 하는 음흉한 생각이 마음 한구석에 도사리고 있었을지도 모릅니다.

우리나라에서도 이런 생각을 가진 꼴불견의 사람들이 가끔 신문 지상에 등장하는 것을 보게 됩니다. 자기 공장의 직원들의 임금을 착취하여 외국으로 빼돌리고 그 나라에 가서 그럴 듯하게 사는 사람이 있습니다. 몰염치한 이들의 소행을 우리 사회가 간과해서는 안 될 것입니다. 부정한 돈으로 인생의 행복을 구가하려는 이 어리석은 사람들이 이 땅에 발 붙이지 못하도록 반드시 그들을 깨우쳐야 할 것입니다.

마태가 이처럼 위험한 생각을 갖게 된 것이 무식했기 때문일까요? 절대로 그렇지 않습니다. 자기 백성을 착취해서 정복자의 손에 바치는 매국노치고 무식한 사람은 거의 없었습니다. 그는 마태복음을 기록할 정도의 지식인이었습니다. 성경 학자들은 마태를 예수님의 제자들 가운데 가장 유식했던 인물로 평가할 정도입니다.

신앙과 바꾼 때문은 돈

여기에서 한 가지 명심할 것이 있습니다. 마태가 돈을 얻기 위해서는 가중 중요한 것들을 잃어버리지 않으면 안 되었다는 사실입니다. 에머슨(Ralph Waldo Emerson, 1803-1882)은 돈에 혈안이 된 사람을 위해서 이러한 말을 했습니다. "돈이 지닌 가장 나쁜 점은 종종 그것을 위해 너무 큰 대가를 치러야 한다는 것이다."

마태는 부자가 되어 평안히 살고자 그의 명예도 버려야 했고 자기 민족에게 등을 돌리는 사람이 되어야 했습니다. 그러나 우리가 관심을 가져야 할 것은 여기에 있지 않습니다. 마태가 더 중요한 것을 버렸다는 데 있습니다. 그것은 그의 신앙이었습니다.

'마태'는 본명이 아닙니다. 그는 마가복음 2장 14절에 보면 '알패오의 아들 레위'라고 하여 그의 본명이 '레위'라는 것을 말해 주고 있습니다. 그의 이름을 보아 그의 가문은 유대 지파 가운데서 가장 거룩한 레위 지파에 속했던 것이 틀림없습니다. 다시 말해서, 그는 제사장 가문에서 태어난 사람이거나 아니면 성전에서 제사장을 도와 일하는 성직자 집안 출신이었을 것입니다. 그렇다면 그는 다른 어느 가정의 자녀들보다 엄격한 신앙훈련을 받으며 자랐다고 볼 수 있습니다.

그때에 여호와께서 레위 지파를 구별하여 여호와의 언약 궤를 메게

하며 여호와 앞에 서서 그를 섬기며 또 여호와의 이름으로 축복하게

하셨으니 그 일은 오늘까지 이르느니라_신 10:8

이와 같이 하나님의 선택을 받은 레위 지파의 사람들은 자신의 가문에 대한 긍지가 대단했습니다. 그들은 그러한 표징으로 항상 빨간 수건을 몸에 지니고 다녔습니다. 또 이스라엘의 마지막 보루의 역할을 감당하는 애국자로서 국가관도 투철했습니다. 이러한 가문에서 신앙교육을 받은 마태가 세리직을 택하였다는 것은 대단한 탈선이 아닐 수 없었습니다. 따라서 그가 얼마나 금전에 눈이 어두웠는가를 우리는 쉽게 짐작할 수 있습니다.

마태는 돈을 얻기 위해 신앙을 버린 사람이었습니다. 돈과 하나님을 바꾼 사람이었습니다. 돈 때문에 신앙을 팔아먹은 큰 죄인이었습니다. 가정을 버리고 민족을 배신하여 착취하는 행위도 큰 죄이지만 하나님을 버리고 세상으로 가는 것은 더욱 큰 죄입니다.

성경에서도 타락의 죄는 중죄로 다루고 있습니다. 그것은 구약에서는 음행하는 음녀로 비유되고 있으며, 신약에서는 예수를 두 번 십자가에 못 박는 행위로 표현되고 있습니다.

또한 마태는 신앙을 버림과 동시에 양심을 버린 죄인이었습니다. 신앙과 양심은 항상 상관 관계를 가지고 있습니다. 양심이 병들면 믿음이 파산합니다. 믿음을 버리면 양심은 그 기능을 상실합니다. 가난한 자들의 얼굴을 맷돌로 갈아도 아픔을 느끼지 않고, 빚진 자들의 마지막 피 한 방울까지 짜내는 철면피였던 그는 이미 양심이 죽은 사람이었습니다.

예수님이 찾아가시다

예수님은 마태를 회당이나 그가 말씀을 전하던 갈릴리 바닷가에서 만나신 것이 아니었습니다. 예수님은 마태가 일하고 있는 세관으로 찾아가셨습니다. 여기에서 우리가 주목할 것이 있습니다. 예수님이 마태를 만난 곳이 회당이나 갈릴리 바닷가가 아니라 바로 마태가 죄를 짓고 있던 범죄 현장이었다는 사실입니다.

마태는 당시 상황을 회상하면서 매우 솔직하게 "세관에 앉아 있었다"고 했습니다. 그처럼 간결한 고백문 속에서도 이토록 자세히 묘사된 이 표현은 매우 흥미롭습니다. '앉아 있었다'라는 의미는 '근무 중이었다'라고 볼 수 있습니다. 우리는 이 표현에서 세리 마태가 얼마나 죄 속에 깊이 파묻혀 있었던가를 쉽게 알 수 있습니다.

분명히 마태는 그 자리에서 하나님을 생각하고 있지는 않았을 것입니다. 마찬가지로 자신의 구원을 걱정하고 있었을 리도 만무한 일입니다. 그날도 '어떻게 하면 한 푼이라도 이득을 볼까' 하는 생각에만 사로잡혀 있었을 것입니다. 바로 그때 예수님이 찾아오셨습니다. 범죄의 현장을 주님이 찾으신 것입니다.

당신은 어떻습니까? 아직도 청산하지 못한 부끄러운 생활 속에 푹 젖어 있지는 않습니까? 그렇다면 당신의 마음 문을 열고 귀를 기울이십시오. 당신이 마태처럼 예수님에 대해 아무 생각을 안 했을지라도 주님은 언제나 당신을 간절히 부르고 계십니다.

예수님의 관심사

마태라 하는 사람이 세관에 앉아 있는 것을 보시고_마 9:9

이 말씀에서 알 수 있듯이 예수님이 세관에 오셔서 찾은 것은 마태라는 사람이었습니다. 주님의 관심사는 그의 직업이 아니었습니다. 그가 들고 있던 서류의 내용도 아니었습니다. 또한 냄새 나는 그의 더러운 과거도 아니고 그가 얼마나 큰 죄를 지었는가를 알아보시려는 것도 아니었습니다. 단지 마태라는 그 사람 자체가 예수님의 관심사 전부였습니다.

주님이 보시기에 마태는 병자였습니다. 구원자이시고 만병의 의사이신 예수님이 필요한 사람이었습니다. 다시 말해서, 구원자가 필요한 죄인이었습니다. 가버나움에 있는 수많은 사람들 가운데서 그는 시급히 만나 주어야 할 병자였습니다. 만병을 치료하는 의사이신 예수님이 절대적으로 필요한 영적인 환자였던 것입니다. 그에게 죄인이라는 것은 다른 의미가 아닙니다. 예수님을 필요로 하는 사람이라는 것뿐입니다.

예수님은 이렇게 말씀하셨습니다.

나는 의인을 부르러 온 것이 아니요 죄인을 부르러 왔노라 하시니라_막 2:17

예수님께서 늘 관심을 가지는 대상은 우리 자신이지 그 외에는 아무것도 없습니다. 우리가 과거에 범했던 죄는 그에게 더 이상의 의미가 없습니다. 이미 십자가 아래에 다 묻어 버리셨기 때문입니다.

당신은 아직 예수님을 구원자로 받아들이지 않고 있습니까? 그렇다면 주님은 당신의 다른 것을 보시지 않습니다. 예수님을 필요로 하는 사람으로만 보고 계십니다. 그런 의미에서 당신은 죄인입니다. 두려워하지 말고 주저하지 마십시오. 당신의 마음을 예수님께로 활짝

복 받은 큰 죄인

여십시오. 마태와 같이 당신은 그분의 손에 의해서 다시 태어나는 사람이 될 것입니다.

예수님이 마태를 찾아오시던 그 시간에 마태는 놀랍게도 준비가 되어 있었다는 것을 알 수 있었습니다. 예수님께서 "나를 따르라"는 말씀을 하시자마자 그는 지체하지 않고 그 자리에서 벌떡 일어났습니다. 세관에 앉아 있는 마태를 보고 예수님이 오셔서 한 마디만 하면 금방 일어날 사람이라고 누가 상상이나 했겠습니까? 죄에 깊이 빠져 있는 그를 보고 그렇게 생각할 사람은 아무도 없었을 것입니다.

그러나 예수님은 너무나 정확하게 아셨습니다. 가장 정확하게 타이밍을 맞추셨습니다. 예수님이 보시기에 마태는 이미 익을 대로 익은 포도송이였습니다. 따기만 하면 되었습니다. 그렇기 때문에 "나를 따르라"고 하신 예수님의 음성을 듣자마자 그는 자리에서 벌떡 일어났습니다.

"나를 따르라"는 예수님의 말씀 안에는 모든 것을 다 버리라는 뜻이 들어 있었습니다. 예수님의 말씀대로 마태는 자기의 모든 것을 다 버렸습니다. 어디에서 그런 힘이 생겼는지 마태는 오직 예수 그리스도만을 따르는 새사람으로 변화되었습니다.

주님의 음성을 들은 사람

예수님의 음성을 듣자마자 그에게는 놀라운 변화가 일어났습니다. 그때까지 그의 마음을 얽어 매고 있던 돈의 쇠사슬이 순식간에 끊어졌습니다. 드디어 그는 돈으로부터 자유를 얻었습니다. 또 마태의 눈을 어둡게 덮고 있던 탐욕의 비늘이 떨어졌습니다. 드디어 영광의 주님을 올려다볼 수 있는 광채가 그를 환하게 사로잡았습니다. 이제 마태는 돈도, 명예도, 젊음의 욕망도, 세상의 그 어떤 것에도 얽매이지 않는 자유인이 되었습니다.

마태가 어디에서 그런 힘을 얻을 수 있었습니까? 바로 예수 그리스도의 음성을 들었기 때문입니다. 예수님의 음성은 얼마나 힘이 있습니까? 죽은 나사로를 주님이 불렀을 때 죽었던 자가 벌떡 일어날 정도로 주님의 음성은 힘이 있습니다. 주님의 음성을 듣고서 그 자리에 주저앉아 있을 사람은 아무도 없을 것입니다.

제가 주님의 음성을 듣던 날은 해방의 날이었습니다. 주의 음성을 듣자마자 내 마음을 억누르고 있던 모든 무거운 짐이 한순간에 풀어졌습니다. 전에 가졌던 애착, 욕망, 아집이 나도 모르게 내 안에서 사라져 버렸습니다. 나도 모르게 예수 그리스도만을 사랑하고 따를 수 있는 새사람이 되었습니다. 이제는 예수님보다 나에게 더 중요한 분이 없습니다. 주님이 처자보다 더 중요했습니다. 주님이 내 생명보다 더 중요하게 되었습니다. 예수님 때문에 내 자신이 존재하는 것이지 예수를 떠나면 나에게 아무것도 남는 것이 없습니다. 예수의 음성을 듣던 날 저는 이렇게 바뀌었습니다.

빌리 그레이엄은 주님의 음성을 들은 그다음 날, 하늘의 색깔이 달라진 것을 보았습니다. 제가 가르치던 많은 젊은이들도 주님의 음성을 듣고 모든 것이 변했습니다. 자유인이 되었습니다.

제 이야기가 이상하게 들립니까? 만약에 그렇다면 당신은 아직도 예수님의 음성을 듣지 못한 것 같습니다. 아직도 마태처럼 세관에 앉아 있는지도 모릅니다. 예수님의 음성을 진실로 듣게 되면 당신은 가만히 앉아 있지 못합니다. 예수님의 음성을 듣고 죽은 시체가 일어났습니다. 나중에 천사장의 나팔 소리와 함께 주님이 오셔서 우리의 이름을 부르실 때 우리가 그 자리에서 일어날 것입니다. 이 얼마나 능력

복 받은 큰 죄인

있는 음성입니까? 그런데 그 음성을 듣고도 아직도 세관에 앉아 있을 수 있겠습니까? 아직도 돈이 최고라고, 아직도 예수님보다 더 귀한 것이 당신의 마음에 뿌리를 두고 있다고 말하겠습니까? 그렇다면 당신은 아직 주님의 음성을 듣지 못한 사람입니다.

그러나 낙심하지 마십시오. 주님이 보실 때 가장 적절하다고 생각하시는 그 순간에 주님이 반드시 당신의 마음에 찾아오실 것입니다. "나를 따르라"고 말씀하시는 그 음성이 들리면 자신도 모르게 벌떡 일어날 것입니다. 일어나면서 지금까지 당신을 사로잡고 있던 것이 다 떨어져 나가는 것을 체험하게 될 것입니다. 주님은 무르익은 과실을 그냥 두고 지나가시는 법이 없습니다. 그 타이밍은 주님이 맞추십니다. 그날이 반드시 옵니다.

우리가 하나님 나라에 들어가고 영광스러운 주님의 자녀가 되려면 반드시 "나를 따르라"는 주님의 음성을 들어야 합니다. 그리고 벌떡 일어나야 됩니다. 그 순간 우리는 구원받은 놀라운 기쁨을 누리게 됩니다.

마태는 예수님을 믿은 후 얼마나 마음이 기뻤던지 자기 집에서 잔치를 베풀었습니다. 누가복음에 보면 마태가 동고동락하던 세리들과 죄인들을 불러 모아서 자신이 예수 믿고 변화된 것을 축하하는 잔치를 베푼 사실이 나옵니다. 그의 잔치는 얼마나 기가 막힌 의미를 지닌 잔치였는지 모릅니다. 아마 그는 속으로 이렇게 말했을 것입니다.

'나는 얼마나 행복한 사람이 되었는지 몰라. 예수님 때문에. 나를 이렇게 새사람으로 만들고 모든 물욕에서 해방시켜 주신 예수님을 보라. 잔치에 참석한 형제여, 나의 이 모습을 축하해 다오.'

○ ○ ○ ○ ○ ○ ○ ○

마태: 하나님의 은혜

마태와 같은 큰 죄인이 하나님의 은혜를 받아 새사람이 되고 예수의
제자가 되었습니다. 그래서 '마태'라는 이름의 뜻은 '하나님의 은혜'라
는 말입니다. 아마 예수님이 그렇게 지어 주셨나 봅니다. 하나님의 은
혜로 이 큰 죄인이 구원받은 것입니다. 그래서 마태는 일생 동안 자기
이름을 기록할 때 '마태'라는 이름 앞에 꼭 '세리'라는 단어를 붙였습니
다. 왜 그랬을까요? 죄인 중의 큰 죄인인 세리가 마태가 되었다는 뜻
으로 그는 '세리'라는 단어를 붙였습니다. "하나님의 은혜를 받은 사람
이 되었습니다"라는 것을 일생 동안 잊지 않기 위해서 그는 '세리'라는
단어를 붙였습니다. 얼마나 감격스러운 이야기입니까?

마태와 유사한 예로 존 뉴턴(John Newton, 1725–1807)의 이야기를 들
어 보십시오. 그는 한때 포악한 노예 상인이었으며, 이름난 탕자였
습니다. 그러한 그가 예수 믿고 변화 받아 목사가 된 후 40여 년 동안
주님의 일을 했습니다. 하지만 존 뉴턴의 마음속에는 언제나 두려움
이 있었습니다. '아무리 주님이 나의 죄를 다 용서하셨다고 하지만 나
같은 노예 상인을 용서하셨을까? 정말로 나 같은 탕아를 용서하셨을
까?' 하고 문득 문득 과거의 죄가 떠오를 때에는 온몸에 소름이 돋고
두려움에 마음이 떨렸습니다. 그럴 때마다 그는 벽에 이사야 43장 4
절 말씀을 써 붙여 놓고 그 말씀을 되뇌이며 위로를 받았습니다.

네가 내 눈에 보배롭고 존귀하며 내가 너를 사랑하였은즉

그는 일생 동안 구원받고 용서받은 것을 잊지 않으려고 이 말씀을
의지했습니다. 그리고 82세에 숨을 거두면서 다음과 같은 유명한 말

복 받은 큰 죄인

●

을 남겼습니다.

"나는 지금 하나님 나라로 간다. 그러나 내가 하나님 나라로 가면 아마 세 번 놀랄 것이다. 처음엔 하나님 나라에 오리라고 전혀 기대하지 않던 사람들이 와 있는 것을 보고 놀랄 것이고, 두 번째는 하나님 나라에 가면 반드시 만나리라 기대했던 사람이 안 보이는 것을 보고 놀랄 것이고, 세 번째는 노예 상인인 내가 그 자리에 와 있다는 것을 보고 놀랄 것이다."

세리가 마태가 된 것은 너무나 놀라운 하나님의 은혜입니다. 그 놀라운 사랑을 한 번 생각해 보세요. 우리는 마태보다 더 큰 죄인이 아니라 할지라도 우리 모두는 적어도 마태와 똑같은 죄인입니다. 얼마나 주의 사랑이 넓고 큽니까? 우리도 변화 받은 마태처럼 겸손히 '세리' 즉, '죄인'임을 고백해야 합니다.

그리고 구주를 모시고 어디를 가든지 내 이름은 마태라고 소개합시다. 하나님의 은혜로 다시 태어난 마태라고 말합시다. 마태처럼 일생 동안 하나님의 은혜에 감격하는 사람이 됩시다. 진실로 마태는 복 받은 큰 죄인이었습니다!

9

문밖에서 기다리시는 하나님

애타게 기다리시는 하나님! 돌아오기만 하면 주저하지 않고 받아 주시는 하나님!
돌아오기만 하면 어떤 죄도 기억하지 아니하시고 기쁨에 겨워 반기시는 하나님!
이렇게 좋으신 아버지께 하루 속히 돌아오지 않겠습니까?

누가복음 15:11-24

11 또 이르시되 어떤 사람에게 두 아들이 있는데 12 그 둘째가 아버지에게 말하되 아버지여 재산 중에서 내게 돌아올 분깃을 내게 주소서 하는지라 아버지가 그 살림을 각각 나눠 주었더니 13 그 후 며칠이 안 되어 둘째 아들이 재물을 다 모아 가지고 먼 나라에 가 거기서 허랑방탕하여 그 재산을 낭비하더니 14 다 없앤 후 그 나라에 크게 흉년이 들어 그가 비로소 궁핍한지라 15 가서 그 나라 백성 중 한 사람에게 붙여 사니 그가 그를 들로 보내어 돼지를 치게 하였는데 16 그가 돼지 먹는 쥐엄 열매로 배를 채우고자 하되 주는 자가 없는지라 17 이에 스스로 돌이켜 이르되 내 아버지에게는 양식이 풍족한 품꾼이 얼마나 많은가 나는 여기서 주려 죽는구나 18 내가 일어나 아버지께 가서 이르기를 아버지 내가 하늘과 아버지께 죄를 지었사오니 19 지금부터는 아버지의 아들이라 일컬음을 감당하지 못하겠나이다 나를 품꾼의 하나로 보소서 하리라 하고 20 이에 일어나서 아버지께로 돌아가니라 아직도 거리가 먼데 아버지가 그를 보고 측은히 여겨 달려가 목을 안고 입을 맞추니 21 아들이 이르되 아버지 내가 하늘과 아버지께 죄를 지었사오니 지금부터는 아버지의 아들이라 일컬음을 감당하지 못하겠나이다 하나 22 아버지는 종들에게 이르되 제일 좋은 옷을 내어다가 입히고 손에 가락지를 끼우고 발에 신을 신기라 23 그리고 살진 송아지를 끌어다가 잡으라 우리가 먹고 즐기자 24 이 내 아들은 죽었다가 다시 살아났으며 내가 잃었다가 다시 얻었노라 하니 그들이 즐거워하더라

문밖에서
기다리시는
하나님

아버지의 피땀이 어린 재산을 창녀와 놀아나면서 다 탕진하고 돼지를 치는 남의 집 품꾼으로까지 전락하였다가 끝내는 견디지 못하고 돌아온 자식이 있습니다. 이런 경우 당신은 어떻게 하겠습니까?

여기에 보통 사람으로서는 도저히 상상할 수 없는 크고 깊은 사랑을 가진 아버지가 계십니다. 그 아버지는 폐인이 되어서 돌아온 둘째 아들을 박대하지 않았습니다. 오히려 측은히 여겨 달려나가 목을 안고 입을 맞추며 기쁨에 겨워 어찌할 바를 몰랐습니다. 만신창이가 된 아들을 집안으로 데리고 들어가서 고운 옷을 입히고 가락지를 끼우며 살진 송아지를 잡아 잔치를 베풀었습니다. 아버지가 왜 그렇게 했을까요? 잃어버린 줄만 알았던 아들을 다시 얻었기 때문입니다. 죽은 줄만 알았던 아들이 다시 살아왔기 때문입니다. 이 아버지가 바로 하나님이십니다.

○ ○ ○ ○ ○ ○
잃어버린 아들

흔히들 이 대목을 가리켜 예수님의 '탕자'(蕩子) 비유라고 하는데 사실 성경 어디에서도 하나님이 '탕자'라고 표현하신 적이 없습니다. 설교 자들이나 성경 해석자들이 '탕자'라는 말을 붙였지 하나님은 아들에게 이 말을 붙이지 않았습니다. 예수님이 세상에 계실 때 자기 앞에 와서 고개를 숙이는 수많은 사람들, 세상에서 괄시당하고 천대받던 그들을 향해 '죄인'이라는 말을 하지 않으셨습니다. 하나님은 예수를 믿지 않고 사는 모든 인간을 향해 '죄인'이라고 말씀하시기보다는 '죽은 자'라고 말씀하시고, '탕자'라고 말씀하시기보다는 '잃어버린 자'라고 말씀하십니다. 그러므로 '잃어버린 자'라는 이 말은 아들 편에서 붙인 이름이 아니고 아버지 편에서 붙인 이름이라 할 수 있습니다.

자식을 잃어버린 경험이 있습니까? 길을 잃고 돌아다니는 아들보다 집 안에 있는 아버지의 마음이 더 애가 탄다는 것을 우리는 잘 알고 있습니다. 잠을 자지 못하고 고통당하는 사람은 자식 쪽보다는 아버지 쪽입니다. 그래서 잃어버렸다가 돌아왔다는 것은 아버지의 심정을 말하는 것이요, 죽은 줄 알았던 아들이 돌아왔다는 것 또한 아버지의 심정을 나타내는 말입니다.

그렇다면 성경 본문에 나오는 '잃어버린 아들'은 누구를 가리키는 말입니까? 아마 교회 밖에 있는 모든 사람을 말할 것입니다. 또한 교회 안에도 분명히 하나님 편에서 볼 때는 죽은 자요, 잃어버린 자식으로 보이는 사람도 있을 수 있습니다.

한 가지 기억할 사실은 이 세상 사람 전부가 하나님의 아들은 아니라는 것입니다. 죄 속에 빠진 타락한 사람이긴 마찬가지이지만 전부 아들은 아닙니다. 교회 근처에 살면서 새벽부터 밤 늦게까지 찬송과 기도 소리를 듣고, 수없이 전도를 받으면서도 끝내 예수 믿지 않은 채 임종을 맞이하는 사람들을 가끔 보게 됩니다. 그들은 하나님의 아들이라고 할 수 없습니다. 왜 그렇습니까? 죽는 순간까지 예수 믿지 않았다는 사실은 하나님의 아들이 아니라는 증거입니다.

하나님의 아들에 속하는 사람들은 그 숫자가 한정되어 있습니다. 그 숫자가 얼마나 되는지는 아무도 모릅니다. 우리가 세상 속에서 누가 하나님의 아들인지 아닌지 아무도 구별할 수는 없습니다. 그러므로 우리가 전도를 할 때 모든 사람을 다 하나님의 아들로 보고 전도해야 합니다. 오직 하나님만이 그 수를 알고 계시기 때문입니다. 혹시라도 우리가 전도할 때에 인간의 안목으로 하나님의 아들이냐 아니냐를 판단하려 드는 과오를 절대로 범해서는 안 될 것입니다.

애타게 기다리는 아버지

예수님은 하나님을 애타게 기다리시는 아버지로 가르쳐 주셨습니다. 아들이 아버지를 떠났을 때에 아버지는 이미 아들의 앞날을 꿰뚫어 보고 계셨습니다. '저 녀석이 지금은 재산을 가지고 나가지만 성격으로 보나 지금까지 살아온 버릇으로 보나 필경 실패하여 궁지에 몰려서 다시 돌아올 것이다' 하고 이미 앞날을 내다보고 계셨습니다. 자식은 아버지가 가장 잘 압니다. 그 때문에 아버지는 자신도 모르는 습관이 하나 생겼습니다. 대문을 드나들 때마다 버릇처럼 마을 입구의 모퉁이 길을 유심히 살펴보는 일이 바로 그것입니다. 유대 나라는 지붕이 옥상처럼 걸어다닐 수 있게 지어져 있었기 때문에 아버지는 그 지붕에 올라가서 행여나 자기 아들이 돌아오는가 하고 버릇처럼 살폈을 것입니다.

아직도 거리가 먼데 아버지가 그를 보고 측은히 여겨 달려가

_눅 15:20

아들이 집을 나갈 때와는 달리 거지꼴이 되어 돌아오는데도 아버지는 먼 곳에서 한눈에 알아보고 달려 나갔습니다. 아버지는 아들을 우연히 쳐다본 것이 아닙니다. 그동안 밤낮없이 아들을 애타게 기다렸기 때문에 먼 발치의 희미한 모습을 보고도 자신의 아들임을 알아볼 수 있었습니다. 이것이 바로 지금도 우리를 기다리시는 하나님의 모습입니다.

우리 하나님은 지금도 애타게 기다리고 계십니다. 요한계시록에서는 한없는 인내로 우리를 기다리시는 하나님을 잘 말씀해 주고 있습니다. 과거에 공산당이나 여러 부류의 핍박자들에게 순교를 당한 성도들이 "아버지 하나님! 이제는 우리의 원수를 갚아 주십시오. 언제까지 이 땅에 저 악한 무리들을 그대로 내버려 두시겠습니까?" 하고 탄식하면서 기도하는데 하나님께서는 "조금만 더 참아라. 집으로 돌아와야 할 아들들이 아직도 남아 있어. 그 아들들이 돌아올 때까지 조금만 더 참아라"라고 말씀하고 계시는 것입니다.

현재 지구의 모습은 자연과 인간의 죄로 오염되고 부패하여 마치 바람 빠진 공처럼 쓸모없이 변해 가고 있습니다. 루터는 "내가 만약 하나님이라면 이 지구덩이를 오른발로 당장 차 버리겠다"고 했습니다. 하나님께서 이 지구를 심판하겠다고 작정하신다면 한 시간도 참지 않고 아마 발로 차 버리실 것입니다. 그만큼 지구는 절망적인 상황에 빠져 있습니다. 그럼에도 하나님이 왜 이 지구를 그대로 남겨 놓으시며, 왜 이 역사를 그대로 유지하고 계실까요? 그것은 돌아와야 할 아들들이 아직도 많기 때문입니다. 하나님은 그 아들들이 돌아오기만

을 간절히 기다리며 참고 계십니다.

만약 우리가 웨슬리(Wesley)처럼 자녀를 열아홉 명 두었다고 합시다. 밤이 되어 잠을 자려고 할 때 열여덟 명만 있고 한 아이가 보이지 않는다면 어떻게 하겠습니까? 열여덟 명이 있으니까 안심하고 불을 끄고 잘 수 있겠습니까? 돌아오지 않는 한 아이 때문에 방에 불을 끄지 못합니다. 대문을 잠그지 못합니다. 나중에는 그를 찾으러 초롱불을 들고 이슬 맞도록 헤맬 것입니다.

하나님의 심정도 마찬가지입니다. 아직도 돌아와야 할 자녀가 있다고 하십니다. 그 자녀들 중에 바로 내 자신이, 내 부모가, 내 남편이, 내 아내가, 내 자식이 끼여 있는지 모릅니다. 애타게 기다리시는 아버지의 심정을 헤아려 보십시오! 반드시 아버지의 품으로 돌아와야 합니다. 이미 아버지의 품으로 돌아온 사람들은 애타게 기다리시는 아버지의 심정으로 이웃에게 열심히 복음을 전해야 할 것입니다.

○ ○ ○ ○ ○ ○ ○ ○ ○ ○ ○ ○ ○
주저하지 않고 받으시는 아버지

예수님은 하나님을 주저하지 않고 받아 주시는 아버지로 우리에게 가르쳐 주고 계십니다.

> 이에 일어나서 아버지께로 돌아가니라 아직도 거리가 먼데 아버지
> 가 그를 보고 측은히 여겨 달려가 목을 안고 입을 맞추니_눅 15:20

아버지가 아들을 본 순간 달려갔습니다. 그러고는 끌어안고 입을 맞추었습니다. 보고, 달려가고, 끌어안고, 입을 맞추는 이 네 가지 행동은 순식간에 일어난 일입니다. 도무지 지체됨이 없습니다. 우리 오

관(五官, 다섯 가지 감각 기관) 가운데서 가장 빠른 것이 시각입니다. 즉, 보는 것입니다. 아버지는 아들을 눈으로 보자마자 온몸에 날개를 단 것처럼 아들에게로 날아갔습니다. 또 아버지는 악취가 나는 아들의 몸을 끌어 안았습니다. 사랑은 코를 막히게 하나 봅니다. 남의 집 품 꾼으로, 돼지와 함께 살다시피 한 아들에게서 나는 악취가 얼마나 코 를 찔렀을까요? 그러나 아버지는 개의치 않고 아들을 품에 안고 입을 맞추었습니다.

"야, 이놈아! 너 어디서 뭘하고 이제 돌아오니? 네 꼴이 그게 뭐 냐?" 하고 나무랄 법도 한데 한마디 말이 없었습니다. 눈물을 글썽이 며 끌어안는 것으로 모든 말을 대신했습니다. 아들이 부끄러워하는 줄 아시고, 슬퍼하고 뉘우치는 줄 이미 다 아시고 한마디도 묻지 않으 셨습니다.

> 아버지 내가 하늘과 아버지께 죄를 지었사오니 지금부터는 아버지
> 의 아들이라 일컬음을 감당하지 못하겠나이다_눅 15:21

아들이 자기의 자격 없음을 고백하고 그저 집안의 품꾼으로라도 써 달라고 간청하지만 아버지는 그 아들을 끌다시피 집 안으로 데리고 갔습니다.

> 아버지는 종들에게 이르되 제일 좋은 옷을 내어다가 입히고 손에 가
> 락지를 끼우고 발에 신을 신기라_눅 15:22

아버지는 아들에게 고운 옷을 갈아입히고 손에 금가락지를 끼워 주 었습니다. 새 옷을 입히는 것은 그의 모든 죄를 깨끗이 용서한다는 뜻

이고 금가락지를 끼워 주는 것은 아들의 권위를 회복시켜 준다는 의미가 있습니다. 또 신을 신기는 것은 자기의 자식이라는 것을 완전히 표현하는 것입니다.

아들을 본 순간부터 지체하지 않고 순식간에 아들의 신분을 원상복귀시켜 주신 아버지! 당신은 이 아버지를 아십니까?

○ ○ ○ ○ ○ ○ ○
'하자마자'의 은혜

저는 하나님이 주시는 은혜를 일컬어서 '하자마자'의 은혜라고 표현하기를 좋아합니다. 우리가 교회에 나오자마자, 우리가 죄를 고백하고 회개하자마자, 예수님을 "주여!"라고 부르자마자 주님은 은혜를 내려 주시는 분입니다. 혹시나 당신의 남편이 별로 관심도 없이 "전도집회라지? 나도 한 번 가 볼까?" 하고 은근히 거드름을 피우며 갈 것 같지도 않은 태도로 말해도 부인은 그것을 무심히 넘겨서는 안 됩니다. 마음속에 은근히 "가 볼까?" 하는 것만으로도 하나님의 눈이 번쩍 뜨인다는 것을 알아야 합니다. 하나님은 지체하시지 않습니다. 그 사람에게 성령을 보내어 하나님께로 돌아오도록 그의 마음을 두드리십니다.

필리핀에서 사업하는 남편을 따라 그곳에서 살았다는 어떤 자매가 하루는 전화를 걸어 왔습니다. 그는 지금껏 불교를 열심히 믿어 왔는데 마음에 평안이 없고, 남편이 사업을 잘 이끌어 가다가도 막바지에 가서는 크게 손해를 보는 경우가 한두 번이 아니라고 하소연했습니다. 그리고 지금도 사업의 실패로 인해 방황하며 고통당하고 있다고 말했습니다. 그런데 전도를 받고 용기를 내어 상담을 청해 온 것입니다. "도대체 마음의 갈피를 잡지 못하겠으니 어떻게 하면 좋겠어요? 목사님!" 이렇게 말하는 그 자매는 심한 허탈감에 사로잡혀 있었습니다.

그 자매가 목사에게 전화할 마음이 생겼다는 것은 우연이 아닙니다. 하나님께서 성령을 보내셔서 그의 마음을 강하게 두드린 것입니다. 벌써 그런 마음이 생겼을 때 하나님은 대문밖에서 그를 발견하셨던 것입니다. 하나님은 분명히 달려가셔서 그를 기뻐 반기시며 끌어안으셨을 것입니다. 그리고 은혜를 풍성히 내려 그의 공허한 마음을 가득 채워 주셨을 것입니다. 이 하나님을 우리가 마음속에 다시 한번 확인해야 할 것입니다.

하나님은 "네가 신앙생활을 얼마나 잘하는가를 본 후 구원을 시켜 주마"라고 하시는 분이 아닙니다. 믿자마자 하나님은 믿음으로 의롭다함을 선물로 주셨습니다. "얼마만큼 행실을 고치는지 보고 용서해 주겠다"고 조건부로 용서하시는 분도 아닙니다. 죄 지은 내용을 부끄러워 미쳐 내놓지도 못하고 그저 "잘못했어요"만 연발하고 괴로워할 때 하나님은 이미 다 용서하시고 새 옷을 입혀 주셨습니다. 우리가 아버지라고 부르는 하나님은 바로 이런 분이십니다.

> 만일 우리가 우리 죄를 자백하면 그는 미쁘시고 의로우사 우리 죄를 사하시며 우리를 모든 불의에서 깨끗하게 하실 것이요_요일 1:9

우리 인간은 사람을 차별하여 보는 속성을 가지고 있습니다. 인품이나 가문, 지식의 정도를 따져보는 나쁜 습관이 있습니다. 그리하여 '저 사람은 세상적으로도 훌륭하고 인품도 좋으니까 아마 예수를 잘 믿을 거야'라고 생각하고 그 사람에게 전도하려고 합니다. 그러나 어떤 사람에게는 '이 사람은 성격도 강퍅하고 행동거지도 좀 좋지 않으니까 아마 믿지 않으려고 할꺼야' 하며 나름대로 판단하고 아예 전도할 생각조차 하지 않습니다. 그런데 그 사람이 누구의 전도를 받았는지 예수를 믿고 변화 받아 새사람이 되어 있는 것을 보게 됩니다. 하나님은 절대로 사람을 차별하시지 않습니다. 과거를 묻지 않으십니다.

유대인이나 헬라인이나 차별이 없음이라 한 분이신 주께서 모든 사람의 주가 되사 그를 부르는 모든 사람에게 부요하시도다_롬 10:12

기쁨에 겨워하시는 아버지

예수님은 하나님을 너무 기뻐서 어찌할 바를 모르는 아버지로 우리에게 가르쳐 주고 계십니다.

아버지는 둘째 아들이 돌아오자 너무 좋아서 어찌할 바를 몰랐습니다. '어찌할 바를 모른다'는 표현 속에는 기쁨으로 마음이 몹시 흥분했다는 뜻이 담겨 있습니다. 그것은 온 동네가 떠들썩할 정도로 잔치를 하면서도 들에 있는 큰아들을 불러올 생각을 하지 못했다는 것만 보아도 알 수 있습니다. 아버지는 둘째 아들이 죽은 줄만 알았는데 살아왔으니 너무 기뻐서 "소 잡아라! 북쳐라! 장구쳐라!"라고 외치느라 들판에 있는 큰아들은 잊어버렸습니다. 이 아버지의 태도가 바로 우리 하나님의 모습입니다.

하나님께서는 자신의 아들이 돌아왔을 때에 혼자서 기뻐하시지 않습니다. 하늘나라의 천군 천사들과 함께 기뻐하신다고 했습니다. 우리도 어떤 형제가 예수 믿고 돌아오면 그 기쁨을 혼자 간직하지 말고 주위의 다른 사람들과 나누어 가져야 합니다. 비록 한 사람이 예수 믿고 돌아온다 해도 교회의 모든 성도가 기뻐 뛰어나가 그를 맞아들여야 할 것입니다. 한 사람일지라도 교회는 잔치 기분에 들떠야 합니다.

이렇게 돌아온 한 영혼 때문에 기쁨에 겨워하는 것이 교회이며, 하나님의 나라입니다.

오늘날 많은 교회가 이 기쁨이 없기 때문에 차가워집니다. 이 기쁨이 없기 때문에 병색이 짙어 갑니다. 그러므로 모든 교회는 이 기쁨을 반드시 회복해야 할 것입니다. 대부분의 교회가 영적으로 잠드는 이유는 하나님으로부터 받은 축복을 혼자서만 간직하고 다른 사람과 나누지 않기 때문입니다. 그리스도의 복음을 전할 때 잠자던 영이 깨어납니다. 성도 한 사람 한 사람이 한 영혼을 천하보다 귀히 여기는 마음으로 전도에 최선을 다해야 합니다. 그래서 죽었던 사람이 살아서 돌아오는 기쁨으로 온 교회가 가득 차야 합니다.

우리 가운데는 이 기쁨을 이미 체험한 분들이 많을 것입니다. 우리가 이 세상에 살다가 하나님 앞에 돌아왔을 때 하나님이 얼마나 기뻐하며 받아 주셨는지를 우리는 잘 알고 있지 않습니까? 두 눈에는 감사의 눈물이 흐르고, 마음에는 말로 표현할 수 없는 평화가 가득하고, 어제까지 불안하던 모든 것들이 아침 안개처럼 사라지고, 주님을 찬송하고 싶고, 기도하고 싶은 그야말로 천국이 우리의 마음에 임하는 변화가 일어나지 않습니까?

애타게 기다리시는 하나님! 돌아오기만 하면 주저하지 않고 받아 주시는 하나님! 돌아오기만 하면 어떤 죄도 기억하지 아니하시고 기쁨에 겨워 반기시는 하나님!

이렇게 좋으신 아버지께 하루 속히 돌아오지 않겠습니까?

땅의 모든 끝이여 내게로 돌이켜 구원을 받으라 나는 하나님이라 다른 이가 없느니라_사 45:22

오호라 너희 모든 목마른 자들아 물로 나아오라 돈 없는 자도 오라 너
희는 와서 사 먹되 돈 없이, 값 없이 와서 포도주와 젖을 사라_사 55:1

o o o o o o o o o o
꿀 향기를 발하는 사람들

꿀벌을 채집하는 방법을 아십니까? 거기에는 우리가 배워야 할 점이
있습니다. 꿀벌을 통하여 하나님이 당신을 부르시는 방법을 터득할
수 있기 때문입니다.

요즈음에는 꿀벌을 어떻게 번식시키는지 잘 모르지만 옛날에는 산
과 들을 다니면서 꿀벌을 채집해 왔다고 합니다. 그 방법은 채집하는
사람이 조그마한 상자를 만들어 문을 열고 그 안에 꿀송이를 달아 벌이
꽃을 찾아다니는 어떤 장소에 그 상자를 달아 놓습니다. 그러면 지나
가던 벌이 꿀 냄새를 맡고는 상자 안으로 들어갑니다. 그곳에 들어가
서 꿀을 먹을 때 살짝 상자 문을 닫아 놓습니다. 이 벌이 꿀을 정신없이
먹고 배가 부를 때쯤 되면 상자 문을 열어 놓습니다. 그러면 그 꿀벌이
날아갑니다. 한참을 기다리면 그 벌이 그 장소로 다시 돌아옵니다. 그
런데 돌아올 때는 혼자가 아닙니다. 대여섯 마리가 와서는 또 그 상자
안으로 들어갑니다. 그러면 채집자는 다시 문을 닫아 놓았다가 이 벌
들이 정신없이 먹고 나서 나갈 때쯤 되어 또 문을 열어 줍니다.

한참 있다 보면 꿀맛을 보고 간 벌들이 동료들을 수없이 많이 대동
하고 또 상자 안으로 들어갑니다. 이런 식으로 벌을 번식시키다 보면
나중에는 상자 속이 온통 벌 떼로 가득하게 되고 그때 채집자는 꿀벌
상자를 들고 기쁜 마음으로 집으로 돌아갈 것입니다.

당신의 주변에는 상자에 매달아 둔 꿀맛을 처음 본 꿀벌처럼 예수

를 처음 믿고 새사람이 된 사람들이 있을 것입니다. 당신의 부인일 수 있고 어린 아들, 딸일 수도 있습니다. 그는 예수를 믿자마자 하나님의 사랑이 마치 꿀처럼 너무나 달고 달아서 거기에 완전히 사로잡힌 사람입니다. 그래서 교회에 나와 예배를 드릴 때마다 마음이 기쁨으로 충만하여 찬송을 부르며 집으로 돌아가게 됩니다. 다시 한번 예수 믿고 변화된 당신의 주변 사람들을 유심히 살펴보십시오. 그들에게서 전에 없이 표정이 밝고 행동이 부드러운 것을 발견하게 될 것입니다.

만일 그들이 왜 그렇게 변화되었는지 관심이 가기 시작하면 그때는 하나님께서 문밖에 나와 당신을 기다리고 계신다는 사실을 확신하는 것이 좋습니다. 그리고 "한 번 교회에 나가 볼까?" 하는 충동이 조금이라도 일어나면 주저하지 말고 하나님을 찾아야 합니다. 하나님께서는 문밖에 서서 기다리는 자신을 알려 주는 방법의 하나로 예수를 먼저 믿은 사람들을 사용하십니다. 어두운 가운데서 빛처럼, 그리고 썩어 부패해 가는 세상에서 소금처럼 다른 사람을 예수에게로 이끄는 매력을 주십니다. 그래서 예수를 제대로 믿는 사람치고 꿀 향기를 풍기지 않는 사람이 없습니다. 당신이 그 향기를 맡으면 즉시 하나님을 찾아 나와야 합니다. 왜냐하면 하나님이 바로 그 시간에 당신을 기다리고 계시기 때문입니다.

예수 믿는 가족의 매력에 끌려 예수 믿게 된 분의 아름다운 이야기가 있습니다. 그는 몇 년 전까지만 해도 독실한 불교 신자였습니다. 게다가 부적이 자기를 살려 주는 구원의 표인 줄 알고 어리석게 미신을 지키며 우상을 섬기던 사람이었습니다. 그러나 출가한 그의 딸이 부유한 생활 가운데서도 정신적으로 몹시 고통당하다가 주님을 만나 완전히 새사람이 된 것을 보고 그는 크게 감동을 받게 되었습니다. 그리하여 딸의 전도를 받고 모든 죄를 회개하고 하나님의 자녀가 되었습니다. 이제는 주님 품 안에서 기쁘게 신앙생활 하며 믿지 않는 이웃을 위해 기도하는 사람으로 바뀌었습니다.

주변을 유심히 살펴보십시오. 당신의 관심을 끄는 아름다운 신자들을 볼 수 있을 것입니다. 그리고 그들의 모습에서 당신이 돌아오기를 지금도 문밖에서 기다리시는 하나님이 계심을 알아야 합니다. 당신이 해야 할 가장 시급한 일은 지금 당장 예수를 믿고 하나님의 자녀가 되는 것입니다.

볼지어다 내가 문밖에 서서 두드리노니 누구든지 내 음성을 듣고 문을 열면 내가 그에게로 들어가 그와 더불어 먹고 그는 나와 더불어 먹으리라_계 3:20

10

만일 당신이
듣지 아니하면

예수를 믿을 기회를 놓치면 너무나 비참한 사람이 된다는 것을 아십니까?
그 사실을 아는 당신 주변의 사람이 믿지 않는 당신을 볼 때마다
안타까워 발을 구르고 있습니다.
기회를 놓치지 마십시오. 무심히 듣고 넘길 일이 절대로 아닙니다.

누가복음 16:19-31

19 한 부자가 있어 자색 옷과 고운 베옷을 입고 날마다 호화롭게 즐기더라 20 그런데 나사로라 이름하는 한 거지가 헌데 투성이로 그의 대문 앞에 버려진 채 21 그 부자의 상에서 떨어지는 것으로 배불리려 하매 심지어 개들이 와서 그 헌데를 핥더라 22 이에 그 거지가 죽어 천사들에게 받들려 아브라함의 품에 들어가고 부자도 죽어 장사되매 23 그가 음부에서 고통 중에 눈을 들어 멀리 아브라함과 그의 품에 있는 나사로를 보고 24 불러 이르되 아버지 아브라함이여 나를 긍휼이 여기사 나사로를 보내어 그 손가락 끝에 물을 찍어 내 혀를 서늘하게 하소서 내가 이 불꽃 가운데서 괴로워하나이다 25 아브라함이 이르되 얘 너는 살았을 때에 좋은 것을 받았고 나사로는 고난을 받았으니 이것을 기억하라 이제 그는 여기서 위로를 받고 너는 괴로움을 받느니라 26 그뿐 아니라 너희와 우리 사이에 큰 구렁텅이가 놓여 있어 여기서 너희에게 건너가고자 하되 갈 수 없고 거기서 우리에게 건너올 수도 없게 하였느니라 27 이르되 그러면 아버지여 구하노니 나사로를 내 아버지의 집에 보내소서 28 내 형제 다섯이 있으니 그들에게 증언하게 하여 그들로 이 고통받는 곳에 오지 않게 하소서 29 아브라함이 이르되 그들에게 모세와 선지자들이 있으니 그들에게 들을지니라 30 이르되 그렇지 아니하니이다 아버지 아브라함이여 만일 죽은 자에게서 그들에게 가는 자가 있으면 회개하리이다 31 이르되 모세와 선지자들에게 듣지 아니하면 비록 죽은 자 가운데서 살아나는 자가 있을지라도 권함을 받지 아니하리라 하였다 하시니라

만일 당신이
듣지 아니하면

흔히 사람들은 예수를 믿느냐, 믿지 않느냐의 문제를 가지고 마치 백화점에서 물건을 흥정하듯 대수롭지 않게 다루는 경향이 많습니다. 그리고 신앙을 마치 하나의 교양처럼 여기기도 합니다. 이것은 예수를 믿는 것이 얼마나 진지한 결단인지 그 사실을 너무 모르는 데서 오는 순진함이라고 할 수 있습니다.

예수를 믿느냐, 믿지 않느냐의 문제는 생사의 기로에 서서 어느 쪽을 선택할 것인가를 결정하는 것이나 다름이 없습니다. 그 결정의 시급함과 진지함을 소름 끼치도록 실감나게 가르쳐 주신 분이 계시는데 그분이 바로 예수 그리스도입니다.

○ ○ ○ ○ ○ ○ ○ ○
다이브스와 나사로

거지 나사로와 부자의 이야기를 들어 보십시오. 그들이 생전에 무엇을 했느냐가 중요한 것이 아니라 사후에 그들에게 무슨일이 일어났는가를 주의해 보는 것이 중요합니다.

어떤 부자가 있었습니다. 전설에 의하면 그 부자의 이름은 다이브스입니다. 그는 세상에서 모든 복을 골고루 다 누린 사람입니다. 한편 거지 나사로가 있었습니다. 태어날 때부터 불우한 환경에서 태어나 심한 피부병까지 앓으며 부자의 문간 옆에서 목숨을 연명하며 살던 사람입니다. 그러던 어느 날 거지 나사로가 죽었습니다. 고픈 배를 움켜쥐고 아무도 그를 지켜봐 주는 사람 없이 쓸쓸히 죽어 갔습니다. 사람들은 이 거지의 시신을 장사도 지내 주지 않고 그냥 끌어내 아무 곳에나 버렸습니다.

세월이 흘러 부자 다이브스도 죽었습니다. 그의 장례식은 거창하게 치러졌습니다. 그리고 두 사람 모두 점차 사람들의 기억 속에서 사라지게 되었습니다. 어느덧 잊혀진 존재가 된 것입니다. 사람들은 그들이 내세에 가서 어떤 처지에 처해 있는지 도저히 생각하지 못합니다. 그것을 아는 분은 오직 한 분입니다. 바로 예수 그리스도입니다.

예수 그리스도만이 그 두 사람의 운명을 알고 있었습니다. 이 이야기는 막연한 비유가 아닙니다. 비유라면 '나사로'라는 이름을 붙일 리가 없습니다. 분명히 사람의 이름이 나오는 것을 보니까 주님이 아시는 두 사람이었던 것 같습니다. 나사로는 낙원, 즉 천국에 가서 하나님의 품 안에서 모든 세상 고통을 다 잊어버리고 편안히 쉬고 있습니다. 반면에 부자는 너무나 괴로운 상황 속에 놓여 있습니다. 너무 처참한 상황 속에 빠져 있습니다. 우리가 이 본문을 읽을 때면 가슴이 눈물로 젖지 아니하고는 도저히 읽을 수 없는 대목입니다.

이 부자가 간 곳을 일컬어서 성경은 '지옥'이라고 말합니다. 지옥은 헬라어로 '게헨나'라고 합니다. 예수님이 계실 당시 주님께서는 이곳을 힌놈의 골짜기로 비유하셨습니다. 힌놈의 골짜기는 예루살렘 성 밖에 위치한 그리 깊지 않은 골짜기인데 예루살렘에서 나오는 모든 쓰레기들을 모아서 소각시키는 장소였습니다. 그곳은 심지어 성전에서 제사를 지내고 남은 짐승 뼈다귀니 가죽이니 찌꺼기니 하는 모든 잡동사니들을 전부 끌어다가 쌓아 놓고 소각시키기 때문에 코를 찌르는 냄새가 하루 종일 끊일 날이 없고 죽음의 검은 연기가 늘 피어오르는 아주 고약한 지역이었습니다. 주님은 이 지역을 지옥에 비유하셨습니다.

○ ○ ○ ○ ○ ○
지옥의 권위자

성경에서는 지옥에 대하여 그 누구라도 함부로 말하지 않았습니다. 왜냐하면 지옥이 어떻게 생겼는지 아무도 가 본 사람이 없었기 때문입니다. 지옥이라는 말을 사용하신 분은 오직 예수님 한 분뿐입니다. 그렇게 온유하고 겸손하시고 죄인을 보실 때에 마치 어미 닭이 새끼를 품듯이 사랑으로 품어 주기를 원하시는 주님께서 이 듣기에도 진저리 쳐지는 지옥이라는 용어를 13회 이상이나 사용하셨습니다. 이것은 정말 의외의 사실이 아닐 수 없습니다.

> 만일 네 눈이 너를 범죄하게 하거든 빼어 내버리라 한 눈으로 영생에 들어가는 것이 두 눈을 가지고 지옥 불에 던져지는 것보다 나으니라_마 18:9

> 몸은 죽여도 영혼은 능히 죽이지 못하는 자들을 두려워하지 말고 오직 몸과 영혼을 능히 지옥에 멸하실 수 있는 이를 두려워하라 _마 10:28

뱀들아 독사의 새끼들아 너희가 어떻게 지옥의 판결을 피하겠느냐

_마 23:33

예수님만이 지옥을 말씀하시고 경고하실 수 있는 유일한 권위자입니다. 그분만이 세세토록 살아 계시며 사망과 음부, 즉 지옥의 열쇠를 가지신 분입니다. 그분이 지옥의 문을 열면 닫을 자가 없고 그분이 지옥의 문을 닫으면 열 자가 없습니다. 오직 예수님만이 지옥에 대한 말씀을 권위 있게 우리에게 가르쳐 줍니다.

현대인들은 이 지옥이라는 용어를 대단히 싫어합니다. 아주 무식한 사람이나 떠드는 소리로 일축해 버립니다. 그런데 예수님이 무식한 분입니까? 그분은 하나님입니다. 당신이 아무리 고상한 지식을 많이 가지고 있다고 해도 예수님의 권위와 맞설 수는 없습니다. 믿든지 안 믿든지 그것은 개인의 자유이지만 하나님의 아들의 말씀을 당신이 대항하면서 지옥이 없다고 말할 수는 없습니다. 우리가 믿든지 안 믿든지 그것과 상관없이 지옥은 엄연히 존재하는 것이요, 예수님의 권위는 절대로 땅에 떨어지지 않습니다. 우리는 믿어야 합니다. 부자와 거지 나사로의 이야기는 지옥이 어떤 곳인가를 우리에게 비유를 가지고 설명해 주고 있습니다. 그러면 과연 지옥이 어떤 곳일까요?

○ ○ ○ ○ ○
지옥의 실상

첫째, 지옥은 무서운 고통이 연속되는 곳입니다. 부자가 "내가 이 불꽃 가운데서 괴로워하나이다"(24절) 하고 울부짖는데, 성경에 보면 지옥을 가장 많이 묘사하는 단어 중의 하나가 불꽃입니다. 그렇다면 이 불꽃은 우리가 흔히 알고 있는 물질이 타는 불꽃일까요? 그렇지는 않

습니다. 지옥은 영계(靈界)입니다. 물질이 없습니다. 단지 하나님께서 이 불꽃이라는 용어를 쓰신 것은 우리의 이해를 돕기 위해서 인간의 언어를 빌어 온 것에 지나지 않습니다.

1880년에 《카라마조프 가의 형제들》이라고 하는 불후의 명작을 남긴 도스토예프스키(Fyodor Dostoyevsky, 1821-1881)가 그의 작품 속에서 지옥에 대한 자기의 감정을 이렇게 묘사했습니다.

"만일 지옥에서 물질이 타는 불이 있다면 사람들이 참 좋아할 거야. 왜냐하면 불로 인해 뜨거움을 느끼는 육체의 고통 때문에 지옥에서 정말 뜨겁게 느껴야 될 마음의 고뇌를 잊어버릴 수 있으므로."

지옥의 불은 육신을 태우는 불이 아닙니다. 마음속의 숯덩이처럼 가득한 죄악에서 피어오르는 영계의 불꽃이요, 죄를 도무지 참지 못하시는 하나님의 공의의 진노가 쏟아 놓은 불꽃입니다. 가 보지 않고는 그곳이 얼마나 괴로운 곳인가를 알 수 없습니다.

사람이 당하는 고통 가운데 화상을 입는 것만큼 참기 힘든 고통이 없다고 합니다. 그래서 로마 시대에 예수 믿다가 잡혀 들어가면 화형을 당하는 순교자들이 많았습니다. 화형을 당할 때에 연기가 올라와서 뜨거움을 느끼기 전에 질식해 버리면 그 사람은 평안하게 죽을 수 있습니다. 그러나 질식하지 않고 서서히 장작더미에서 올라오는 열기를 받아서 죽어 가는 사람의 고통은 도저히 말로 표현할 수 없는 극한의 몸부림이었다고 합니다. 그 무서운 고통을 부자가 지옥에서 당하고 있는 것입니다.

둘째, 지옥은 하나님의 자비가 완전히 거두어진 곳입니다. 부자는 하나님을 향해 두 가지 기도를 지옥에서 했습니다. 일생 동안 한 번도 기도하지 않고 오히려 기도하는 사람을 멸시하고 우습게 여기던 사람이 지금 지옥에 떨어져서야 기도하는 것입니다. 처음 기도는 "오, 하나님! 저 나사로의 손가락에 물 한 방울만 찍어서 저에게 떨어뜨려 주세요"라는 것이었습니다. 한 바가지도 아닙니다. 한 숟가락도 아닙니다. 한 방울만! 얼마나 사모하는 자세입니까? 얼마나 갈증을 느끼는 자세입니까? 얼마나 고통받는 모습입니까? 이것은 심한 갈증에 허덕이는 자가 고통을 이기지 못해 울부짖는 절규입니다. 그러나 하나님은 "안 돼!"라고 하시며 고개를 흔드십니다.

그러자 부자는 "하나님이여, 세상에는 지금 아직도 저의 다섯 형제가 지난날의 저처럼 호화롭게 살고 있습니다. 그들이 이런 곳에 오지 않도록 나사로를 보내어 증거하게 해 주세요. 그들이 이 고통받는 곳으로 오지 않게 하소서"라고 또 기도를 했습니다.

세상에서는 전도할 생각을 한 번도 하지 않던 사람이 지옥에 가면 이제 전도할 생각이 생기는 것입니다. 하나님께서도 "안 돼! 세상에서 복음 전도자들이 전하는 성경 말씀이나 이웃 사람들이 예수 믿으라고 전하는 복음을 듣지 아니하는 사람은 죽은 자가 다시 살아나서 외친다고 해도 믿지 아니하리라"라고 하시면서 단호히 거절하셨습니다.

여기에서 우리는 참 이상한 하나님을 발견하게 됩니다. 지금까지 우리가 알고 있는 하나님은 얼마나 자비로우시고 긍휼이 많으신 분입니까? 태양을 선인과 악인에게 비치게 하시며, 비를 의로운 자와 불의한 자를 구별하지 않고 내려주시는 자비로우신 하나님입니다. 기쁨으로 사람의 마음을 만족케 하시는 하나님이며, 은혜를 모르는 자와 악한 자에게도 인자하신 하나님입니다. 노하기를 더디 하시고 상한 갈대를 꺾지 아니하시면서 오래오래 기다리시며 천 년을 하루같이 하루를 천 년같이 기다리시는 하나님입니다. 너무나 기다리시고 오래 참으시기 때문에 이 세상에서 오히려 악한 자들이 득세하고 선한 자들이 마치 하나님이 없는 것처럼 착각할 만큼 죄인을 사랑하시고 기다리시는 하나님이십니다.

○ ○ ○ ○ ○ ○
진노의 하나님

그런데 부자가 지옥에서 본 하나님은 달랐습니다. 회개하고 돌아와야
할 때를 놓쳐 버린 사람을 대하시는 하나님은 우리가 지금 대하고 있
는 하나님이 아닙니다. 이 세상에서도 산천초목 위에 이른 비와 늦은
비를 알맞게 골고루 내리시는 자비로우신 하나님이지만 기회를 놓치
고 하나님을 멸시한 자에게는 손가락에 묻은 물 한 방울도 허락하지
아니하시는 진노의 하나님으로 나타나십니다.

얼마나 무서운 곳입니까? 지옥은 이처럼 하나님의 자비와 긍휼이
완전히 제거된 곳입니다. 그래서 밀러(Miller)라고 하는 학자는 "지옥이
어떤 곳이냐? 하나님과의 교제가 완전히 두절된 곳이다"라고 지옥을
설명하고 있습니다. 만약 우리가 구원받지 못하면 그제서야 지옥에서
기도하고 여러 사람들을 전도하려고 할 것입니다. 그와 같은 때늦은
기도는 하나님의 보좌 앞에 상달되지 않을 것입니다. 공허하게 지옥
의 벽만 울리며 메아리로 돌아오고, 메아리로 돌아오는 응답 없는 기
도를 하게 될 것입니다. 왜 그렇습니까? 지옥은 하나님의 자비와 긍
휼이 떠나버린 곳이기 때문입니다.

셋째, 지옥은 천국을 보면서도 접근하지 못하는 곳입니다. 천국에
있는 나사로는 지옥의 비극을 보지 못했습니다. 과거의 모든 것을 꿈
에 본 듯 잊어버리고 주님과 더불어 영원토록 사는 곳이 하나님 나라
입니다. 그러나 지옥은 그 반대입니다. 천국을 환하게 보고 있는 곳입
니다. 독일의 유명한 신학자요, 설교자인 틸리케(Helmut Thielicke, 1908-
1986)는 "지옥은 천국을 보면서도 가까이 가지 못하는 곳"이라고 했습

니다. 얼마나 기가 막힌 이야기입니까?

○ ○ ○ ○ ○ ○
비교의 고통

당신은 비교하는 데서 오는 고통이 어떤지 알고 있습니까? 저 달동네에는 수천 세대가 서로 형편이 비슷한 가운데서 옹기종기 모여 살고 있습니다. 차가운 겨울날에 찬바람이 허술한 벽으로 사정없이 스며들어 주부가 발을 동동 구르면서 밥을 짓지 않으면 안 되는 그런 가난한 집들이 있습니다. 그러나 그런 사람들도 주변의 다른 사람들이 다들 그렇게 사니까 참고 견디며 살 수 있습니다. 소위 말하는 상대적 빈곤을 느끼지 못합니다.

그러나 호화 아파트 근처에 사는 가난한 주부의 심정은 그렇지 않습니다. 너무나도 주변의 상점들이 호화롭고, 물건 값이 비싸서 변두리에 가서 값싼 것을 구입해 와서 조금이라도 돈을 아끼려고 애를 쓰는 주부의 심정은 고통스럽습니다. 주변의 잘사는 사람들과 비교가 되기 때문에 괴로운 것입니다. 이것이 비교하는 데서 오는 냉혹한 현실의 고통입니다.

오늘날 우리의 고통은 비교의 고통이라고 말할 수 있습니다. 우리의 위기는 비교의 위기라고 말할 수 있습니다. 몇십 년 전만 해도 미국 사람이 어떤 자가용을 끌고 다니든 간에 우리나라 사람들은 모두 비슷한 생활을 한다고 그래도 위로를 받으며 살았습니다. 그러나 근대화를 통해서 많은 사람들의 생활 수준이 높아졌습니다. 그 가운데는 건전하게 벌어서 생활 수준이 높아진 사람들도 있지만 국민을 우롱하면서 수단 방법 가리지 않고 재산을 모은 사람도 있습니다. 한창 농번기에 농민들은 바빠서 정신없이 일을 하는데 들판을 자가용을 타고 다니면서 즐기고 먹고 마시는 사람들이 있습니다. 그 광경을 보는 농민들의 심정은 어떻겠습니까? 우리나라에서 이 무서운 비교의 과도기가 빨리 지나가야 합니다. 빈부의 격차를 줄이는 데 온 국민이 슬기를 모아야 할 것입니다.

지옥은 천국을 눈앞에 두고 비교하는 곳입니다. 눈에는 보이지만 가슴에는 채워지지 않는 곳이 지옥입니다. 하나님이 왜 지옥의 창문을 천국을 향해서 열어 놓으셨을까요? 결코 이유 없이 하신 것이 아닐 것입니다. 지옥에 들어간 많은 사람들은 세상에서 살 때 지옥이나 천당을 아주 우스운 미신 이야기로 간주하고 멸시했습니다. "죽으면 끝나는 거지 무슨 지옥이고 천당이냐?"고 비웃던 사람들입니다. 하나님이 지옥에 들어간 사람으로 하여금 하나님 나라를 보게 하는 이유는 주님이 결코 거짓말하지 않았다는 것을 보여 주시기 위함이라 생각됩니다. "보라! 영원토록 보라! 내가 너희에게 거짓말을 했느냐?" 하고 증명해 주시는 것입니다.

넷째, 지옥은 기억력이 예민하게 되살아나는 곳입니다. 간혹 교통사고를 당하거나 일시적으로 심장이 멎어서 며칠이나 몇 시간 동안 죽었다가 되살아난 사람들의 이야기를 들어 보면 한결같이 똑같은 말을 듣게 됩니다. 모든 과거의 일들이 한순간 전부 다 기억되는 희한한 일을 자기들이 경험했다고 고백하는 것입니다.

부자가 이 불꽃 가운데서 부르짖고 비명을 지르니까 하나님이 말씀하기를 "너는 살아 있을 때 좋은 것을 받았고 나사로는 고생을 했지 않니? 너는 이것을 기억하라"고 했습니다. 한편 부자는 나사로를 보는 순간 자기의 문간 옆에 살던 사람이라는 것을 금방 알아보았습니다. 또 자기 형제가 지금 다섯 명이나 잘살고 있다는 것도 기억하고 있습니다. 그뿐만이 아닙니다. 가장 무서운 것은 세상에서 시간이 지나면 잊혀질 줄 알았던 과거의 죄책감이 전부 떠올랐고 하나님 앞에 회개하지 않고 그대로 은폐해 두었던 죄들에 대한 기억이 전부 다 되살아났습니다. 지옥은 그의 몸 밖에 있는 것이 아니라 그의 내면에 있는 것입니다.

셰익스피어는 《리처드 3세》(Richard Ⅲ)라는 희곡에서 지옥의 현실을 이렇게 묘사했습니다. "내 양심이 수천 개의 혓바닥을 가졌구나. 수천 개의 혓바닥이 제각기 갖가지 책망을 나에게 늘어놓는구나"라고 탄식하고 있습니다. 바로 지옥에 가면 그런 모습이 나타날 것입니다.

애타게 호소하시는 하나님

지옥이 얼마나 무서운 곳인가를 어떻게 인간의 필설로 다 표현할 수 있겠습니까? 도저히 불가능한 일입니다. 그곳이 얼마나 몸서리치는 곳인가를 알려면 지옥이 어떤 곳인가를 너무나 잘 아시는 하나님이 우리 인간으로 하여금 그곳에 들어가지 못하도록 얼마나 안타깝게 막으셨는가를 보면 잘 알 수 있습니다. 한 사람도 지옥에 던져지지 않도록 하려고 하나님은 자기 아들을 세상에 보내셨습니다. 그리고 모든 사람들의 죄를 전부 다 짊어지게 하시고 십자가 위에서 지옥의 참혹한 고통들을 대신 당하게 하셨습니다. 그리하여 모든 인류의 죄를 전부 다 십자가 위에서 무서운 지옥의 불로 태웠습니다. 그 일을 끝내자 하나님은 삼 일 만에 그 아들을 살리신 후 그 아들이 지옥으로 향하는 길 모퉁이에 서서 그곳으로 밀려가는 사람들을 향하여 돌아서라고 목이 쉬도록 호소하게 하셨던 것입니다. 그렇게 하고 계신 지가 벌써 2천여 년이 되었습니다.

주님께서는 오늘도 우리에게 십자가를 들고 애타게 호소하고 계십니다. "가지 말라! 지옥은 무서운 곳이니라." 이 말씀에 귀 기울이는 자만이 복된 사람입니다.

그렇다면 부자가 왜 지옥에 갔을까요? 부자이기 때문입니까? 아닙니다. 부자라는 것이 죄는 아닙니다. 믿음의 조상 아브라함, 욥, 야곱, 다윗, 솔로몬 등도 부자였습니다. 부자 다이브스가 지옥에 간 이유는 "예수 믿으라"는 복음을 주위에서 듣고도 거절했기 때문입니다. 그는 많은 사람들이 한 번씩 예수 믿으라고 권유를 할 때마다 아주 우스운 말로 듣고 무시해 버렸기 때문입니다. 하기야 날마다 좋은 옷을 입고 잔치하며, 호화롭고 거창하게 살았으니 답답한 것이 없었을 것입니다.

세상에서 사는 것이 너무 재미있으면 하나님 나라나 영혼의 이야기에 귀를 잘 기울이지 않습니다. 부자가 하나님 나라에 들어가는 것보다 낙타가 바늘귀로 들어가는 일이 더 쉽다고 하였으니 부자가 하나님의 말씀을 얼마나 받아들이지 않는지 가히 짐작할 수 있습니다(눅 18:25 참조). 다 그런 것은 아니지만 이것이 부자의 약점입니다.

파리가 꿀단지에 빠지면 살아나오기가 힘들 듯이 사람이 세상의 쾌락에 도취하면 하나님의 말씀을 듣지 않게 됩니다. 그래서 가끔 하나님은 비상수단을 쓰십니다. 가지고 있는 전 재산이나 건강을 빼앗아서라도 지옥으로 가는 길을 막는 경우가 있다는 말입니다.

문득, 돌아가신 아버님 생각이 납니다. 아버님은 59세에 세상을 떠나셨는데 그는 59년 동안 예수 믿은 분입니다. 그러나 한평생 교회에 다니면서도 중생받지 못하고 단순히 예배만 출석하는 분이었습니다. 그런데 세상을 떠나시기 몇 년 전에 하나님께서 아버님의 건강을 빼앗아 버렸습니다. 이 일로 말미암아 아버님은 눈물을 흘리시며 진정으로 지난날의 잘못을 하나님께 회개했습니다. 그리고 드디어 임종을 맞게 되었습니다. 그때 제가 할 수 있는 일이 무엇이었겠습니까?

우리가 자식으로서 부모님을 위해서 해 드릴 수 있는 일이 무엇입니까? 사랑하는 사람이 저 무서운 곳으로 가지 않도록 하는 것보다 더 큰 사랑이 어디 있습니까? 저는 점점 맥박이 여려지는 아버님의 손을 잡고 "아버님, 예수 믿으시지요? 예수님 꼭 붙드세요" 하고 거듭거듭 간절히 말씀드렸습니다. 그런데 아버님께서는 다른 질문에는 대답을 안 하시면서도 아들의 이 말에는 "그래, 그래"라고 끝까지 대답하셨습니다.

교회로 오면서 엘리베이터를 타고 내려오는데 같은 아파트에 사는 의사 선생님을 만났습니다. 아주 젊고 패기가 있는 분입니다. "선생님 안녕하세요?" 하고 인사를 한 뒤 "선생님, 예수 좀 믿으세요!" 하고 전도를 했습니다. 그랬더니 그는 "너무 바빠서요…" 하고 말을 얼버무렸습니다. 아마 속으로 '우리 동네에서 빨리 목사가 이사를 가야지 이것 참 못 견디겠구만' 하고 생각했을지도 모릅니다. 잠시 후 엘리베이터 문이 열리니까 그는 무슨 신나는 일이 있는지 재빨리 뛰어나갔습니다. 그 모습이 지옥 설교를 준비하고 있는 목사의 눈에 얼마나 불쌍하게 비쳤는지 모릅니다.

카터(Jimmy Carter) 대통령이 방한했을 때(1979년) 박정희 대통령에게 여러 번 간곡히 전도했다고 합니다. 그때 믿어야 했습니다. 그때 회개해야 했습니다. 그러나 그는 끝내 기회를 놓쳤습니다. 전도를 받은 지 몇 개월 후에 그가 어떻게 세상을 떠났는지 우리는 잘 알고 있습니다. 회개할 기회 한 번 얻지 못하고 하나님이라고 불러 볼 틈도 없이 모든 것이 끝나 버린 사람입니다. 생각하면 얼마나 답답하고 괴로운 일입니까?

예수를 믿을 기회를 놓치면 너무나 비참한 사람이 된다는 것을 아십니까? 그 사실을 아는 당신 주변의 사람이 믿지 않는 당신을 볼 때마다 안타까워 발을 구르고 있습니다. 기회를 놓치지 마십시오. 무심히 듣고 넘길 일이 절대로 아닙니다.

뉴욕에 사는 교포 아주머니 한 분이 귀국을 했습니다. 그 아주머니는 정부 고위층을 전도하기 위해 찾아왔다고 합니다. 그분과는 전혀 생면부지의 사람이라고 했습니다. 좀 이상한 생각이 들어 아주머니와 대화를 해 보았는데 그는 놀랍게도 성령으로 충만한 사람이었습니다. 몇 달 전에도 한국에 와서 그분에게 전도하려고 여러 번이나 도전했지만 만나 주지 않아서 다시 뉴욕으로 돌아갔다고 합니다. 그분을 왜 그렇게 전도하려고 하느냐고 물어보았을 때 그 아주머니는 놀랍게도 다음과 같은 얘기를 했습니다.

"목사님, 저도 몰라요. 하나님이 시키십니다. 제가 순종할 수 없다고 이리저리 핑계를 대면 하나님께서 계속적으로 강박감을 주시는데 목사님은 그 심정을 잘 모르실 거예요. 뉴욕에 있는 주변 사람들은 전부 저를 미쳤다고 합니다. 지금 자식이 셋이나 있고 끼니도 걱정해야 할 판국에 알지도 못하는 사람을 전도하겠다고 비행기를 타야만 하니 나도 내가 미친 것만 같습니다. '주여, 나는 비행기 탈 돈도 없어요' 하고 통사정을 하려고 하면 또 어떻게 비행기 삯이 마련되고 또 마련되고, 지난번에 실패해서 이것으로 그치겠지 했는데 하나님께서 계속 마음을 밀어붙이셔서 이번에는 기어이 전도를 하고 돌아가야 되겠어요."

얼마나 놀라운 일입니까? 한 번도 만나 본 일이 없는 사람이지만 구원해야 된다는 마음이 그의 영혼 깊은 곳에서부터 뜨겁게 타오르고 있습니다. 그가 마치 하나님이 보내신 예레미야 선지자와 같은 사람으로 보였습니다.

예수를 믿지 않는 당신이 부자가 들어간 저 무서운 곳을 향해서 걸어가고 있는데도 먼저 예수를 믿은 당신의 가족이 침묵만 지키고 있지는 않습니까? 지옥에 갈 사람은 물론 비참한 사람이지만 그렇게 가는 사람을 보고 마음 평안하게 쳐다보는 그 사람은 더 잔인한 사람이 아닐 수 없습니다.

어머니가 아들을 데리고 병원에 와서 손에 붕대를 풀 때 아이가 아프다고 우니까 엄마도 따라서 같이 우는 것을 보았습니다. 자식이 손이 아파서 울 때 그 안쓰러움을 이기지 못해서 우는 엄마라면 예수 믿지 않는 남편의 장래를 생각해서 흘리는 눈물이 없겠습니까? 귀찮을 정도로 남편을 향해 예수 믿으라고 졸라대는 것이 잘못인가요? 모든 희망을 포기하고 들어가는 그 무서운 곳을 당신이 지금 가고 있다고 한번 상상해 보십시오. 누가 정상적인 사람입니까? 예수 안 믿겠다고 고집하는 당신입니까, 아니면 예수 믿으라고 못살게 구는 가족이나 친구들입니까?

단테는 그의 명저 《신곡》 지옥편에서 지옥을 이렇게 묘사했습니다.

"이것은 슬픔의 도시로, 영원한 고통으로, 버림받은 족속에게로 들어가는 문이로다. 이 문을 통과하는 사람들이여, 희망을 다 버릴지어다."

하나님은 당신을 너무 사랑하셔서 부자가 간 길을 따라가지 못하도록 한시도 쉬지 않고 당신의 주변에 있는 신자들의 입을 통하여 예수 믿으라고 권고하고 계십니다. 당신이 걸어가는 길모퉁이마다 십자가를 높이 세우고 "더 이상 가면 위험!"이라는 경고를 하고 계십니다. 그런데 그 경고를 무시한다면 당신은 영원히 후회할 가장 어리석은 실수를 범하고 말 것입니다. 지금 곧 예수 그리스도를 영접하십시오! 그분을 당신의 구원자로 믿고 받아들이십시오!

다음의 이 말씀을 마음에 새겨 보시기 바랍니다. 예수를 믿기만 하면 당신도 이러한 놀라운 복을 받을 수 있습니다.

하나님이 세상을 이처럼 사랑하사 독생자를 주셨으니 이는 그를 믿는 자마다 멸망하지 않고 영생을 얻게 하려 하심이라_요 3:16

내가 진실로 진실로 너희에게 이르노니 내 말을 듣고 또 나 보내신 이를 믿는 자는 영생을 얻었고 심판에 이르지 아니하나니 사망에서 생명으로 옮겼느니라_요 5:24

II

마지막으로
던지고 싶은
질문

"예수 그리스도가 당신에게 어떤 분입니까?"
"예수님이 당신의 죄를 완전히 담당하시고 대신 제물이 되어 주셨기 때문에
떳떳하게 하나님 앞에 설 수 있다는 확신이 당신에게 있습니까?"

베드로전서 2:22-25

22 그는 죄를 범하지 아니하시고 그 입에 거짓도 없으시며 23 욕을 당하시되 맞대어 욕하지 아니하시고 고난을 당하시되 위협하지 아니하시고 오직 공의로 심판하시는 이에게 부탁하시며 24 친히 나무에 달려 그 몸으로 우리 죄를 담당하셨으니 이는 우리로 죄에 대하여 죽고 의에 대하여 살게 하려 하심이라 그가 채찍에 맞음으로 너희는 나음을 얻었나니 25 너희가 전에는 양과 같이 길을 잃었더니 이제는 너희 영혼의 목자와 감독 되신 이에게 돌아왔느니라

마지막으로
던지고 싶은 질문

존경하던 목사님 한 분이 손수 차를 운전해서 강변도로를 달리다가 사고를 당하여 하늘나라로 가셨습니다. 그분은 모든 면을 골고루 갖추신 촉망받는 목사님이었습니다. 그래서 많은 사람들이 그에게 기대를 했습니다만 하나님께서 그를 갑자기 불러 가셨습니다.

장례식에 참석하여 골똘히 하나의 문제를 생각해 보았습니다. '만약 하나님께서 나에게 시간을 더 주시지 않고 강단에 마지막으로 세우신다면 내가 무엇을 전하고 갈까?' 참으로 의미심장한 질문이었습니다.

결국 젊다고 하는 것도 장담할 수가 없습니다. 건강하다고 하는 것도 생명을 보증할 수 없습니다. 우리가 언제 하나님의 부름을 받을지 아무도 예측하지 못합니다. 그러므로 우리는 항상 우리의 삶을 준비하면서 살아야 합니다.

그런 의미에서 설교자도 마찬가지입니다. 강단에 설 때마다 마지막이라는 생각을 가지고 전해야 할 것입니다. 설교를 듣는 사람 또한 하나님의 복음을 들을 수 있는 유일한 기회일지도 모른다는 긴박감을 가지고 하나님의 말씀을 들어야 하는 것이 사실입니다. 왜 그런가 하면 내일이라는 것은 아무도 보장해 주지 못하기 때문입니다.

스펄전(Charles Haddon Spurgeon, 1834-1892) 목사는 40대 초반부터 고치기 힘든 어떤 지병을 갖고 있었습니다. 그런데 그가 어느 주일에 교인들에게 이러한 설교를 했습니다.

"여러분, 오늘 저는 여러분이 수없이 이 강단에서 들었던 똑같은 메시지를 다시 전하려고 합니다. 왜냐하면 여러분이 아시는 바와 같이 나에게는 병이 있습니다. 하나님이 언제 나를 데리고 가실지 모릅니다. 어쩌면 오늘 이 시간이 마지막일지도 모릅니다. 마지막이라고 생각할 때 저는 다른 말을 하고 싶지 않습니다. 지금까지 내가 전하던 메시지, 예수 그리스도가 우리 죄를 담당하고 죽으셨다고 하는 이것 하나만 다시 전하고 저는 가겠습니다."

그가 그렇게 설교한 다음에도 15년이나 더 말씀을 전하는 은혜를 입었지만 설교자는 항상 그와 같은 긴박감을 가지고 하나님의 말씀을 전해야 할 것입니다.

만약 우리가 더 이상 예배할 수 있는 기회가 없을지도 모른다고 한번 가정해 봅시다. 그럴 때 저는 두 가지 질문을 하겠습니다. 바로 스팡겐베르크(August G. Spangenberg, 1704-1792) 목사가 선교사로 미국에 건너온 젊은 존 웨슬리(John Wesley, 1703-1791)에게 했던 질문입니다.

두 가지 질문

"형제여, 당신 속에 당신이 하나님의 자녀가 되었다는 내적 증거가 있습니까?"

이 질문에 존 웨슬리는 멍하니 앉아 있었습니다. 한마디도 대답하지 못했습니다. 그러나 스팡겐베르크 목사는 두 번째 질문을 했습니다.

"예수 그리스도를 아십니까?"

목사에게 예수 그리스도를 아느냐고 질문하는 것이 얼마나 오만한 태도입니까? 그러나 존 웨슬리에게는 문제가 있었나 봅니다. 그는 멋쩍은 듯이 대답하기를 "예, 압니다. 예수님은 이 세상의 죄를 짊어지고 십자가에 죽으신 우리의 구원자입니다"라고 말했습니다. 이어 스팡겐베르크 목사는 "예, 옳은 말씀입니다만 그 예수 그리스도가 당신에게는 어떤 분인가를 알고 계십니까?"라고 또 질문했습니다. 그러자 웨슬리는 우물쭈물 대답을 하긴 했지만 그때부터 그의 마음속에 큰 아픔이 시작되었습니다. '왜 나는 자신 있게 대답을 못할까? 내가 이러고도 목사냐? 이러고도 선교사냐?'라는 뼈아픈 고통이 시작되었습니다.

얼마 후 그는 영국에 다시 돌아와서 몹시 가슴 아프게 진통을 했습니다. '나의 믿음은 어딘가 모르게 잘못되어 있나 보다. 내가 오늘 저녁에라도 이 세상을 떠난다면 이런 마음가짐으로 어떻게 하나님 나라에 들어갈 수 있겠는가?' 이렇게 열병을 앓듯 진통하는 가운데서 드디어 하나님이 그에게 빛을 던져 주셨습니다. 어느 모임에서 거듭나는 역사를 체험하게 되었던 것입니다. 그때부터 오늘날 기독교 역사에 샛별처럼 빛나는 존 웨슬리로 두각를 나타내게 되었습니다.

만약에 우리가 복음을 들을 수 있는 기회가 이 시간이 마지막이라고 한다면 저는 똑같은 질문을 당신에게 던지고 싶습니다.

"당신의 마음속에 하나님의 자녀가 된 내적 증거가 있습니까?", "예수 그리스도가 당신에게 어떤 분입니까?"

당신은 이 두 가지 질문에 분명히 대답할 수 있습니까? 만약에 당신이 분명하게 대답할 수 없다면 이것은 심각한 문제입니다. 왜냐하면 인간은 다 죄인이며 하나님이 죄를 보시는 입장은 대단히 심각하기 때문입니다.

우리는 어떤 죄를 범했을 때 "시간이 지나면 잊어버릴 수 있겠지. 인간이니까 그럴 수가 있는 거야" 하면서 죄를 가볍게 다루려는 습성이 있습니다. 그러나 공의로우신 하나님은 인간의 죄를 단순하게 다루지 않습니다. 예를 들어, 아담이 무슨 큰 죄를 범했습니까? 그는 하나님이 먹지 말라고 한 선악과를 따 먹은 것밖에 범죄한 것이 없습니다. 그러나 하나님이 그에게 말씀하셨습니다. "반드시 죽으리라"(창 2:17).

이것이 죄에 대한 하나님의 입장입니다. 아무리 작은 죄라도 용납할 수 없는 것이 하나님의 입장입니다. 죄에 대해서는 사형을 선고하고 죄인에 대해서는 영원한 심판을 내리시는 공의로우신 하나님입니다. 그러므로 우리가 우리 죄를 생각하는 입장과 하나님이 우리의 죄를 보시는 입장은 근본적으로 다릅니다. 사람들은 모두 세상적인 입장에서 모든 것을 평가하려고 하고 자신에게 쉬운 방법으로 평가하려고 합니다. 그러나 하나님은 그렇지 않습니다. 하나님의 기준에서 자기 자신을 보십시오. 우리는 어떠한 경우라도 죄 문제를 해결하지 않으면 안 됩니다.

○ ○ ○ ○ ○ ○ ○ ○ ○
내게 종말이 온다면

오늘 저녁이라도 우리에게 종말이 온다면 어떻게 되겠습니까? 예수 그리스도가 어떤 분인가를 모르고 교회만 다녔다면 어떻게 되겠습니까? 갑자기 이 세상의 모든 것을 손에서 놓고 마지막 종말을 맞이한다면 어떻게 되겠습니까? 그 마지막 순간에 당신 혼자만 남는다면 어떻게 되겠습니까?

그때 모든 것은 떠날지라도 당신과 함께하시는 한 분이 계십니다. 마지막으로 만나야 할 분입니다. 일대일의 대면입니다. 죄를 하나도 용납하지 못하는 거룩하신 하나님과의 대면입니다. 죄인에게 "반드시 죽으리라"고 선언할 수 있는 공의로우신 하나님과의 대면입니다. 만약에 당신이 죄 문제, 죄인이라고 하는 신분의 문제를 해결하지 않고 있다가 갑자기 하나님을 대면하면 이것은 원수끼리 만나는 것입니다. 죄 문제를 해결하지 않고 있는 입장은 하나님이 자기와 원수 된 관계라고 했기 때문입니다. 그러므로 이 문제를 해결하지 않고 갑자기 하나님과 만나게 된다면 그것은 원수끼리의 만남이요, 원수끼리의 대면입니다.

> 또 십자가로 그들의 적개심을 죽이고 둘을 한 몸으로 만들어 하나님과 화해시키기 위한 것입니다_엡 2:16(현대인의 성경)

한 번 생각해 보십시오. 당신은 그 자리에서 견딜 수 있겠습니까? 무슨 능력으로, 무슨 재주로 당신의 모든 죄를 해결하고 하나님과 일대일로 만날 수 있겠습니까? 무슨 양심으로 당신이 죄인이 아니라고 자신 있게 대답할 수 있겠습니까? 아무도 양심상 자신이 죄가 없다고 자신 있게 대답할 수 없습니다.

주님은 마치 우리가 구원받을 수 있는 확률이 50%라고 말씀하시는 것 같습니다. 하나님을 믿는다고 하는 유대인도 구원받을 수 있는 확률이 50%, 버림받을 수 있는 확률이 50%, 교회에 열심히 다니는 사람에게도 구원의 확률이 50%라고 하는 인상을 주는 말씀이 있습니다. 정말 아찔하지 않을 수 없습니다.

> 그때에 두 사람이 밭에 있으매 한 사람은 데려가고 한 사람은 버려
> 둠을 당할 것이요 두 여자가 맷돌질을 하고 있으매 한 사람은 데려
> 가고 한 사람은 버려둠을 당할 것이니라_마 24:40-41

놀라지 마십시오. 아무리 믿음이 좋은 사람들이 모이고, 아무리 질적으로 우수한 교회라고 할지라도 정말 구원받을 수 있는 사람들의 숫자는 60%를 넘는 일이 거의 없다는 말을 듣습니다. 그렇다면 나머지 40%는 중생받아야 할 사람이고 아직도 복음을 들어야 할 사람이며, 회개하고 주님의 십자가 앞에 거꾸러져야 할 사람입니다. 어떤 면에서는 존 웨슬리처럼 다시 태어나지 않으면 안 될 사람들이 교회를 찾아 나오고 있습니다. 이런 분들은 '나의 죄를 어떻게 하느냐?' 하는 문제를 반드시 해결 받아야 할 사람들입니다.

"하나님을 섬기지 않고 오늘날까지 오만하게 세상을 살아왔던 죄를 어떻게 하느냐?"

"양심에 은근히 가책받는 죄를 어떻게 하느냐!"

"스스로 근엄한 체하고, 인자한 체하고, 죄 없는 것처럼 행동했던 교만한 죄를 어떻게 하느냐?"

"사랑하지 못한 죄를 어떻게 하느냐?"

"거짓말한 죄를 어떻게 하느냐?"

"하나님을 하나님으로 섬기지 못한 죄를 어떻게 하느냐?"

당신은 이런 죄를 해결하지 않고 무사태평하게 잠만 자고 있습니

까? 안 됩니다. 언제 당신에게 마지막이 올지 모르기 때문입니다. 하나님과 원수 된 관계로 만나지 않으려면 반드시 이 문제만은 해결하고 있어야 합니다. 다시 묻겠습니다.

"예수 그리스도가 당신에게 어떤 분입니까?"

"하나님 앞에서 당신의 죄를 완전하게 해결 받았습니까?"

○ ○ ○ ○ ○ ○ ○ ○
죄를 담당하신 예수

그는 죄를 범하지 아니하시고 그 입에 거짓도 없으시며_벧전 2:22

친히 나무에 달려 그 몸으로 우리 죄를 담당하셨으니_벧전 2:24

다른 말씀은 다 놓치더라도 이 말씀만은 꼭 붙들어야 합니다. 그리스도는 죄가 없으신 분입니다. 그분은 죄를 범한 일이 없는 하나님의 아들인데도 '친히' 즉, 자진해서 나무에 달려 자기 몸으로 우리의 죄를 담당하셨습니다. 이 말씀이 당신에게 실감나게 다가옵니까? "주님, 그렇습니다. 나의 모든 죄를 주님이 담당하셨군요"라는 확신이 있습니까? 이 예수님만 붙들면 언제든지 하나님 앞에 떳떳하게 설 수 있다는 확신이 당신에게 뚜렷이 있습니까? 친히 그 몸으로 나무에 달려 우리 죄를 담당하신 분이 예수 그리스도입니다.

여기에서 '담당했다'고 하는 이 말을 깊이 음미해 봅시다. '담당한다'는 말은 '아나페로'라고 하는 헬라어 용어인데 두 가지 의미를 가지고 있습니다. 그 하나는, '떠맡는다'는 뜻이 있습니다. 길을 가다가 한 사람이 무거운 짐을 다 못 지면 옆 사람이 그 짐까지 떠맡아서 이중으로 지고 가는 경우가 있지 않습니까? 그런 까닭으로 사도 요한은 "세상 짐을 지고 가는 하나님의 어린양 예수님"을 보라고 했습니다. 세상 죄를 지고 간다는 말은 세상의 모든 죄를 떠맡아서 혼자서 지고 간다는 의미입니다. 이것이 '담당'이라는 뜻입니다.

당신이 과거에 범한 모든 죄를 혼자 떠맡으신 분입니다. 당신이 은근히 마음에 비밀히 숨겨둔 죄를 대신 맡으신 분입니다. 앞으로 우리가 세상에 살 동안 약해서 범할지도 모르는 죄까지도 주님은 떠맡으셨습니다. 전부 다 떠맡으셨습니다. 혼자서 모두 대신 지셨습니다.

세상에 이것만큼 기쁜 소식이 있습니까? 내 힘으로 감당할 수 없는 무거운 죄를 그분이 대신 맡아 주셨다니! 이것만큼 눈이 번쩍 뜨이는 뉴스가 있을 수 있나요? 당신이 몇천만 원 빚을 지고 있었는데 어떤 사람이 어떤 이유로 그 빚을 전부 떠맡았다고 할 때 당신은 어떤 반응을 보이겠습니까? 당신의 표정은 어떻게 달라지고 마음에는 얼마나 놀라운 변화가 일어나겠습니까? 빚 좀 갚아 준 사람만 생각해도 이렇게 감격하는데 평생토록 자신의 힘으로 감당치 못할 죄를 무조건 떠맡아 주신 하나님의 아들에게 우리는 얼마나 감격해야 하겠습니까? 이 사실을 믿는 것이 믿음입니다.

네가 도둑질했느냐? 도둑질한 모든 죄, 주님이 대신 떠맡으셨습니다. 네가 거짓말했느냐? 거짓말한 모든 죄, 주님이 다 떠맡으셨습니다. 나도 모르는 사이에 십자가에서 그분이 전부 다 떠맡으셨습니다. 그래서 나는 모든 죄를 사함 받은 새로운 몸이 되었습니다. 천근 바윗돌처럼 무겁게 짓누르던 죄가 눈 녹듯이 사라졌습니다. 이것을 확실히 믿고 받아들이는 것이 믿음입니다.

다음으로 '담당했다'의 또 다른 의미는, '희생제물이 되었다'는 말입니다. 하나님은 죄에 대해서 참지 못하는 분입니다. 그런데 예수 그리스도가 우리의 모든 죄를 혼자 떠맡으셨으니 그에게 무엇이 뒤따르게 되겠습니까? 하나님의 심판이 찾아올 수밖에 없습니다. 죄에 대한 무서운 심판이 주님에게 쏟아지게 되었습니다. 그래서 그는 십자가에서 살이 찢기고 피 흘리심으로 희생제물이 되고 말았습니다. 우리 대신 하나님의 진노를 받으셨다는 말입니다.

세상에서 이런 놀라운 뉴스는 또 없을 것입니다. "하나님 아버지, 진실로 감사합니다! 우리가 무엇이기에 하나님의 아들이 대신 희생을 당해야 합니까? 나 같은 죄인이 무엇이길래…." 우리는 하나님 앞에 겸손히 무릎을 꿇어야 합니다. 나 대신 십자가에 죽으신 예수님의 사랑에 감격해야 합니다.

∘ ∘ ∘ ∘ ∘ ∘ ∘ ∘

죄에서 해방된 사람

이는 우리로 죄에 대하여 죽고 의에 대하여 살게 하려 하심이라

_벧전 2:24

여기서 "죄에 대하여 죽었다"는 말은 죄와의 관계가 이제는 완전히 끊어져 버렸다는 뜻입니다. 죄 문제 때문에 더 이상 고통을 당할 필요가 없다는 말입니다. 예수님을 믿기만 하면 주홍빛 같은 큰 죄라도 십자가의 보혈에 깨끗이 씻김을 받게 됩니다. 이제 하나님이 우리를 죄인으로 보시지 않습니다. 그러므로 죄와의 관계는 단절되어 버린 것입니다. 우리는 죄에서 자유한 몸입니다. 드디어 우리의 마음에 평안이 찾아옵니다. 모든 죄를 용서받은 놀라운 기쁨이 찾아옵니다.

너희 죄 흉악하나 눈과 같이 희겠네
너희 죄 흉악하나 눈과 같이 희겠네

찬송가 〈너희 죄 흉악하나〉(255장) 가사대로 우리의 모든 흉악한 죄를 용서받았습니다. 하나님의 아들이 십자가에서 우리 죄를 짊어지고 희생제물이 되었기 때문입니다. 이제는 죽음도 우리를 따라오지 못합니다. 이제는 율법도 우리를 정죄하지 못합니다. 이제는 마귀도 우리를 사로잡지 못합니다. 우리는 죄에서 해방된 사람입니다.

스코틀랜드에 브루스(Robert Bruce, 1274–1329)라고 하는 애국자가 있습니다. 그가 스코틀랜드를 위해서 독립운동을 하던 시절에 그만 에드워드 황제의 군대에 의해서 포위를 당했습니다. 공교롭게도 그의 고향 뒷산에서 당한 일이었습니다. 사력을 다해 혈혈단신으로 도망했지만 점점 포위망은 좁혀져 왔습니다. 기진맥진하여 '이제는 꼼짝없이 죽었구나!' 하고 절망에 빠져 있을 때였습니다. 어디에선지 귀에 익은 개 짖는 소리가 들렸습니다. 황제의 군대가 브루스의 애견을 풀어 주인의 냄새를 맡게 하고 그를 찾아내도록 꾸민 것입니다. 그는 좌절의 밑바닥에까지 빠지게 되자 마지막으로 한 번 더 몸부림을 쳐 보자는 생각이 들었습니다. 그래서 온몸이 상처투성이가 되도록 기고 또 기어서 산꼭대기로 올라갔습니다. 그가 산꼭대기에서 그 너머 골짜기를 보니 이게 웬일입니까? 시냇물이 흐르고 있지 않겠습니까? 너무나 반가워서 뒹굴다시피 시냇가까지 내려갔습니다. 그리고 황급히 물 속에 들어가 몸을 숨겼습니다.

곧 개들이 시냇가를 향해 뒤따라 오는 것이 보였습니다. 그러나 주인의 냄새가 사라져 버렸기에 개들이 방향을 잡지 못하고 물가를 왔다 갔다 하면서 허공을 향해 맥없이 짖어댈 뿐이었습니다. '아, 이제는 살았구나. 저 개들이 더 이상 나를 찾아내지 못하겠구나.' 브루스는 이렇게 하여 살아날 수 있었습니다.

훗날 브루스는 그 경험을 통해서 큰 진리를 깨달았습니다. "너는 죄인이야. 너는 절대 살지 못해. 아무리 교회에 다녀도 너는 소용이 없어. 네가 과거에 지은 죄를 한 번 생각해 봐. 너 같은 죄인이 어떻게 의인이 된다는 말이냐?" 하는 마귀의 힐책을 받고 때때로 심한 죽음의 공포를 느끼고 두려워했지만 십자가에서 흐르는 보혈의 강물에 몸을 던져 그 피 속에 잠기기만 하면 따라오던 마귀도 더 이상 추적하지 못하게 되고 율법이 정죄하지 못하게 되며, 죽음이 덮치지 못하는 새 생명을 얻는다는 진리를 깨달은 것입니다.

우리도 이 십자가의 피에 믿음으로 자신의 몸을 담그기만 하면 이제는 죄에 대해서는 완전히 죽은 자가 됩니다. 이제는 더 이상 걱정할 필요가 없습니다.

> 내가 그들에게 영생을 주노니 영원히 멸망하지 아니할 것이요 또 그들을 내 손에서 빼앗을 자가 없느니라_요 10:28

예수 그리스도께서 우리에게 이 놀라운 구원을 주셨습니다. 오늘 저녁이라도 우리에게 종말이 온다면 다른 길이 없습니다. 내가 살아남기 위해서는 나 대신 십자가에 희생제물이 되신 예수 그리스도를 붙드는 길밖에 없습니다. 우리가 살아남기 위해서는 이 길밖에 없습니다.

아직도 이 진리가 무엇인지 모르는 분들이 있습니까? 당신이 어느 순간에 마지막을 당한다고 생각해 보십시오. 어디에 가서 당신의 죄 문제를 해결하고 하나님을 만나겠습니까? 다른 길이 없습니다. 당신이 살아남기 위해서는 예수님의 십자가를 믿어야 합니다. 더 미루지 마십시오. 이 시간에 그분에게 모든 것을 맡기기를 바랍니다.

"주님, 나는 죄인입니다. 이제 내 모든 죄를 다 떠맡아 주십시오. 나는 믿습니다. 주님, 십자가에서 나 대신 희생하셨으니 이제 나에게 하나님의 복으로 채워 주시옵소서. 구원해 주시옵소서."

이렇게 기도하십시오. 그 길밖에 당신이 살 길이 없습니다. 아직도 이 문제를 해결하지 않고 하루하루를 덧없이 살고 있습니까? 이 문제는 당신 앞에 닥친 그 어떤 일보다도 시간을 다투는 시급한 일입니다.

○ ○ ○ ○ ○ ○ ○ ○ ○
마지막으로 묻는 질문

"예수 그리스도가 당신에게 어떤 분입니까?" "예수님이 당신의 죄를 완전히 담당하시고 대신 제물이 되어 주셨기 때문에 떳떳하게 하나님 앞에 설 수 있다는 확신이 당신에게 있습니까?"

당신에게 이러한 믿음이 있습니까? 만약 이 믿음이 없다면 당신은 구원을 받지 못합니다. 하나님께서 당신의 마음을 열어 주시기를 바랍니다. 믿음의 눈으로 십자가를 바라보십시오. 주님의 말씀을 믿고 모든 죄에서 자유함을 얻으십시오. 주님은 당신이 십자가를 등지고 돌아서는 어리석은 자가 되지 않도록 지금도 당신을 간절히 부르고 계십니다.

나를 사랑하느냐

옥한흠 지음

국제제자훈련원

故 옥한흠
목사님을 기리며

"그가 외치고 싶었던 말씀, 작은 예수가 되자"

옥한흠 목사님 소천 이후, 자주 옥 목사님의 설교를 다시 찾아 듣고 또 읽습니다. 그때마다 제 가슴속 깊이 확인되는 것은 옥 목사님의 주님께 대한 충성된 헌신과 복음에 대한 뜨거운 열정, 교회를 향한 불같은 소원과 성도들을 향한 목자의 심정, 바로 그 '사랑'입니다.

그 사랑 때문에 옥 목사님의 설교는 강하면서도 부드러운 힘을 지니고 있습니다. 그 사랑 때문에 옥 목사님의 설교에는 주님께 순종하려고 몸부림치고, 생명의 말씀을 전하는 일에 생명을 걸고, 주의 몸된 교회의 영광을 위해 진액을 쏟고, 주의 피로 산 백성을 신실한 예수의 제자로 세우기 위해 흘린 피땀이 녹아 있습니다.

지금도 살아 있는 말씀 준비의 모범

옥 목사님을 추억할 때면 가장 먼저 떠오르는 생각은 말씀에 대한 목사님의 불꽃같은 사랑, 개인과 교회의 모든 문제의 근원적인 답으로서 말씀에 대한 절대적인 믿음, 말씀을 추호라도 사사로이 풀지 않는 칼날 같은 엄격한 태도입니다.

옥 목사님에게 설교는 목회자의 생명줄이었습니다. 몸이 편찮으시기 전만 해도 대부분의 목회자들이 휴식을 취하는 월요일조차 교회의 어느 직원보다 일찍 나와서 말씀 앞에 엎드렸습니다. 목사님에게는 말씀 준비가 끝났다는 표현이 있을 수가 없었습니다. 일주일 내내 그렇게 준비하고도 때로는 주일 아침까지 씨름을 하면서 설교 원고를 수정하고 또 수정했습니다. 그렇게 준비된 말씀을 마치 섀도복싱(shadow-boxing, 권투에서 상대가 있다고 가정하고 동작을 혼자 연습하는 일)처럼 다섯 번씩, 열 번씩 혼자서 설교하면서 교인들의 귀가 열릴 수 있도록 고쳐 나갔습니다.

옥 목사님 추모 1주년을 맞아 우리가 옥 목사님을 추모하는 가장 의미 있는 방법은 목사님이 그렇게 애끓는 마음으로 기도하며 준비하여 선포하셨던 말씀을 다시 마음에 새기고 삶으로 실천하는 일일 것입니다. 목사님의 소천 이후 제 가슴속에 솟구쳤던 질문들, '옥 목사님의 심중에 가장 깊이 자리잡고 있었던 것은 무엇일까? 마지막 강단으로 알고 말씀을 전하셨다면 무엇을 가장 외치고 싶어 하셨을까?'에 대한 하나의 대답이 이 책에 담겨 있습니다.

누구보다 예수님의 제자로 주님과 동행하며 살기 원했고, 누구보다 성도들이 예수님을 닮은 주의 제자로 바로 서기를 원했던 옥 목사님을 그리며 추모 1주년 기념으로 출간되는 설교집이 믿음과 제자도에 대한 옥 목사님의 초창기 설교들로 묶이게 된 것은 큰 의미가 있다고 생각합니다.

○ ○
말씀의 씨앗이 믿음으로 열매 맺기를 소망하며

이 설교집을 통해 옥 목사님의 '한 사람을 작은 예수로 삼는 제자훈련'

의 정신, 그리스도의 피 묻은 복음만이 교회와 세상의 해답임을 외치셨던 복음의 절대 우위, 선지자적 위엄과 말씀의 존엄을 삶 전체로 보이셨던 설교자의 모습을 다시 확인하고 무엇보다 "내 양을 먹이라"(요 21:17)는 주님의 사랑의 명령과 "내가 너희에게 분부한 모든 것을 가르쳐 지키게 하라"(마 28:20)는 엄중한 명령에 순종하여 진액을 쏟아 선포하셨던 말씀들을 다시 접하게 된 것이 귀하고 감사합니다.

성령의 조명과 기름 부음이 넘치는 강력한 말씀의 선포가 예수님의 제자로 동행하기 원하는 모든 이들의 마음에 깊이 파고들어 말씀 앞에 다가앉게 하고, 자신을 말씀의 거울에 비춰 보게 하고, 말씀으로 결단하게 하고, 말씀 들고 세상을 향해 나가도록 놀라운 믿음의 반응들을 일으킬 것을 기대합니다.

바라기는 이 책을 읽는 모든 사람들이 그리스도 안에 뿌리내리고, 예수님의 사랑 안에 거할 때 주시는 풍성한 믿음의 열매들로 인하여 더 행복해졌으면 좋겠습니다.

2011. 8.
오정현(사랑의교회 담임목사)

"제자도의 여정에서 만난 그리운 스승"

옥한흠 목사님께서 우리 곁을 떠나신 지 어느새 1년이 다 되어 갑니다. 사랑의교회에서 청소년들을 붙잡고 씨름하던 저를 불러 말씀을 주시던 목사님의 음성이 지금도 귓가에 울리는 듯합니다.

"이 목사, 언젠가는 개척을 해야 할 텐데. 교회의 필요 때문에 청소년 사역만 계속하게 두는 것이 마음에 걸려. 이제 장년부를 맡아 경험을 쌓고 개척 준비를 해야 하지 않을까?"

순간 저는 굉장히 놀랐습니다. 목사님께서 제 존재를 알고 알고 계시리라고는 전혀 생각지 못하고 있었기 때문입니다. 당시 사랑의교회에는 성도들도 많았지만 부교역자들의 수 또한 꽤 되었기 때문에 어떻게 저를 기억할 수 있을까 싶을 정도였습니다.

돌아보면 '한 사람'을 향한 목사님의 관심과 사랑은 늘 그와 같았습니다. 당황해서 안절부절못하는 저를 물끄러미 바라보시던 목사님의 따스한 눈길이 지금도 선연하게 그려집니다. 목사님께서 떠나신 후, 1년을 맞는 지금에도 목사님의 따뜻한 눈빛이 떠오르는 것은 그만큼 목사님이 그립기 때문일까요?

○ ○ ○ ○ ○ ○ ○ ○ ○ ○ ○
옥한흠 목사님이라는 선물

옥한흠 목사님과 사랑의교회가 존재하지 않았다면 지금의 분당우리

교회가 있기란 사실상 불가능합니다. 분당우리교회를 개척한 후로 줄곧 저를 사로잡는 생각이 있습니다. 옥 목사님과 사랑의교회 성도들께 부끄럽지 않은 목회를 해야 한다는 것입니다. 어쩌면 그것은 제가 목회에 실패하거나 세상으로부터 손가락질 받는 목사가 된다면 단지 이찬수 목사 한 명이 실패하는 것으로 끝나지 않는다는 강박관념이기도 합니다.

목사가 하나님 앞에서 두려운 마음으로 목회하는 것이야 너무도 당연한 일이지만 하나님께서는 제게 다른 목회자들과 달리 커다란 선물을 주셨습니다. 바로 '특별한 스승'이신 옥한흠 목사님입니다. 목사님은 저 자신을 돌아보게 하는 리트머스(litmus) 종이와 같은 분이셨습니다. 옥 목사님에게로 다가선 리트머스 종이는 붉은색이나 푸른색으로 변해 제 상태를 비춰 주었습니다. 그렇게 하나님께서는 옥 목사님을 통해 제게 아픈 질책을 내리셨고, 제가 힘들어할 때는 생각지도 못한 따뜻한 위로를 보내 주셨습니다. 건강한 교회를 향한 저의 초심(初心)이 흔들리지 않도록 하나님께서 베풀어 주신 말로 표현할 수 없는 은혜였습니다.

○ ○ ○ ○ ○ ○ ○ ○ ○ ○ ○
깨닫게 되는 하나님의 뜻

무엇보다도 목사님을 통해 배운 것은, 매주 생명을 걸며 준비하는 설교야말로 목회자에게 가장 큰 영광인 동시에 십자가라는 사실이었습니다. 설교 준비는 그야말로 피를 말리는 자신과의 싸움이었습니다. 주일 전날까지 분당우리교회 성도들의 갈급한 심령을 달래 줄 설교 주제가 안 나오기라도 하면 말할 수 없이 고통스럽기도 했지만, 그럴 때면 옥 목사님께서 설교라는 짐을 지고 수십 년간 느끼신 그 거룩한 부담감을 같이 나눈다는 예기치 못한 기쁨에 휩싸이기도 했습니다. 그만큼 설교가 아주 영광스러운 하나님의 일이 됨을 목사님께서 가르쳐 주신 것입니다. 편찮으신 몸으로 교회를 위해 그 같은 짐을 짊어지시는 목사님의 모습을 뵈면서 저같이 부족한 사람에게도 그 짐을 맡겨 주신 하나님을 찬양할 수 있었습니다. 그리고 저는 다시 한번 성령님을 의지하며 말씀을 붙들었습니다.

목사님께서 소천하셨을 때는 한국 교회가 목사님을 가장 필요로 하는 시기였기에, 저는 하나님께서 왜 그렇게 일찍 목사님을 데려가시는지 이해가 되지 않았습니다. 아니, 여전히 부족한 목사인 제게 가장 좋은 스승이 되시는 목사님을 갑자기 데리고 가시는 것을 이해할 수 없었습니다. 저는 지금도 이해할 수 없습니다. 어쩌면 그래서 더욱 울었고 하나님을 원망했는지도 모릅니다.

그러나 지금껏 살아오면서 분명히 아는 사실 하나는, 하나님께는 우연이란 없으며 하나님은 선하신 분이라는 것입니다. 저의 작은 머리로 이해할 수 없는 하나님의 뜻 앞에서 오늘도 스스로를 죽이고 그분의 섭리 앞에 순종하려는 것은 바로 그 때문입니다.

지난 1년 남짓한 시간을 통해 제가 깨달은 하나님의 섭리는 이것입니다. 옥 목사님을 그리워하는 목회자들과 한국 교회 성도들 모두, 목사님 소천 이후 지닐 수밖에 없었던 거룩한 부담을 함께 져야 한다는 사실입니다. 저 역시 목회를 하는 내내 이 부담에서 자유로울 수 없었습니다.

저의 목회 인생 한 걸음 한 걸음을 인도해 주신 하나님께서는, 지금 이 순간 '옥한흠 목사라는 리트머스 종이'를 저뿐만이 아닌 한국의 성도들에게 적용할 수 있기를 바라고 계십니다. 목사님께서 평생 동안 불꽃처럼 품으신 "예수의 신실한 제자가 되자"는 뜻에 동참하는, 거룩하신 하나님의 백성을 향해 말입니다.

지금은 다시 나아가야 할 때

하나님께서는 우리가 보고 따를 수 있는 하나의 '큰 바위 얼굴'인 옥한흠 목사님을 허락하셨습니다. 하나님을 향해 왜 그렇게 일찍 목사님을 데려가셨느냐고 묻는 것은 지난 1년으로 족합니다. 새롭게 출발할 때가 된 것입니다. 이제 각자 자신의 영역에서 예수 그리스도의 제자가 되어 목사님께서 남기신 제자의 발걸음을 따르는 삶을 시작할 때입니다. 우리에게 따라갈 모범이 있다는 것만으로도 하나님께 감사를 드릴 수 있는 것입니다.

목사님께 조금이라도 가르침을 받았다면, 목회자이든 평신도이든 우리의 영적 스승이신 옥 목사님께 저와 같이 동일한 빚을 지고 있습니다. 스승의 이름에 부끄럽지 않은 제자의 삶을 살아야 할 바로 그 빚 말입니다.

제자도에 관한 목사님의 설교집 발간은 그런 면에서 참으로 시의적절합니다. 왜냐하면 제자로 사는 것이 무엇인지 고민하는 우리에게 가장 성경적이고 구체적인 지침을 주고 있기 때문입니다. 책 제목이 말해 주듯 오늘도 우리의 사랑을 확인하시기 원하는 예수 그리스도의 질문에 "그렇습니다, 주님. 제가 주님을 사랑하는지 주님이 가장 잘 아십니다"라고 답할 수 있는 참제자들이 곳곳에서 일어나는 한국 교회가 되기를 간절한 마음으로 기도합니다.

2011. 8.
이찬수(분당우리교회 담임목사)

들어가며

"제자훈련과 설교, 쉽게 하려는 유혹을 물리치라"

설교 준비를 할 때마다 눈앞에 어른거리는 영상이 하나 있었습니다. 주일날 수천 수만 명이 교회에 모이는데, 그들이 처한 다양한 상황이 자주 떠올랐습니다. 그 가운데에는 주일날 설교를 듣고 새 힘을 얻지 못하면 삶의 무게를 감당하지 못해 주저앉을 사람들도 있었습니다. 예배를 드리기 위해 세 시간 이상 운전해서 오는 사람들도 있었고, 영적으로 병들어 위기에 처한 사람들도 많았습니다. 그렇게 갑작스러운 사고와 질병으로 고통받는 사람들이 설교에 귀 기울이고 앉아 있는 것입니다.

설교를 준비하는 제 마음에서 그러한 모습이 지워지지 않았습니다. 만약 그 사람들이 설교에서 은혜를 받지 못하고 허탈한 심정으로 교회 문을 나서게 된다면, 설교자로서 그것만큼 부끄럽고 고통스러운 일은 없을 것입니다. 그래서 한 편의 설교를 위해 최선을 다하는 것만이 제 사명이라는 생각을 떨칠 수 없었습니다.

결국은 성령을 의지해야 한다

은혜로운 설교는 듣는 이들이 '나를 위한 하나님의 음성'으로 받아들이게 하는 힘이 있습니다. 설교자가 최선을 다하면, 성령께서 이 같은 적용성을 높여 주십니다. 각자 처한 형편이 다르다 해도 제대로 준비한 설교는 성령의 능력으로 말미암아 모든 이들에게 불변의 진리로써 임하는 것입니다. 이는 설교가 지닌 신비입니다. 그래서 사람들의 모습을 눈앞에 그리며 설교를 준비하면 샘솟는 열정으로 말미암아 지치지 않게 됩니다. 좋은 설교란 회중이 의무적으로 들어주는 설교가 아닌 자신도 모르는 사이에 들리는 설교입니다.

지난날을 돌아보면, 입맛이 까다로운 아이를 위해 그 어미가 정성을 다해 음식을 만들 듯 저 역시 만족할 수는 없으나 비슷한 몸부림을 친 것 같습니다. 그러한 까닭인지 저는 설교를 즐거운 소명으로 받아들이기보다 무거운 십자가로 생각하는 체질이 되었습니다. 행복한 설교자의 자격을 잃었다고나 할까요?

솔직히 '오늘은 죽 쑤었구나' 하는 심정으로 강단을 내려올 때가 한두 번이 아니었습니다. 제 설교를 녹음한 테이프를 듣다가 집어던진 적도 있습니다. 그럴 때면 저는 찰스 스펄전(Charles Haddon Spurgeon, 1834-1892) 목사님의 진솔한 고백을 떠올리곤 했습니다. '오늘 설교는 완벽했어!'라고 흡족히 여기는 날에는 회심하는 사람이 한 명도 없었는데, '무슨 설교를 이렇게 했지?' 하면서 자책이 드는 날에는 수십 명의 결신자(決信者)가 나왔다고 그는 말했습니다. 자신의 기분으로 설교를 평가해서는 안 된다는 교훈을 주는 내용입니다.

마찬가지로 저 또한 스스로 설교를 잘했다고 느낀 날에는 실제적으로 그 영향력이 미미한 경우를 접할 수 있었습니다. 설교는 성령님께

맡겨야 합니다. 목회자라면 자주 경험하는 일이 되겠지만 사역이 너무 바빠 설교 준비를 제대로 못하고 벌벌 떨며 강단에 올라가는 날, 특별한 은혜가 임하는 것을 경험하기 때문입니다.

그리고 성도에 대한 사랑이 샘솟아야 한다

목회자는 최선을 다해 설교 준비에 집중해야 합니다. 그렇지 않으면 성도들이 설교를 가볍게 여긴 나머지 기대감을 갖지 않게 됩니다. 또한 제자훈련을 하는 목회자는, 교회 밖으로 돌면서 쉽게 설교하려는 유혹에 빠지는 것을 필히 경계해야 합니다. 제자훈련을 받은 성도들은 말씀의 통찰력이 있기 때문에 목회자의 설교 준비가 부족하면 설교를 비판하고 교회의 쓴 뿌리가 되는 역효과를 일으킬 수 있습니다.

지난 시간을 돌아보면 하나님께서는 저를 항상 긴장하게 하시고, 곁눈질하지 못하도록 다그치셨습니다. 막상 경험하면 피곤한 일입니다. 그러나 목회하면서 시종일관 설교 준비에 전력투구할 수 있었던 것은 하나님의 전적인 도우심이었습니다. 은퇴를 앞두고 설교할 기회가 얼마 남지 않았을 때에야 '설교가 이런 것이었구나' 하는 깨달음이 왔습니다.

저는 25년간 목회하면서 교회 바깥에서 수많은 집회 요청을 받았습니다. 그럼에도 대부분 거절한 이유는 '설교' 때문이었습니다. 아마 요청한 대로 다 응했다면 한 달에 두 번 이상은 교회를 비워야 했을 것입니다. 초청받은 집회의 10% 정도만 방학을 이용해 허락한 것 같습니다. 담임 목회자가 교회 밖으로 돌면, 주일날 교회에 모이는 성도들이 손해를 봅니다. 친구 목회자 한 명은 그런 저에 대해 '굴 파고 들어 앉은 두더지'라고 핀잔하기도 했습니다.

목회하는 동안 주일 저녁 시간만 자유로웠을 뿐, 월요일부터 토요일까지 시간만 나면 책상에 앉았습니다. 정기적인 모임이나 특별한 약속이 아니면 어떻게 하든지 시간을 만들어 설교를 준비했습니다. 목회 후반기의 10여 년은 주당 3, 40시간 이상을 투자했습니다. 작은 교회 목사처럼 사소한 일에 불려 다니지 않았기 때문에 조금이라도 시간을 확보하는 것이 가능했던 것입니다.

성도들이 잘 알고 있는 본문을 가지고 설교 준비를 하는 것은 더 어렵습니다. 그런 중요한 본문을 준비할 때는 훨씬 많은 진통을 겪게 됩니다. 솔직히 말해 저 혼자 깨달은 진리에는 한계가 있습니다. 다른 사람들의 도움을 받아 제 자신의 용량을 넓혀야 합니다. 그렇기 때문에 저보다 더 은혜받은 동역자들과 맺는 교제, 다양한 독서, 본문 말씀에 따른 철저한 연구 작업 등이 필요합니다.

그런 의미에서 미국의 유명한 설교자가 은퇴하면서 한 말은 절대 과장된 것이 아닙니다.

"강단의 1분을 위해서는 서재에서의 한 시간이 필요하다."

옥한흠

* 위의 글은 월간 〈디사이플〉(2006년 11월호)에 실은 옥한흠 목사 관련 대담 기사를 발췌 수록한 것입니다.

차례

Part 03

따르겠습니다
나는 예수님의 제자가 되겠습니다

Part
01

그렇습니다
나는 예수님을 믿습니다

I

그리스도 안에
뿌리내린 믿음

예수 안에 깊이 뿌리를 내리고
예수님으로부터 모든 것을 받아들이고 공급받는다는 것은,
예수를 안다는 말이요 예수와 교제한다는 말이요
예수와 깊은 관계를 맺는다는 말입니다.
그러면 믿음은 예수를 아는 것만큼 자라며,
예수를 아는 것만큼 감사가 넘치는 사람이 됩니다.

골로새서 2:6-7

6 그러므로 너희가 그리스도 예수를 주로 받았으니 그 안에서 행하되 7 그 안에 뿌리를 박으며 세움을 받아 교훈을 받은 대로 믿음에 굳게 서서 감사함을 넘치게 하라

그리스도 안에
뿌리내린 믿음

지금 막 예수를 믿겠다고 마음을 굳힌 결신자가 있습니까? 하나님께서 기뻐하실 것입니다. 언제부터 예수를 믿기 시작했든, 하나님 앞에 예배자로 선 모습을 하나님께서 얼마나 귀하게 보실지 감히 상상이 되지 않습니다.

그런데 오랫동안 자식 얻기를 고대하던 부모가 아기 낳은 기쁨에만 빠져 있으면 안 되고 자식을 잘 키워야 한다는 부담감을 가져야 하듯이, 교회는 결신자를 환영하는 것으로만 그쳐서는 안 되고 그 사람을 하나님의 자녀답게 양육해야 한다는 책임감을 지녀야 합니다. 또한 교회에 발을 들인 사람은 구원받은 하나님의 자녀답게 바로 살기 위해 가르침을 받아야 할 책임이 자신에게 있다는 사실을 항상 기억해야 합니다.

그렇다면 예수님을 믿기 위해서는 어느 수준까지 바라보고 믿어야 하는 것일까요?

예수 안에서 행한다는 것

먼저 '예수를 믿는다'는 것이 무엇을 뜻하는지 살펴볼 필요가 있습니다.

그러므로 너희가 그리스도 예수를 주로 받았으니_골 2:6

'예수를 믿는다'는 것은 예수님을 주님으로 영접했다는 뜻입니다. 이 말은 또한 두 가지 의미를 담고 있습니다.

일차적인 의미는, '예수 그리스도께서 나의 구원자가 되시며 예수님만 믿으면 하나님 나라에 들어가는 줄로 알겠습니다'라고 결단하는 것입니다. 이는 전도집회 때 예수님을 믿겠다고 일어서는 것과 같습니다. 예수님을 '주'(主)로 받아들이는 것이지만 아주 초보적인 단계입니다.

이차적인 의미는, 예수 그리스도는 절대 복종해야 할 나의 주권자가 되심을 알고 그분께 충성을 맹세하는 것입니다. 내가 예수님을 주님으로 받았다는 말은, '이제 예수 그리스도께 절대 충성하겠습니다. 예수님만이 나의 절대 권력자요 주관자이며, 절대적인 하나님이 되십니다'라는 것을 시인하고 충성하는 맹세를 하는 것입니다. 바로 이것이 예수를 믿는 것입니다. 이 두 가지 의미를 잘 알아야 합니다.

예수를 처음 믿을 때는 막연히 천당 간다는 생각으로 시작하지만 예수를 믿는다는 것이 무엇을 의미하는지 배우다 보면 그렇게 단순한 문제가 아니라는 것을 깨닫게 됩니다. 한마디로 예수를 믿는다는 것은 자기 혁명을 가져다준 자기 결단이라고 생각해야 합니다.

어느 날, 우연히 텔레비전 드라마를 통해 들은 대화가 참 인상적이었습니다. 젊은 부부가 나오는데 뭔가 틀어진 일이 있는지 부인이 말합니다.

"나는 당신을 사랑하기도 하지만 당신보다 나 자신을 더 사랑해요."

텔레비전 옆을 지나가던 제가 "웃기네"라고 응수했는데, 옆에 있던 아내가 "그거 사실이잖아요? 그런데 왜 웃기다고 그래요?"라고 반문했습니다. 따지고 보면 드라마의 대화는 사실입니다. 사람은 자기 자신을 제일 사랑합니다. 사람은 누구나 자기를 위해 삽니다. 오로지 자신에게 충성하며 지금 이 순간까지 살아왔습니다. 예수 믿는 것을 왜 자기 혁명이라 하는지 아십니까? 자기 자신만을 위해 살던 사람이 바뀌기 때문입니다. 가장 사랑하던 대상이 나 자신에서 예수 그리스도로 바뀌는 것입니다. 이보다 더한 극적인 혁명이 나의 삶에서 일어날 수 있을까요? 예수를 믿는다는 것은 내 충성의 대상을 바꾼다는 뜻입니다. 그리스도를 주님으로 받아들인다는 말입니다.

그런데 한 가지 명심할 사실이 있습니다. 내가 예수 그리스도를 나의 구주로 고백하고 그분께 충성을 서약하고 나면 자연히 따라오는 의무가 있습니다. 바로 그 안에서 행하는 것입니다. '그 안에서 행한다'는 예수 안에서 계속 걸음을 옮긴다는 뜻입니다. 성경적으로 풀이하면 예수 그리스도의 뜻을 따라 그분을 위해 순종하며 산다는 뜻입니다.

충성을 맹세했으므로 예수님이 원하시는 삶을 살아야 하지 않습니까? 그것도 한 번 살고 끝나는 것이 아니라 평생 동안 끊임없이 그렇게 해야 합니다. 이 뜻이 우리말로는 정확하게 나타나 있지 않지만 헬라어는 '그 안에서 계속 행한다'는 연속성을 강조하고 있습니다. 즉, 나를 중심으로 살지 않고 예수 중심으로 사는 삶을 말합니다. 나의 기쁨을 추구하는 삶이 아니라 충성을 맹세한 주인 되신 예수님의 기쁨을 위해 모든 것을 포기하는 삶을 말합니다. 내 뜻대로 행하는 생활이 아니라 하나님의 뜻대로 행하는 삶을 말합니다. 세상의 유행을 따라가는 삶이 아니라 하나님 나라의 원리대로 살아가는 삶입니다. 이를 일컬어 예수 안에서 행한다고 말합니다. 그리고 이것이 믿는 사람의 의무입니다.

예수님을 믿겠다고 결심했나요? 신앙생활 한 지 꽤 되었나요? 그렇다면 예수님이 나의 구주가 되신다는 고백에서 머물기만 하면 안 됩니다. 예수님께 충성을 맹세한 사람답게 그분이 원하시는 수준의 삶을 살아야 합니다. 이것이 예수 안에서 행하는 것입니다.

예수 안에 뿌리를 내린다는 것

그렇다면 어떻게 해야 예수 안에서 행하는 수준의 삶을 살 수 있을까요? 나의 힘으로 가능합니까? 나의 결심으로 가능합니까? 절대 불가능합니다. 하나님께서 그것을 가능케 하는 방법과 필요한 은혜를 허락해 주셔야만 합니다.

그 안에 뿌리를 박으며 세움을 받아_골 2:7

"예수를 주로 받았으니" 그 안에서 행하기 위해 필요한 것이 무엇입니까? 예수 안에 뿌리를 박는 것입니다. 예수 안에 세움을 받는 것입니다. 그렇게 믿음이 점점 강해져서 감사가 넘치는 자리에까지 이르러야 합니다. 예수님께 절대복종하고 충성하면서 살려면 예수 안에 뿌리를 박아야 합니다. 이것은 나무에 비유한 말입니다. 나무가 쓰러지지 않고 계속해서 자라기 위해서는 땅속 깊이 뿌리를 내려야 합니다.

마찬가지로 예수님께 절대복종하고 충성하고 살려면 예수 안에 깊이 뿌리를 내려야 합니다. 그러지 않으면 쓰러집니다. 그렇게 하지 않으면 자라지 못합니다. 예수 안에 뿌리를 깊이 내리고 예수님이 주시는 영양분을 공급받고 예수님으로부터 생명을 이어받아야 주님이 원하시는 감사가 넘치는 삶을 살 수 있습니다. 그래야만 그분 안에서 행하는 삶이 부담스럽지 않고, 감사함으로 기쁨이 충만한 삶을 살게 되는 것입니다. 주님은 내가 그렇게 살기를 원하십니다.

그렇다면 본문이 말하는 '예수 안에 뿌리를 내린다' '예수 안에 터를 닦는다'는 무슨 뜻일까요? 익숙한 표현이지만 대답하기는 어렵습니다. 여러 가지로 해석할 수 있지만 가까이 기록한 말씀을 기준으로 살펴보겠습니다.

하나님의 비밀인 그리스도를 깨닫게 하려 함이니_골 2:2

예수 그리스도를 왜 깨달아야 합니까? 그리스도 안에는 지혜와 지식의 모든 보화가 감추어져 있기 때문입니다(골 2:3 참조). 보물은 인류 역사 이래로 소유의 대상이 되어 왔습니다. 보화, 보물, 지혜 같은 것들을 얻고자 많은 사람들이 생명을 걸고 싸웠습니다. 그런데 인류가 가장 원하는 것이 바로 예수 안에 있습니다. 예수를 깨닫기만 하면 예수 안에 있는 모든 보화와 지혜가 내 것이 됩니다.

예수를 '깨닫는다'는 말은 '안다'는 말과도 통합니다. 예수를 알기만 하면 예수 안에 있는 모든 보화가 내 것이 됩니다. 그러면 그 사람은 얼마나 행복하겠습니까? 따라서 예수 안에 뿌리를 내린다는 말은 예수를 안다는 말이요, 예수를 깊이 깨닫는다는 말과 통합니다. 그렇게 보는 것이 제일 안전합니다.

예수 안에 깊이 뿌리를 내리고 예수님으로부터 모든 것을 받아들이고 공급받는다는 것은, 예수를 안다는 말이요 예수와 교제한다는 말이요 예수와 깊은 관계를 맺는다는 말입니다. 그러면 믿음은 예수를 아는 것만큼 자라며, 예수를 아는 것만큼 감사가 넘치는 사람이 됩니다. 반면에 예수를 모르는 것은 믿음이 약함을 의미합니다. 따라서 믿음이 좋다, 나쁘다는 말은 예수님을 안다, 모른다는 것을 이야기하는 것과 같습니다.

예수께 사로잡힌다는 것

'예수를 믿는다'와 '예수를 안다'는 말은 구별해야 합니다. 전도를 받아서 "예수를 믿겠습니다" 하고 결단하는데, 결단은 예수를 발견했다는 뜻이 되며 예수를 안다고 표현하기에는 무리가 있습니다. 예수를 아주 조금 아는 것에 불과하기 때문입니다. '예수님이 나를 위해 십자가에서 죽으셨다'는 사실이나 '예수님이 나의 구원자가 되셨다' 정도를 아는 것입니다. 따라서 그것은 발견입니다. 첫 발견이기에 예수라는 인격을 안다고 말할 수는 없는 단계입니다.

교회에서 몇 년 동안 설교 들으면서 배운 것을 가지고 예수를 다 아는 것처럼 말하는 경우도 있지만 사실 부끄러운 이야기입니다. 과연 예수를 얼마나 알겠습니까?

남편을 잃은 부인이 있었습니다. 눈물을 흘리던 부인이 "목사님, 저는 남편과 15년을 살았지만 아직도 남편을 잘 모르겠습니다"라고 말했습니다. 사실 그 말이 옳습니다. 부부가 3, 40년을 같이 삽니다만 서로 알면 얼마나 알까요? 인격 대 인격의 만남이기 때문에 '안다'는 것은 굉장히 높은 차원에 해당합니다. 허물과 한계를 지닌 인간인지라 조금만 신경 쓰면 어느 정도 서로의 마음을 읽을 수 있지만 '안다'고 말하는 것은 쉬운 일이 아닙니다. 가까이 사귀고 함께함으로 많은 대화를 나눠야만 비로소 그 사람을 조금이나마 안다고 말할 수 있는 것입니다.

그런데 예수님이 누구십니까? 하나님입니다. 또 죄 없으신 사람입니다. 예수님은 창조자이시며, 전지전능하신 하나님의 속성을 지닌 나의 구원자가 되십니다. 내가 그분을 어느 정도로 안다고 말할 수 있겠습니까? 내가 가지고 있는 지식은 부분적이라 예수를 안다고 말하기에는 너무나 빈약합니다. 그러므로 함부로 예수를 안다고 말해서는 안 됩니다.

오늘날 많은 이들에게서 나타나는 신앙생활의 모순은 예수를 모르는 것에서 비롯됩니다. 예수를 알면 아는 것만큼 믿음이 자라고 신앙생활에서 겪는 모순과 고통이 줄어듭니다. 그러나 예수를 모르면 모르는 것만큼 신앙생활의 모순이 생기고 고통을 안게 됩니다. 그러므로 모든 지혜는 예수를 얼마만큼 아느냐와 관련됩니다. 즉, 예수님께 얼마만큼 뿌리를 깊이 내리고 있느냐가 관건인 것입니다.

저는 '예수를 안다' '예수를 깨닫는다' '예수께 깊이 뿌리를 내린다'는 말을 이렇게 표현하고 싶습니다.

"예수께 사로잡힌다."

사람을 깊이 알고 매혹당하면 어떻게 되나요? 잡혀버립니다. 바울이 그러했습니다. 예수님을 발견하고 그분에 대해 알기 시작하자, 자신이 중요하게 여기던 모든 것이 아무것도 아님을 알게 되었다고 했습니다. 유익했던 모든 것을 배설물에 견주었습니다. 예수님을 깊이 잘 알수록, 자신이 좋아하고 가치 있게 여긴 것들이 형체도 없이 전부 사라지는 것을 느꼈습니다. 바울은 자신도 모르는 사이에 예수님께 사로잡혔습니다. 예수님께 완전히 매혹당해서 그분과 비견될 만한 것이 전혀 없었습니다. 이 같은 경지에 이르면 누구든 말할 수 있습니다.

"나는 예수 안에 뿌리를 내리고 있다. 예수를 안다. 예수를 깨달았다."

나는 어느 수준입니까? 내가 예수님께 사로잡혔다고 자신 있게 말할 수 있습니까? 그렇게 되어야 정상입니다.

○ ○ ○ ○ ○ ○ ○ ○ ○ ○
적당주의자의 위험한 신앙

골로새 교인들은 어려운 시험을 당하는 가운데 있었습니다. 교회 안에 이상한 사람이 들어와서 예수를 잘 믿어 보겠다는 사람들을 방해했습니다. 그들은 "예수만 믿어서 되는 줄 아니? 헬라 철학도 배워야 되고, 유대의 율법도 잘 지켜야 구원받을 수 있어. 예수만 잘 믿는다고 구원받는 줄 알아?" 하면서 꼬드겼습니다. 바울은 이 같은 시험을 받고 있는 골로새 교인들을 위해 골로새서를 썼습니다.

오늘날에도 비슷한 시험이 있다고 생각합니다. 어떤 면에서는 더 간사한 시험입니다. 예수를 적당히 믿는 것이 더 지성적이고 현실적이라 여기는 사람들이 신앙에 열심을 다하는 사람들에게 시험거리를 제공합니다.

"빠졌어, 극성이야, 미쳤어."

제대로 믿어 보려는 사람들을 붙들고 말립니다. 그들은 중용(中庸)을 지킴으로 균형을 잃지 않고 신앙생활을 하는 지적인 현대인이라고 자부합니다. 주일예배를 잘 지키는 이유는, 자신이 한 말은 지킨다는 자만심을 유지하기 위해서입니다. 또한 사회생활을 하면서 필요하다고 여겨질 때는 교인이라고 내세웁니다.

그러나 마음속으로는 분명한 선을 그어두고 있습니다. 빠져들면 안 된다는 선이 있는 것입니다. 혼자만 그러면 괜찮을 수도 있는데, 열심히 믿겠다고 하는 사람들까지 붙들고 늘어집니다. 또한 그들은 절대로 예수님처럼 기도하지 못합니다. 예수님은 "아버지 뜻대로 하옵시고 내 뜻대로 마옵소서"라고 기도하셨는데, 적당주의자들은 "하나님 아버지, 아버지 뜻대로 하옵시고 내 뜻대로도 하옵소서"라고 기도합니다. 그런데 이렇게 적당히 예수를 믿는 사람들이 위험합니다. 예수님을 처음 믿는 사람에게 제일 곤란한 장애거리를 안겨 주기 때문입니다.

그러나 분명히 알아둬야 합니다. 하나님께서는 적당주의 신앙생활을 원하시지 않습니다. 적당주의 신앙생활은, "예수를 주로 받았으니 그 안에서 행하되"(6절)라는 예수님의 명령대로 사는 삶이 아닙니다. 이는 각자의 양심이 증명해 줍니다. 적당주의 신앙은 세속주의입니다. 하나님도 사랑하고 세상도 사랑하려는 매우 간사한 마음의 처신입니다. 천국이 있으면 그곳에도 가고 동시에 세상에서도 재미를 보겠다는 욕심에서 나온 것입니다. 이 같은 사람은 당장 고치지 않으면 나중에 큰 불행을 겪을 수도 있습니다.

교회를 처음 나오기 시작했거나 믿은 지 얼마 안 되는 분, 예수를 오래 믿었지만 아직도 예수님을 안다고 말하기에는 너무나 약한 자리에 있다고 스스로 인정하는 분들에게 부탁합니다. 적당주의로 믿는 것이 현실적이라고 생각하는 사람을 가까이 두지 말기 바랍니다. 그런 사람들을 가까이하면 그 피해는 값으로 따질 수가 없습니다. 나중에 후회할 수도 없고 후회해 봐야 소용도 없는 때를 맞이하게 됩니다.

○ ○ ○ ○ ○ ○ ○ ○ ○ ○
말씀을 통해 예수님을 알자

오늘날의 한국 교회가 사회로부터 비난받는 이유는 무엇일까요? 예수를 너무 잘 믿어서 비난받습니까? 교회에 가면 고통스러운 문제들이 발생하는 이유는 무엇입니까? 예수를 잘 믿어서 고통스러운 문제가 생깁니까? 아닙니다. 적당히 믿으려는 사람들 때문에 교회가 멍들고 근본적인 정신을 상실하여 껍데기만 남은 것임을 알아야 합니다.

예수님께 뿌리를 내린다는 것은 그분께 사로잡혀 인격적으로 깊이 아는 것입니다. 그러면 어떻게 해야 이 같은 은혜를 받을 수 있습니까? 어떻게 해야 예수님을 잘 알 수 있습니까? 어떻게 해야 예수님께 사로잡힐 수 있습니까? 본문에는 아주 짤막하게 중요한 열쇠가 되는 말씀이 나옵니다.

교훈을 받은 대로_골 2:7

이 말은 곧 배워야 한다는 의미입니다. 성경 말씀은 예수 그리스도를 가르쳐 주고 보여 주는 유일한 길이요 진리입니다. 성경을 배운다는 것은 예수를 아는 것입니다. 이는 단순히 몇 가지 지식을 암기한다는 의미가 아닙니다. 성경을 통해 예수님이 나타나십니다. 성경을 통해 예수님이 걸어 다니시는 모습을 봅니다. 성경으로 예수님의 음성을 듣습니다. 성경에서 예수님과 만날 수 있습니다. 성경 안에서 예수님과 깊은 교제를 나눌 수 있습니다. 성경으로써 예수님과 동행하며 신비스러운 경지까지도 이를 수 있습니다. 왜냐하면 성경은 살아 계신 예수 그리스도를 알려 주고 보여 주며, 만나게 하고 들려주기 때문입니다. 그래서 예수 그리스도를 말씀이라고 표현한 성경도 있습니다. 그만큼 성경은 살아 계신 예수 그리스도를 전합니다.

예수님께 사로잡히기를 원합니까? 예수님을 깊이 깨닫고 알기를 원합니까? 말씀을 배워야 합니다.

존 번연(John Bunyan, 1628-1688)의 작품 《천로역정》(Pilgrim Progress)을

보면 '무지'(Ignorance)라는 인물이 나옵니다. 무지, 즉 무식하다는 뜻입니다. 그는 천국을 향해 가고 있기는 하나 좁은 문으로 들어오지 않고 옆으로 난 오솔길을 통해 들어왔습니다.

이는 무엇을 의미하는 것일까요? 성경공부는 쉬운 일이 아닙니다. 만사를 제치고 시간을 내어 에너지를 쏟아 성경을 공부해야 비로소 눈이 열립니다. 마치 좁은 길을 걷는 것과도 같습니다. 그런데 무지 씨는 배우기를 싫어합니다. 그저 편하게 예수를 믿고 싶었기에 곁길로 들어온 사람입니다.

또한 무지 씨는 예수를 잘 믿고 신앙생활을 잘하는 '크리스천'(Christian)이나 '소망'(Hope)이라는 사람과 교제하기를 원하지 않습니다. 크리스천이 아무리 같이 가자고 해도 몇 마디 얘기만 나누고 나서 홀로 떨어져 걸어옵니다. 말씀 배우기를 싫어하는 사람은 예수님을 잘 믿고 성경을 열심히 배우는 사람과 동행하려 들지 않습니다. 이질감을 느끼기에 가급적이면 멀리하고 싶어 합니다. 혼자 외톨이로 신앙생활을 합니다. 그런데 외톨이라는 것은 교회 안에서의 이야기일 뿐이고, 세상으로 나가면 친구들이 많습니다.

무지 씨는 항상 "나는 천국이 있는 것도 믿고, 예수님이 계시다는 것도 믿는 데 동의한다"고 자랑합니다. 하지만 무지 씨의 이 '믿음'은 진짜가 아닙니다. 참믿음 안에서는 예수를 알고 싶은 갈증이 생기는데, 그는 이 갈증이 없습니다. 하나님이 계시고 천국이 있는 것은 마귀도 인정하는 바입니다. 귀신도 인정하고 소리를 지를 정도이니, 그것을 아는 것은 대단하지 않습니다.

무지 씨는 "나는 내 마음과 신앙생활이 늘 일치한다는 것을 확신한다"고 자랑합니다. 그러자 크리스천이 묻습니다.

"당신의 마음과 신앙생활이 일치한다는 것을 어떻게 증명합니까?"

무지 씨는 "내 마음이 증명합니다"라고 답합니다. 자신의 신앙생활을 평가하는 척도를 하나님의 말씀이나 예수 그리스도의 가르침에 비추어 따르지 않고 순전히 자기 마음에 맞추는 것입니다. 성경에 대해 잘 모르니, 모든 것을 자신의 기준대로 판단합니다. 그런데 이는 올바른 태도가 아닙니다. 예수 믿는 사람들은 그러면 안 됩니다.

나의 마음을 지배하는 성령님이 계시고 나의 이성을 지배하는 하나님의 말씀이 있습니다. 더 나아가서는 나의 인격 전체를 인도하시는 하나님의 아들이 계십니다. 따라서 그리스도인은 예수님 앞에서 말씀으로 평가받아야 하며, 내 마음대로 평가해서는 안 됩니다. 이런 의미에서 무지 씨는 잘못된 것입니다. 결국 무지 씨는 천국문 앞에서 쫓겨나게 됩니다.

그리스도인 중에 어느 누구도 무지 씨와 같이 되지 않기를 바랍니다.

구원에 이르도록 성장해야 할 나의 믿음

예수를 믿겠다고 한 사람이 한두 시간 뒤에 죽음을 맞는 경우라면 구원 문제가 간단해질 수도 있습니다. 예수님이 십자가에 달리셨을 때, 오른편에 있던 강도는 어떠했습니까? 그는 십자가에 예수님이 달리신 여섯 시간 내내 회개하지는 않았을 것입니다. 어쩌면 꽤 시간이 지나서, 그저 두세 시간만 예수님을 믿었는지도 모릅니다. 강도가 예수님을 믿을 때에 그분을 아는 지식은 굉장히 소박하고 단순했습니다. 예수님이 하나님의 아들이요 죄가 없으신 분이라는, 또한 그분을 의지하면 하나님 나라에 들어갈 수 있다는 간단한 지식만 있었을 것입니다.

그러나 강도는 그것 때문에 구원받았습니다. 그에게는 시간이 더 이상 없었기 때문입니다. 두세 시간 지나면 다할 목숨이라 주님이 그를 곧바로 구원해 주신 것입니다. 그를 향해 "왜 성경공부를 하지 않았느냐? 왜 나를 좀 더 깊이 알지 않았느냐?"라고 나무라시지 않았습니다. 두세 시간 지나고 죽는 경우라면 현재 내가 가진 믿음만으로도 괜찮을지 모릅니다. 하지만 이 세상을 떠나기까지 10년 이상 남아 있다면, '예수님은 나의 구원자가 되신다'는 것만 믿게 하려고 하나님이 성경을 손에 들려주신 것이 아닙니다.

만약 지적 장애가 있어서 아무리 설명해도 하나님의 진리를 잘 깨닫지 못한다고 한다면 "예수가 나의 구원자다"라는 한마디로도 구원받을 수 있습니다. 하나님께서는 그 같은 은혜도 주십니다. 이에 대한 예를 살펴보겠습니다.

스코틀랜드의 한 고아원에서 생긴 일입니다. 그곳에서는 지적 장애 아들만을 돌보고 있었습니다. 아이들은 지능이 낮아 이해력이 떨어졌으므로 율동이나 놀이를 통해 성경 이야기를 배우고 있었습니다. 삼위일체, 성부 성자 성령 하나님에 대해서는 다음과 같이 가르쳐 주었습니다.

"한 분 안에 세 분이 있고 세 분 안에 한 분이 있다. 그리고 그 세 분 중, 가운데 있는 분이 나를 위해 죽으셨다."

성부 성자 성령 중에서 성자가 나를 위해 죽으셔서 나의 구원자가 되신다는 것을 율동으로 가르쳤습니다. 그런데 지적 장애아 중에는 듣지 못하는 아이가 있었습니다. 아이도 행동을 따라 하긴 했지만, 그가 무엇을 깨달았는지 아는 사람은 없었습니다.

어느 날 저녁, 고아원에 화재가 발생했습니다. 불을 끄고 조사에 나서자, 귀가 들리지 않는 그 아이가 질식해 숨겨 있었습니다. 그런데 아이의 손이 율동을 통해 익힌 모양새를 하고 있었습니다. 즉, 뭔가 하나는 잡은 것이었습니다. 세 손가락 중에 예수님을 상징하는 가운뎃손가락만 잡으면 구원받는다는 믿음이 있어서 생명이 위태로워지자 자기도 모르는 사이에 그리한 것입니다.

이처럼 나 역시 똑같은 지적 장애를 가졌다면 간단한 성경 지식을 온전히 내 것으로 만들어서라도 천국에 들어갈 수 있어야 하지 않을까요? 하지만 신체가 건강하다면 그 아이가 가진 신앙 지식만으로는 천국에 갈 수 없을 것입니다. 더 열심히 성경을 공부하고 내 삶에 적용해야 할 의무가 있는 것입니다.

하나님께서는 예수를 믿는 내가 성장함 없이 제자리만 지키도록 하시지 않았습니다. 예수님께 사로잡히고 그분을 알 수 있도록 성경을 주셨습니다. 그러므로 성경을 배우면 예수님과 만나게 되고, 배우기를 사모하고 힘쓰는 동안 예수님과 깊이 사귀게 됩니다. 또한 예수님을 알아 갈수록 모든 것을 그분께 내어드리고 싶은 마음이 생깁니다. 그분만 생각하면 감격과 감사함으로 어떤 상황에서도 찬송할 수 있는 사람이 됩니다. 따라서 예수님을 위해 살고, 내 시간을 바치고, 내 마음을 드리는 것이 더 이상 부담스럽지 않게 됩니다. 예수님께 절대적인 충성을 서약하는 것은 억지로 되는 것이 아니라 내 마음속에서 뜨겁게 솟아올라서 이루어지는 것입니다. 신앙생활의 고지는 바로 여기입니다.

예수님께 뿌리내린 믿음의 사람

이왕 예수님을 믿는다면 이런 고지에 올라야 합니다. 왜 그렇게 짐스

나를 사랑하느냐

●

234

럽게 신앙생활을 합니까? 그만큼 예수님을 모르기 때문입니다. 예수님을 알아 가기만 하면 금세 성장합니다. 뿌리를 땅속 깊이 내린 나무가 쑥쑥 자라듯이 말씀을 깨닫기 위해 붙들고 힘쓸 때 예수님을 깊이 알게 됩니다. 믿음이 성장함에 따라 나의 가슴은 그리스도 때문에, 그분이 주신 구원 때문에, 주님이 주신 영원한 나라 때문에, 예수님이 나와 함께하신다는 확신 때문에 예수께서 성령을 통해 부어 주시는 하나님의 사랑과 은혜와 감사 때문에 어떤 상황에서도 세상 사람들이 범접하지 못하는 감격과 기쁨을 가진 거룩한 사람이 됩니다.

예수님을 아는 지식이 부족하면 신앙생활이 어려워지고 손해 보는 것처럼 느껴집니다. 신앙생활은 울고 짜는 것이 아닙니다. 예배를 드리느라 할 수 없이 잠자리를 털고 나와 옷 갈아입고 성경 들고 사지로 끌려가는 생활이 아닌 것입니다. 위급 시에 119를 부르듯이 급할 때만 하나님을 부르는 것이 신앙생활이 아닙니다.

예수님을 처음 믿는 분들은 자신의 상태가 신앙생활의 전부라고 생각하지 마십시오. 이제 겨우 시작일 뿐입니다. 예수님 때문에 정말로 기뻐 뛰는 사람이 되어야 합니다. 그리고 주를 위해서는 무엇이든 할 수 있는 무궁무진한 가능성을 지닌 멋있는 사람으로 거듭나야 합니다. 신앙생활의 즐거움과 기쁨과 감사함으로 어떤 고난이 와도 새로운 힘을 공급받을 수 있도록 예수님께 사로잡혀 있어야 합니다. 이것이 그리스도 안에서 뿌리내린 믿음의 길입니다.

2

나를
따르라

예수님을 믿는 사람은 나를 향해 그분이 어떠한 것을 요구하시든
상관하지 않고 예수님을 따라가야 합니다.
어떤 값을 지불하게 되더라도 주님을 따라야 합니다.
세상의 그 무엇보다도 주님께 우선권을 두고 나의 전부를 바쳐서
마음을 다하고 힘을 다하고 목숨을 다하여 예수님을 따라가야 합니다.

누가복음 9:57-62

57 길 가실 때에 어떤 사람이 여짜오되 어디로 가시든지 나는 따르리이다 58 예수께서 이르시되 여우도 굴이 있고 공중의 새도 집이 있으되 인자는 머리 둘 곳이 없도다 하시고 59 또 다른 사람에게 나를 따르라 하시니 그가 이르되 나로 먼저 가서 내 아버지를 장사하게 허락하옵소서 60 이르시되 죽은 자들로 자기의 죽은 자들을 장사하게 하고 너는 가서 하나님의 나라를 전파하라 하시고 61 또 다른 사람이 이르되 주여 내가 주를 따르겠나이다마는 나로 먼저 내 가족을 작별하게 허락하소서 62 예수께서 이르시되 손에 쟁기를 잡고 뒤를 돌아보는 자는 하나님의 나라에 합당하지 아니하니라 하시니라

나를
따르라

예수님 당시에는 수많은 사람들이 예수님을 따라다녔습니다. 그들 스스로가 예수님의 추종자 혹은 제자라고 자부하고 있었습니다. 그중에는 좋은 동기를 가지고 주님을 따르는 사람들도 있었지만 불순한 동기를 품고 예수님을 따라다닌 군중도 있었습니다.

오늘날에도 수많은 사람들이 예수님을 따라다닙니다. 예수님이 살아 계셨던 때처럼 그분을 직접 쫓아다니는 것은 아니지만 신앙생활을 하면서 예수님을 따릅니다. 그러나 예수님을 따르던 사람들 가운데 대다수는, 그분으로부터 더 이상 얻을 게 없다는 생각이 들면 지체하지 않고 예수님을 떠났습니다.

예수께서 원하시는 사람, 그분께서 필요로 하시는 사람은 이런 군중이 아닙니다. 기적을 체험하기 위해, 빵을 얻기 위해, 병 고침을 받기 위해 혹은 희한한 광경을 보기 위해 따라다니는 군중이 아니라, 진정으로 예수 따르기를 결심하고 나서는 사람을 주님은 원하십니다.

그렇다면 지금 내 모습은 어떠합니까? 예수님을 쫓아다니던 그 시대의 사람들과 별반 다르지 않은 동기를 품고 예수님을 따르지는 않습니까? 어떠한 자세가 예수님을 따르는 바른 모습이 될까요?

예수를 따르는 사람이 여전히 넘쳐나는 이때, 본문은 나를 향한 중요한 메시지가 됩니다. 어떻게 예수를 따라야 하는지 정확히 보여 주고 있기 때문입니다.

예수님의 제자로 산다는 것

'예수를 좇는다' 혹은 '예수를 따른다'는 것은 예수님을 그대로 배운다는 뜻입니다. 예수님을 배우기 때문에 그분을 따라 사는 것입니다.

어린 시절 아름다운 해변이 있는 마을에서 자란 저는, 앞서 지나간 친구들의 발자국을 따라 한 발 한 발 걸으며 재미있어 하곤 했습니다. 예수님을 따른다는 것은 이와 같습니다. 예수님이 남기신 발자국에 내 발을 디디며 따라가는 것입니다.

그런데 이것은 구원 문제와는 다소 차이가 있습니다. 예수를 따른다는 것은 구원을 받기 위한 초보적인 단계를 가리키는 것이 아닙니다. 이미 예수를 믿고 나서 하나님의 자녀가 된 사람들에게 이차적으로 하나님께서 요구하시는 조건입니다. 따라서 교회 다니는 모든 사람이 예수를 따른다고 생각하면 커다란 착각입니다. 모든 신자가 그리스도를 따르는 것은 아닙니다. 하나님께서 요구하시는 명령에 순종하는 사람만이 그분을 따를 수 있는데, 하나님께서는 나 자신이 그렇게 살기를 원하고 계십니다.

많은 크리스천들이 "나를 따르라"는 예수님의 명령에 순종하지 못하다가 후회하며 세상을 떠나는 것을 봅니다. 그들이 구원은 받았을지도 모릅니다. 하지만 천국에 들어갔더라도 예수님 앞에서 결산할 때는 분명 문제가 있을 것입니다. 구원은 받았을지라도 그의 삶이 주님을 따르는 것에는 실패했기 때문에 하나님께 칭찬을 들을 수는 없습니다.

그 누구도 피할 수 없이 꼭 한 번은 하나님 앞에 서게 될 것입니다. 그러므로 하나님께서 진정으로 예수를 따르는 제자였느냐고 물어보실 때, 자신 있게 대답할 수 있도록 준비해야 합니다.

○ ○ ○ ○ ○ ○ ○
무엇이 문제인가

본문에는 예수님을 따를 수 있는 절호의 기회를 놓친 세 사람이 등장합니다. 예수님을 따를 수 있는 기회가 주어졌는데도 그렇게 하지 못한 이유는 무엇일까요? 일단 세 사람이 하는 말을 들어보면 아무런 문제가 없어 보입니다.

첫 번째 사람은, "어디로 가시든지 나는 따르리이다"(57절)라고 말합니다.

두 번째 사람은, "나로 먼저 가서 내 아버지를 장사하게 허락하옵소서"(59절)라고 말합니다.

세 번째 사람은, "주여 내가 주를 따르겠나이다마는 나로 먼저 내 가족을 작별하게 허락하소서"(61절)라고 말합니다.

표면적으로는 그들의 말에 잘못이 없어 보입니다. 아버지의 장례를 치르고 예수님을 따르겠다는 것이나 집에 가서 가족에게 작별 인사를 하고 따르겠다는 것 모두 타당해 보이기 때문입니다.

그렇다면 무엇이 문제일까요? 우리는 항상 말은 그럴듯하게 하려고 애를 씁니다. 적어도 말하는 것만큼은 다른 사람에게 뒤처지지 않으려고 정성을 다합니다. 그러다 보니 다른 사람의 말을 들었을 때 어느 정도 신뢰해야 하는지 잘 분별하지 못합니다. 그러나 예수님은 사람의 말에 속으시는 분이 아닙니다. 예수님은 사람의 외모를 보시지 않습니다. 그분은 우리의 중심을 꿰뚫어 보십니다.

일반적인 시각에서는 세 사람 모두 합리적으로 여겨지기 때문에 예수를 따를 자격이 충분한 것처럼 보입니다. 그런데 이들은 결국 주님을 따르지 못했습니다. 왜일까요? 예수님의 말씀에서 이들이 지닌 문제를 발견할 수 있습니다.

첫 번째 사람은 자진해서 예수님을 따르겠다고 했습니다. 마태복음 8장 19절에서는 이 사람의 신분을 서기관이라고 말하고 있습니다. 서기관은 학문적으로 상당히 높은 수준에 있었던 지도자입니다. 대부분의 서기관들은 바리새파에 속해 있었는데, 당시의 바리새파는 전국에 걸쳐 약 6천여 명밖에 존재하지 않는 엘리트 집단이었습니다. 복음서를 통해 충분히 알 수 있듯이 예수님을 가장 많이 미워한 사람 또한 이들 바리새인입니다. 그리고 예수님은 바리새인들을 가리켜 가장 많이 욕하셨습니다.

한마디로 예수님과 바리새파는 완전히 적대 관계였습니다. 그런데 많은 바리새인들이 예수님께 등을 돌리고 있었음에도 이 서기관만은 예수님을 찾아와서 이렇게 말합니다.

"어디로 가시든지 나는 따르리이다."

얼마나 멋있는 사람입니까?

○ ○ ○ ○ ○ ○ ○ ○ ○ ○
예상치 못한 예수님의 반응

그런데 이에 대한 예수님의 대답이 뜻밖입니다.

여우도 굴이 있고 공중의 새도 집이 있으되 인자는 머리 둘 곳이 없도
다_눅 9:58

이 말씀은 무슨 뜻일까요?

"나는 거처할 곳 하나 없이 떠돌아다니는 사람이다. 그렇기 때문에 너는 나를 따라오겠다고 말은 하지만 실제로는 따라올 수 없다. 네가 따라올 곳은 어디에도 없다."

예수님은 단 한 마디로 거절하셨습니다. 정말 이상하지 않습니까? 그렇다면 왜 예수님이 이렇게 답하셨는지 살펴봐야 합니다.

예수께서 승천하실 기약이 차가매 예루살렘을 향하여 올라가기로 굳게 결심하시고_눅 9:51

예수님은 십자가를 지기 위해 예루살렘으로 가시는 중입니다. 죄지은 자들을 구원하시고자 자신의 생명을 내놓으시려는 것입니다.

이에 반해 어디든지 따라가겠다고 하는 이 서기관은 무언가 잘못 생각하고 있습니다.

첫째, 그는 예수님이 예루살렘으로 가시는 이유를 제대로 알지 못했습니다. 예수님이 십자가의 길을 가시려 한다는 것을 제자들이 깨닫지 못한 것과 마찬가지로 서기관은 예수께서 예루살렘으로 올라가시기만 하면 놀라운 일이 벌어질 줄 알았습니다. 그래서 서기관은 예수님을 따라 어디든 가겠다고 함으로써 자신이 원하는 것을 누리려고 했습니다. 한마디로 그는 기회주의자였습니다.

하지만 예수님이 사람의 마음을 모르시겠습니까? 표 많이 얻으려고 교회에 와서 앉아 있는 정치인의 마음을 모르시겠습니까? 교회 옆

에 가게 차려 놓고 장사 잘되게 하려는 마음으로 예수 믿는다면서 앉아 있는 사람 속을 모르시겠습니까? 예수님이 어디를 가시든 따르겠다고 말은 번지르르하게 하지만 기회주의자의 마음을 품고 있는 모습을 주님은 아십니다.

둘째, 서기관은 예수님을 따르기 위해 치러야 할 값을 제대로 계산하지 않았습니다. 그가 아무런 생각도 없이 나왔다는 것을 어떻게 알 수 있을까요? 서기관은 "인자는 머리 둘 곳이 없도다"(58절)라는 예수님의 말씀을 듣고 따라가지 않았습니다. 아니, 따라가겠다고 감히 나서지 못했습니다. 머리 둘 곳도 없고 쉴 만한 곳이 전혀 없는 가난한 예수님이라면 따라가 봐야 아무 유익이 없겠다 싶어서 포기하고 있습니다. 성경은 그 사람이 따라갔다고 기록하고 있지 않습니다.

돌밭에 뿌리를 내린 서기관의 믿음

예수님을 믿습니까? 그렇다면 예수님을 따르는 사람이 되어야 합당합니다. 하지만 예수님을 따르는 값은 대단히 비쌉니다. 즐겨 마시던 술도 끊어야 하고, 친구들과 마음 내키는 대로 놀던 생활도 정리해야 하고, 내 마음대로 쓰던 주말 시간도 내어드려야 하는 등 값을 지불해야 할 일이 한두 가지가 아닙니다.

복 받는다는 것에만 솔깃하여 교회에 나온 사람들은 복은 고사하고 전부 헌신하라는 말에 뒤로 물러나며 포기합니다. 그러한 사람을 가리켜 성경은 '돌밭에 뿌려진 씨앗'이라고 했습니다. 본문에 나오는 서기관의 믿음이 이와 같습니다.

돌밭이긴 하지만 일단 얇게나마 흙이 깔려 있으므로 씨앗이 뿌리를 내리고 싹을 틔웁니다. 그러나 바위가 햇볕을 받아 뜨겁게 달궈지면

마른 흙을 디디고 선 싹은 금세 쓰러지고 맙니다.

'예수 믿으면 복 받는다고 하더라. 자손이 잘된다더라. 성경에 천대까지 잘된다고 쓰여 있다더라. 주변 사람이 예수 믿고 가정이 편안해졌다는데, 나도 어디 한번 예수를 믿어 봐야겠다.'

처음에는 좋았지요. 그런데 예수님을 믿고 나니 항상 좋은 일만 있습니까? 나쁜 일도 생기고 어려움이 따릅니다. 친구가 내 곁을 떠나기도 합니다. 양심대로 행하려다 보니 사업의 위기도 겪습니다. 좋아하던 여러 가지 것들을 버려야 되는 경우도 있습니다. 항상 거룩하게 살아야 합니다. 이처럼 예상치 못한 문제가 발생하면 놀라서 그만두고 맙니다. 돌밭에 뿌려진 믿음이기 때문입니다.

예수님을 따라가고 싶으면 값을 지불해야 합니다. 이는 가난해지라는 것이 아닙니다. 부모 형제 다 버려두고 그저 예수님만 따르라는 의미가 아닙니다. 말씀의 핵심을 살펴야 합니다.

'나에게 예수보다 더 값지고 귀한 것은 없다.'

인생 가운데 마음 놓고 헌신할 수 있는 대상은 오직 예수님밖에 없습니다.

○ ○ ○ ○ ○ ○ ○ ○ ○ ○
우선순위를 바로 하는 믿음

두 번째 사람은 어떻습니까? 그는 예수님의 눈에 든 사람입니다. 그가 먼저 자원해서 예수님을 따르겠다고 한 것이 아닙니다. 자신은 아무 말도 안 하고 있는데 예수님이 따르라고 하셨습니다. 그는 이 같은 특혜를 누렸습니다.

하지만 문제는 엉뚱한 곳에서 생겼습니다. 그가 주님을 향해 "나로 먼저 가서 내 아버지를 장사하게 허락하옵소서"(59절)라고 청합니다.

이에 대한 성경학자들의 해석은 둘로 나뉩니다.

하나는, 예수님이 그 사람을 부를 때 부친이 돌아가셨다는 부고를 받은 상태였으므로 부친의 장례를 치르고 따르려 했다는 것입니다.

또 다른 해석은, 부친이 연로하셔서 돌아가실 수 있는 상황이므로 마지막까지 효도를 다해서 장례를 치른 다음 홀가분한 마음으로 주님을 따르려 했다는 것입니다.

저는 두 번째 해석에 동의합니다. 왜냐하면 예수님은 세상을 떠난 아버지의 장례를 치러야 될 사람을 향해 "나만 따르라"고 말씀하실 것 같지 않기 때문입니다. 그러므로 "내 아버지를 장사하게 허락하옵소서"라는 말 뒤에는 무언가 다른 의도가 있어 보입니다.

유대 풍습에서는 아버지가 부자일 경우, 아버지가 돌아가시면 상속을 받게 되어 있었습니다. 아들이 아버지의 눈에 들고자 효도하던 가운데 예수님을 따르겠다면서 그 곁을 떠났다고 합시다. 임종을 앞둔 아버지가 자식에게 버림받았다는 생각에 아무것도 상속해 주지 않는다면 아들 혼자 손해를 보게 되지 않겠습니까? 그래서 예수님을 따르고는 싶지만 자기에게 조금만 시간을 주면 상속을 받은 이후 생활 대비책도 마련한 다음에 예수님을 따르겠다는 것입니다.

예수님을 믿으라고 하면 이렇게 말하는 사람들이 많습니다.

"좀 더 나이가 들어 시간 여유가 생기면 그때 교회에 나가겠습니다."

"사업의 기반을 어느 정도 닦아 놓은 뒤에 나가겠습니다."

하지만 그러한 사람들은 인생에서 무엇을 먼저 해야 하는지 잘 모르는 것입니다. 어떤 면에서는 아버지의 장례를 치르는 것보다도 예수님을 따르는 것이 훨씬 더 중요합니다.

한 예로 이순신 장군은 나라를 지키기 위해 헌신하다 보니, 어머니 장례식에 가지도 못했습니다. 나라를 위해서도 그만한 희생을 해야 하는데, 나를 위해 십자가에 못 박혀 죽으신 하나님의 아들을 따르려면 부모 장례식에 참석하지 못할 수도 있는 일 아니겠습니까?

하지만 본문에 나오는 두 번째 사람의 마음은 좀 더 다른 데 있었습니다. 자신의 것을 다 챙긴 다음에 예수님을 따르겠다는 잘못을 범하고 있는 것입니다. 그는 우선순위가 잘못된 사람입니다.

자신의 가족이나 사업, 생활보다 예수를 먼저라고 하면 '광신주의자'라고 표현합니다. 남편도 자식도 내버려두고 교회다, 기도원이다 하면서 목사만 따라다니는 사람들을 '극단주의자'라고 합니다. 물론 그런 태도는 옳지 않습니다.

하지만 극단주의를 통해 배워야 할 점이 하나 있습니다. 그들은 무엇을 먼저 해야 하는지 바로 보았습니다. 이 땅의 삶이 끝나고 나서 결국에 하나님 앞에 가는 것이라면, 그분을 위해 먼저 뛰는 사람이 잘하는 것입니다. 이 세상을 떠날 때 두고 갈 것을 위해 몸 바쳐 뛰는 사람과 하나님 나라를 위해 자신을 헌신하는 사람 가운데 어느 쪽이 더 옳은 선택을 한 것이겠습니까? 다만 한쪽으로 지나치게 치우치는 것이 문제입니다.

제가 미국의 신학교에서 공부하던 시절, 교수님이 학생들에게 이렇게 질문하신 적이 있습니다.

"아프리카에서 선교사로 지원해 달라는 부탁이 들어왔는데, 하나님께서 나를 보내기를 원하신다. 그곳에 가면 가족의 생계가 어려워지지만, 미국에서 일하면 그러한 걱정은 하지 않아도 된다. 이때 어느 쪽을 택하겠는가?"

저는 부족한 것 없이 생활하는 미국의 목사님들이 어떻게 대답하는지 가만히 들어보았습니다. 요트까지 소유한 어느 목사님은 여름휴가로 한두 달을 보낼 정도로 풍요로운 생활을 하고 있었습니다.

대부분은 이렇게 대답했습니다.

"생계 대책이 제대로 마련되어 있지 않으면 아프리카에 선교사로 가는 것을 포기하겠습니다. 하나님이 처자식을 주신 것은 가장의 책임을 다하라는 뜻인데, 그것도 못하면서 어떻게 선교사로 일합니까?"

그럴듯하게 들리는 말입니다. 하지만 이는 합리적인 사고방식에서 나온 판단으로 제대로 헌신하는 목사라면 다르게 답해야 하는 부분입니다.

"하나님께서 나를 아프리카로 부르신다면 가족이 어려움을 겪어도 가야지요. 내가 헌신하면 하나님께서 가족을 책임져 주실 것입니다."

예수를 따르려면 세상의 것을 먼저 생각하는 태도를 버려야 합니다. 언제든지 예수 그리스도가 먼저입니다.

너희는 먼저 그의 나라와 그의 의를 구하라_마 6:33

두 번째 사람은 이 우선순위가 바로 되어 있지 않았습니다.

○ ○ ○ ○ ○ ○ ○ ○ ○ ○ ○
사람의 중심을 보시는 예수님

마지막 세 번째로 나오는 이는 어떤 사람입니까? 세 번째 사람은 첫 번째 사람처럼 예수 따라가기를 자원했습니다. 그는 예수님 앞에 나아가, 자신의 가족에게 작별 인사를 하고 오게 해 달라고 청했습니다. 이것이 왜 문제가 될까요?

성경에 보면 예수님은 가족에게 작별 인사를 못하게 하실 정도로 야박한 분이 아닙니다. 예수님의 제자였던 마태 또한 주님을 따라갈 때 가족과 작별 인사를 나누고 사람들을 집으로 초청해서 연회를 베푼 다음에 예수님을 따랐습니다. 예수님도 기쁘게 잔치에 참여하셨습니다.

이와 달리 세 번째 사람을 향한 예수님의 대답을 한번 살펴봅시다. 성경 해석자의 말에 의하면 유머가 담긴 표현이라 할 수 있습니다.

> 손에 쟁기를 잡고 뒤를 돌아보는 자는 하나님의 나라에 합당하지 아니
> 하니라_눅 9:62

어릴 때 쟁기질을 해 봐서 아는 사실이지만, 소를 앞세우고 쟁기를 잡고 있으면 처음에는 누구나 뒤를 돌아보게 됩니다. 고랑이 똑 고른지 확인하기 위해 자꾸 돌아보는 것입니다. 그런데 돌아보는 시간이 길어질수록 고랑은 옆으로 삐뚤어집니다. 예수님 또한 유대 땅 시골 나사렛에서 자라셨기 때문에 그런 모습을 많이 보셨을 것입니다. 쟁기를 처음 잡은 사람은 자꾸 뒤를 돌아보기 마련이므로 고랑이 삐뚤어지는 모습을 보며 예수님도 웃으셨을지 모릅니다. 예수님은 그러한 현상을 세 번째 사람에게 적용하여 말씀하고 계십니다.

즉, 본인이 옳다고 여기며 한 행동이 결국은 잘못된 결과를 불러일으킬 수 있다는 것입니다. 생각해 보십시오. 얼마나 아이러니합니까? 잘하려고 열심히 하면 할수록 오히려 잘못되고 있으니 말입니다.

그런데 왜 예수님은 그에게 이 비유를 들어 가르치고 계실까요? 명확한 이유는 나와 있지 않지만 그 까닭을 한번 유추해 볼 수 있습니다. 예수님은 사람의 입에서 나오는 말이 아닌 그의 중심을 보셨습니다. 살다 보면 명분이 서는 어떤 일을 앞두고 겉으로는 호언장담을 하지만 마음속으로는 백 퍼센트 헌신하지 못하는 때가 있지 않습니까? 이 사람은 그런 이들 가운데 하나였던 것으로 보입니다.

지금 나 자신이 그 현장에 있다고 생각하고 본문을 주의 깊게 살펴보

기 바랍니다. 이 사람이 가족에게 다녀오려는 것은 백 퍼센트 주님께 마음을 내어드린 후, 가족에게 마지막 작별 인사를 하기 위함이 아닙니다. 실상은 자신이 내린 결정을 놓고 가족과 의논하기 위함인 것입니다.

그는 부인에게 가서 이렇게 물으려고 했는지 모릅니다.

"여보, 내가 지금 예수님을 따라가려고 하는데 당신 생각은 어떻소?"

부인은 어떻게 대답할까요? 아마도 십중팔구는 제정신이냐고 따져 묻지 않겠습니까? 자기 부모나 사랑하는 사람에게 가서 모든 것을 버리고 예수님을 따르려고 하는데 어떻게 생각하느냐고 묻는다면, 훌륭한 결정이라고 말할 사람이 많지 않을 것입니다. 예수님은 이미 그것을 아셨습니다. 예수님은 그 사람의 중심을 보셨습니다.

기억하세요. 가족과 의논하는 것 자체가 잘못이 아닙니다. 그러나 쟁기를 잡았을 때 앞을 보지 않고 뒤를 돌아보는 사람은 이미 마음이 나뉜 것입니다. 전심으로 주를 따라야 할 때 마음이 뒤에 가 있다면 마음을 모은 것이 아닙니다. 그런 사람은 예수님을 따라갈 수 없습니다. 집안을 염려하고 세상일을 걱정하며 이리저리 마음이 나뉘면 주님을 따를 수 없습니다. 예수님을 따르는 사람은 나의 마음을 온전히 주님께 드려야 하는 것입니다.

저는 애당초 마음이 나뉜 사람이 왜 예수님을 따르겠다고 호언장담을 했는지 한번 생각해 보았습니다. 아마도 다음과 같은 상황이 아니었을까요?

예수님의 가르침을 듣고 감동한 사람들이 사방에서 일어나 예수님을 따르겠다고 따라나섭니다. 그런 와중에 이 사람 또한 분위기에 휩쓸려 손을 번쩍 들고 외쳤는지 모릅니다.

"주여, 내가 주를 따르겠나이다."

하지만 그는 스스로도 깨닫지 못한 채 외친 것입니다. 그러고 나자 상황이 심각해지는 것을 느낍니다.

'아이고, 막상 따라가겠다고 나서기는 했는데 이거 어떡하나? 난 하나도 준비가 안 되어 있는데….'

결국 예수님 앞에서 난처한 지경에 처하고 맙니다. 그렇게 고민하는 가운데 불현듯 아이디어가 떠오릅니다.

'옳지! 가족에게 인사하고 오겠다고 말하자. 그러면 예수님도 요청을 거절하시지 못할 거야. 그런 다음에 가족이 반대해서 따라갈 수 없다고 하면 되겠다. 사람들 앞에서 내 체면도 서고 말이야.'

그 사람의 중심은 전혀 예수님께 향해 있지 않습니다.

우리 예수님은 어떤 분이십니까? 사람의 중심을 보시는 분입니다. 예수님은 우리의 혀로 뱉는 번지르르한 변명에 결코 속지 않으십니다.

○ ○ ○ ○ ○ ○ ○ ○
나는 어떤 사람인가

다시 한번 세 사람에 대해 살펴봅시다.

첫 번째 사람은 예수님을 따라가는 데 필요한 값을 제대로 계산하지 않았습니다. 그래서 값을 조금이라도 더 지불해야 할 것 같으면 포기하고 맙니다. 두 번째 사람은 하나님 나라의 일을 우선순위에 두지 않는 잘못을 저질렀습니다. 세 번째 사람은 예수님을 따르는 데 마음을 다하지 않았습니다.

예수님을 믿는 이들은 그분을 따라가야 될 사명 앞에 서 있습니다. 어떤 사람들은 이렇게 생각할지도 모릅니다.

'예수를 바로 믿으려면 목사나 선교사, 전도사가 되어야 해. 직장에서 24시간 뛰는 사람들, 일하느라 너무 바빠 일주일을 정신없이 보내는 사람들은 어디 예수 따라가는 흉내라도 낼 수 있겠어?'

분명 마음에 어떤 회의가 들 것입니다. 하지만 이는 잘못 생각하는 것입니다. 내가 교회에 와서 전적으로 헌신하느냐 안 하느냐가 문제 되는 것이 아닙니다. 내가 회사에서 24시간을 보내든 가정에서 24시간을 보내든 상관없이 그 사람의 중심이 어디에 가 있느냐는 것이 본질입니다.

하나님께서는 바로 선 사람을 찾으십니다. 예수님을 위하는 일이 나의 모든 세속적인 일보다도 중요하다는 우선권을 그분 앞에 내어드리고 아침부터 저녁까지 직장에서 뛰는 사람은, 그 자체로 하나님을 생각하며 일을 하는 것입니다. 우리는 이러한 확신을 가져야 합니다. 왜냐하면 가장 중요한 것은 바로 마음 자세이기 때문입니다.

하나님께 나의 모든 마음을 드리며 자신에게 주어진 본분을 다한다면 그 사람이 하는 일은 거룩합니다. 그러한 삶 자체가 하나님께 드리는 예배이기 때문입니다. 내가 속한 생활 전선에서 예수님을 어떠한 자세로 따르느냐에 따라 내가 하는 일이 하나님의 일이 되기도 하고 사람의 일이 되기도 합니다.

꼭 기억하세요. "나는 예수님을 따릅니다"라고 사람들 앞에서 떠드는 것은 중요하지 않습니다. 예수님은 나의 중심을 보십니다. 정말로 중요한 것은 나의 말이 아니라 내 속에 있는 동기, 하나님과 나만 아는 숨은 동기입니다. 바로 나의 중심입니다.

100% 헌신하는 주님의 사람이 되라

본문에서 살펴본 세 사람의 실수가 나의 삶 가운데 있으면 안 됩니다. 예수님을 따르겠다고 호언장담은 했으나, 첫 번째 사람처럼 값 지불은 고사하고 예수님을 따라가면 떡이 나올 것이라는 기대로 가득 차 있지는 않습니까? 두 번째 사람처럼 다리 하나는 여전히 세상에 걸쳐 두고 나머지 다리 하나를 적당히 교회에 디딘 채 세상도 즐기고 예수님이 주시는 축복도 받으려 하지는 않습니까? 아니면 세 번째 사람처럼 얼렁뚱땅 분위기를 좇아 예배드리며 대표기도까지 멀쩡히 하면서도 속마음은 예수님께 헌신하지 않는, 그런 불쌍한 모습을 하고 있지는 않습니까?

이들 세 사람의 공통점은 예수님을 위해 어떠한 값도 지불하려 들지 않은 데 있습니다. 입으로는 예수님을 따르겠다고 말하지만 마음은 오로지 자신의 이익에 가 닿아 있습니다.

"예수님, 나를 힘들게 하지 않으신다면 예수님을 따를게요. 내가 하기 싫은 것을 시키지만 않으시면 예수님을 따르겠습니다."

바로 이와 같은 모습인 것입니다.

그러나 예수님을 믿는 사람은 나를 향해 그분이 어떠한 것을 요구하시든 상관하지 않고 예수님을 따라가야 합니다. 어떤 값을 지불하게 되더라도 주님을 따라야 합니다. 세상의 그 무엇보다도 주님께 우선권을 두고 나의 전부를 바쳐서 마음을 다하고 힘을 다하고 목숨을 다하여 예수님을 따라가야 합니다.

그러면 예수님이 내가 겪는 고통을 만져 주시고, 나의 사업을 주관해 주시고, 내 가정이 처한 문제를 해결해 주십니다. 하지만 "주여, 복을 주옵소서"만 외친다면 본문에 나오는 세 사람처럼 예수님을 따르지 못하는 불합격자가 되고 맙니다. 예수를 아무리 믿어도 예수 믿는 재미를 하나도 모르는 불쌍한 사람이 되는 것입니다.

참그리스도인은 그와 같이 살면 안 됩니다. 먼저 내가 가진 것을 주님께 드리고 따라가야 합니다. 그러면 주님이 진정한 행복을 주십니다. 내게 필요한 것을 구하기도 전에 하나님이 허락해 주십니다. 그러나 내 것을 전부 챙기면서 주님을 따라가겠다고 하면 신앙은 자라지 않습니다.

주님은 99%가 아니라 100% 마음을 드리는 사람을 원하십니다. 99% 헌신하는 백 명이 모이는 곳보다 100% 헌신하는 한 명이 있는 곳에서 놀라운 기적이 나타납니다. 100% 하나님께 내어드리고 따라가는 주님의 참된 백성이 되기를 바랍니다.

3

참믿음과
거짓 믿음

하나님께서는 그분의 것을 먼저 구하는 사람에게 그의 필요를 채워 주십니다.
그리고 이것이 하나님의 마음입니다.
그렇다면 누가 이렇게 할 수 있을까요? 참믿음을 가진 사람만 가능합니다.

요한복음 6:22-36

22 이튿날 바다 건너편에 서 있던 무리가 배 한 척 외에 다른 배가 거기 없는 것과 또 어제 예수께서 제자들과 함께 그 배에 오르지 아니하시고 제자들만 가는 것을 보았더니 23 (그러나 디베랴에서 배들이 주께서 축사하신 후 여럿이 떡 먹던 그곳에 가까이 왔더라) 24 무리가 거기에 예수도 안 계시고 제자들도 없음을 보고 곧 배들을 타고 예수를 찾으러 가버나움으로 가서 25 바다 건너편에서 만나 랍비여 언제 여기 오셨나이까 하니 26 예수께서 대답하여 이르시되 내가 진실로 진실로 너희에게 이르노니 너희가 나를 찾는 것은 표적을 본 까닭이 아니요 떡을 먹고 배부른 까닭이로다 27 썩을 양식을 위하여 일하지 말고 영생하도록 있는 양식을 위하여 하라 이 양식은 인자가 너희에게 주리니 인자는 아버지 하나님께서 인치신 자니라 28 그들이 묻되 우리가 어떻게 하여야 하나님의 일을 하오리이까 29 예수께서 대답하여 이르시되 하나님께서 보내신 이를 믿는 것이 하나님의 일이니라 하시니 30 그들이 묻되 그러면 우리가 보고 당신을 믿도록 행하시는 표적이 무엇이니이까, 하시는 일이 무엇이니이까 31 기록된 바 하늘에서 그들에게 떡을 주어 먹게 하였다 함과 같이 우리 조상들은 광야에서 만나를 먹었나이다 32 예수께서 이르시되 내가 진실로 진실로 너희에게 이르노니 모세가 너희에게 하늘로부터 떡을 준 것이 아니라 내 아버지께서 너희에게 하늘로부터 참 떡을 주시나니 33 하나님의 떡은 하늘에서 내려 세상에 생명을 주는 것이니라 34 그들이 이르되 주여 이 떡을 항상 우리에게 주소서 35 예수께서 이르시되 나는 생명의 떡이니 내게 오는 자는 결코 주리지 아니할 터이요 나를 믿는 자는 영원히 목마르지 아니하리라 36 그러나 내가 너희에게 이르기를 너희는 나를 보고도 믿지 아니하는도다 하였느니라

참믿음과
거짓 믿음

귀한 것일수록 모조품이 많습니다. 철이나 구리보다 금이나 은의 모조품이 훨씬 많습니다. 다이아몬드나 루비 같은 보석은 가짜로 많이 만들지만 흔하게 널린 돌은 모조품으로 만드는 일이 거의 없습니다. 그런데 엉터리 모조품이 돌아다닐 위험은 유독 이 세상의 보석에만 해당되는 것이 아닙니다. 믿음의 영역에서도 이와 똑같은 위험이 따릅니다.

믿음은 대단히 귀한 것입니다. 나에게 영원한 생명을 줄 수도 있고 멸망을 줄 수도 있는 것이 믿음입니다. 참믿음은 영원한 생명을 줍니다. 하지만 거짓 믿음은 영원한 멸망을 가져다줄 것입니다. 그러므로 말씀을 통해 나 자신의 믿음이 바로 되어 있지 않음을 깨닫게 되면 더 이상 지체해서는 안 됩니다.

거짓 믿음은 바른 믿음으로 바뀌어야 합니다. 몇 천만 원짜리 다이아몬드를 샀는데 그것이 모조품임을 알게 되었다면 하룻밤인들 가만히 있겠습니까? 그대로 쥐고서 일주일이나 열흘을 보내겠습니까? 빨리 진품으로 바꿔서 손에 넣는 것이 정상적인 태도입니다. 그런데 믿음은 이런 보석과는 견줄 수 없을 정도로 대단히 귀합니다.

오늘 밤 당장 하나님께서 나를 부르실지 어떻게 압니까? 하나님께서는 즉시 내 믿음을 보고자 하실 것입니다. 그때는 내 모습 그대로 내놓아야 합니다. 변명할 수도 없고 다른 이의 모습으로 대체할 수도 없습니다. 피치 못할 순간이 오기 전에 믿음을 바로 갖도록 하는 것이 최선입니다.

본문을 통해 예수님이 어떠한 말씀을 주시는지 살펴봅시다.

예수님의 떡만 보고 찾은 무리

예수님이 하루는 갈릴리 바다 동편으로 가셨습니다. 발걸음이 뜸하신 지역입니다. 예수님에 관한 소문을 듣고 얼마나 많은 사람들이 몰려들었는지 장년 남성만 5천 명이나 되었습니다. 여자와 아이들을 합하면 2만이나 2만 5천 명 정도의 군중이 모인 셈이었습니다. 마태는 예수께서 무리가 찾아오는 것을 보시고 그들을 불쌍히 여기셨다고 기록합니다. 예수님은 하루 종일 환자들을 고쳐 주시고 말씀을 가르치셨습니다.

그리고 저녁이 되어도 제대로 끼니를 때우지 못한 채 온종일 벌판에 앉아 있는 그들을 불쌍히 여기셔서, 한 아이가 가지고 온 떡 다섯 덩이와 물고기 두 마리로 배불리 먹이는 큰 이적을 행하셨습니다. 그 모습을 본 군중은 얼마나 흥분했는지 예수님을 당장 유대 나라의 왕으로 추대하려는 움직임을 보였습니다. 그러자 예수님은 자리를 피하여 혼자 산으로 기도하러 가시며 제자들을 먼저 가버나움으로 보내셨습니다.

새벽 3-4시경에 예수님은 산에서 내려오셔서 바다 위를 걸어 배를 타고 가는 제자들과 합류하시고 이른 아침에 가버나움으로 들어가셨습니다. 그리고 예수님으로부터 떡과 고기를 배불리 얻어먹은 군중은 날이 밝자마자 예수님을 찾아 바닷가로 나왔습니다. 하지만 예수님을 찾을 수 없었습니다. 이상히 여긴 그들은 있는 대로 배를 끌어모아서 배를 타거나 강변을 끼고 육지로 돌아 가버나움으로 왔을 때에야 비로소 예수님을 만날 수 있었습니다. 그들은 매우 반가운 나머지 예수님을 향해 "랍비여 언제 여기 오셨나이까"(25절) 하고 물었습니다. 그런데 예수님은 그들의 질문에는 대답하지 않고 심각하게 다른 말씀을 하고 계십니다.

> 예수께서 대답하여 이르시되 내가 진실로 진실로 너희에게 이르노
> 니 너희가 나를 찾는 것은 표적을 본 까닭이 아니요 떡을 먹고 배부
> 른 까닭이로다 _요 6:26

예수님의 얼굴은 굳어 있습니다. 그분은 찾아온 무리의 마음을 꿰뚫어 보신 후, 위엄을 갖추어 책망하셨습니다. 그런데 이 본문에서 이해하기 어려운 말씀 하나가 나옵니다. "너희가 나를 찾는 것은 표적을 본 까닭이 아니요"라고 하신 것입니다.

예수님은 복음서를 통해 표적만을 바라며 찾아다니는 사람들을 나무라셨습니다. 그런데 여기에서는 표적이 아닌 다른 이유로 예수님을 찾은 사람들을 볼 수 있습니다. 그렇다면 예수님께 칭찬받을 수 있으리라 당연히 기대되지 않습니까? 하지만 결과는 전혀 반대입니다. 도리어 예수님은 그들을 책망하셨습니다. 전에는 표적을 찾느라 예수님을 쫓아다닌다고 사람들을 꾸짖으셨으나 이번에는 표적 때문에 예수님을 찾는 것이 아니라고 나무라신 것입니다. 이유가 무엇일까요? 본문이 어려운 까닭이 여기에 있습니다.

예수님이 행하시는 표적의 의미

말씀을 주의 깊게 살펴보면 예수님이 자신을 찾아온 무리를 꾸짖으신데는 두 가지 이유가 있습니다.

첫째는, 무리가 놓친 것이 있었습니다. 예수님은 이 땅에 계실 때 이적을 많이 행하셨습니다. 26절에서는 이적을 한마디로 '표적'이라고 말씀하고 있습니다. 왜 그렇습니까? 예수님은 이적을 행하실 때, 이적 자체만을 위해 행하시지 않았습니다. 그 안에는 반드시 예수님이 지향하시는 의미와 목적이 있었기 때문입니다. 목적이 없는 이적은 절대로 행하시지 않았습니다.

예를 들면, 무리가 배고파했을 때 떡 다섯 덩이와 물고기 두 마리로 그들을 먹이는 큰 이적을 행하셨습니다. 그러나 예수님 자신이 시장하셨을 때는 무화과나무가 열매 맺을 시기가 아닌데도 그 아래에서 열매가 하나라도 달려 있는지 살피기는 할지언정 정작 이적을 행하시지는 않았습니다. 왜냐하면 그때는 목적이 없으셨기 때문입니다. 태어나면서부터 맹인인 사람을 주님이 고쳐 주실 때는 분명히 목적이 있었습니다. 예수님이 세상의 빛이라는 것을 가르쳐 주는 하나의 표적이 되었던 것입니다. 목적을 가지고 있었기 때문에 환자를 고치셨습니다. 무덤에 있은 지 이미 나흘이나 된 나사로도 예수님은 살리셨습니다. 예수님만 세상의 생명이요 부활이 되신다는 것을 보여 주기 위해 그와 같은 표적을 행하신 것입니다.

그러므로 사람들은 예수님이 행하시는 이적을 볼 때마다 그 자체에만 눈이 어두워져서는 안 되고, 그 이적이 무엇을 가리키며 그 이적을 통해 예수께서 어디로 인도하시려는지 그 목적을 분명히 알아차려야 했습니다.

예수께서 굶주린 5천 명의 남자들에게 떡과 물고기를 먹이실 때, 사람들은 '떡 다섯 덩이와 물고기 두 마리를 가지고 5천 명을 먹이시는 분이니 저분이야말로 영적으로 굶주려 공허감에 빠져 있는 수만 명의 사람들을 구원하실 구세주요 하나님의 아들이 되시는구나' 하는 것을 깨달을 수 있는 시각을 지녔어야 했는데, 그러기는커녕 그저 떡과 고기만 바라보았습니다.

그 결과, 무엇을 놓쳤습니까? 떡은 잡았는데 예수님을 놓치고 말았습니다. 그래서 주님이 그들을 향해 "너희는 나를 보고도 믿지 아니하는도다"(36절)라고 말씀하신 것입니다.

둘째는, 이 군중이 집착하는 것이 하나 있었습니다. 떡을 먹고 배불리는 일이었습니다. 그들은 예수님께 가서 얻어먹고 배 불리는 데 온통 마음이 빼앗겨 있었습니다. 상당히 가난한 시대였으므로 소작농이 7, 80%의 농작물을 지주에게 바치고 식구들이 굶지 아니할 정도의 작물만 배급받고 있던 상황이었습니다. 먹고사는 게 정말 심각한 일이었기 때문에 살기 위해 먹기보다 먹기 위해 살고 있었던 것입니다. 결국 그들은 예수님이 떡 다섯 덩이와 물고기 두 마리로 5천 명을 먹이시는 것을 보고 흥분하지 않을 수 없었습니다. 예수님만 계시면 경제 문제가 완전히 해결된다고 본 것입니다. 그렇게 먹고 배 불리는 일에만 마음을 빼앗기고 보니, 예수님께 책망받을 수밖에 없는 사람이 되고 말았습니다.

○ ○ ○ ○ ○ ○ ○ ○ ○ ○ ○ ○
예수님을 믿는 동기를 점검하라

한 가지 주의 깊게 살펴볼 것이 있습니다. 갈릴리 바다 건너편에서 무리가 처음으로 예수님을 찾아왔을 때는, 주님이 그들을 나무라시지 않았습니다. 예수님을 찾아오는 사람들은 전부 자기중심적이요 이기적이었습니다.

'어떻게 하면 병을 고칠까? 어떻게 하면 이적을 좀 볼 수 있을까? 어떻게 하면 예수님을 만나 마음의 평안을 맛볼까?'

모두들 자기중심적인 사고에 의해 그에 대한 집착으로 예수님을 찾을 뿐이었습니다. 하지만 예수님은 그들을 나무라시지 않았습니다. 누구든지 처음 예수님 앞에 나올 때는 그러한 기대 심리를 가지고 있기 마련입니다.

그러면 두 번째 만났을 때는 주님이 왜 그들을 책망하셨을까요? 처음에 가졌던 마음에 전혀 변화가 없었기 때문입니다. 놀라운 표적을 보았는데도 마음이 변하지 않았습니다. 먹고 배부르는 일에만 관심이 집중되어 있었습니다. 그래서 주님이 나무라신 것입니다.

예수님은 신비한 표적만을 찾아다니는 사람들도 책망하셨지만 표적을 본 후에도 그 뒤에 숨은 예수님의 뜻에는 전혀 관심을 보이지 않은 채 자신의 욕망을 채우려는 사람들 역시 동일하게 꾸짖으셨습니다.

그렇다면 나는 어떻습니까? 나는 어느 것을 놓치고 어느 것에 집착하는 크리스천입니까? 실체와 그림자 중에 어느 것에 마음이 사로잡혀 있습니까? 예수와 떡 중에서 어느 것이 나의 주된 관심사가 되어 있습니까?

일반적으로 사람들이 교회에 나올 때 예수님보다도 예수님의 손에 들린 떡에 관심을 더 두는 것이 사실입니다. 이는 나쁜 것이 아닙니다.

"나는 마음이 편치 못해 고통을 받다가 예수님을 믿을 생각으로 교회에 나왔습니다. 위로를 받았으면 좋겠습니다."

예수님의 손에 있는 떡 때문에 모두 주님 앞에 나온 것입니다.

병을 앓고 고통스러워하며 공포와 싸우다가 예수님을 믿어 보라는 주변의 말을 듣고 행여 병이 나을까 싶은 생각으로 교회에 나왔습니다. 실망과 낭패를 당한 후, 드디어 영적인 가치관을 발견하고 무언가 생의 보람을 찾아보려고 교회에 나왔습니다. 실패한 다음에 하나님께서 다시 한번 기회를 허락해 주시고 나에게 성공을 주실까 하여 그것을 바라보고 나왔습니다. 그것이 잘못된 것은 아닙니다.

이와 같은 직접적인 문제가 아니더라도 기독교의 부산물이라고 할 수 있는 것에 상당한 매력을 느끼고 교회에 다니는 사람도 있습니다. 예를 들어, 기독교의 문화라든지 기독교 정신에서 비롯된 자유와 평등, 민주주의 사상이 마음에 들어서 기독교를 연구하기 위해 교회에 나오는 사람도 있습니다. 이는 잘못된 것이 아닙니다. 누구나 예수님 앞에 처음 나올 때는 자기중심적인 태도로 예수님 손에 들린 떡에 관심을 보이는 것이 사실입니다.

문제는 애초에 품었던 이와 똑같은 동기로 신앙생활을 하는 것입니다. 예수님의 떡에만 관심이 있고 예수님에 대해서는 별로 마음을 기울이지 않은 채 신앙생활을 하고 있다면 그 사람은 자못 심각한 지경에 있는 것으로 대단히 불행한 크리스천입니다.

"예수님을 믿고 마음의 평안을 얻었어요. 감사하지요", "예수님을 믿고 병이 나았어요. 아이고, 감사해라", "얼마나 예수님이 좋은지, 예수님을 믿은 다음에는 기도한 것을 다 응답받고 한없는 복을 받고 있어요. 아멘!"

예수님은 앞으로도 나의 물주요, 마음을 달래 주는 애인이요, 위기를 만날 때마다 뛰어오는 친정아버지요, 급할 때마다 돈을 빌려 주는 은행장이어야 합니다. 이러한 이유로 신앙생활이 얼마나 기쁘고 좋은지 모릅니다. 그래서 친구들을 만나면, 그처럼 좋은 예수님을 왜 지금껏 안 믿고 있느냐고 호통치기까지 합니다. '아니, 그 정도면 얼마나 믿음이 좋은 사람이야?' 하고 생각할지 모르겠습니다. 믿음은 좋지요. 그러나 주님이 그를 보고 "떡을 먹고 배부른 까닭이로다"(26절)라고 말씀하신다면 양심의 가책 없이 답할 수 있을까요? 만약 예수님이 떡을 안 주시면 어떻게 하겠습니까? 만약 가지고 있는 것을 예수님이 빼앗아 가시면 그들의 믿음이 설 땅은 어디 있을까요?

믿음의 영역에서 문제 되는 것

참믿음은 100% 예수님께 집중되어 있어야 합니다. 이것이 참믿음입니다. 만약 믿음의 10%가 떡에 가 있으면 그만큼 불안정한 요소를 안고 있는 것입니다. 그러면 이러한 의구심이 생길지도 모르겠습니다.

'아니, 그러면 참믿음을 가진 사람은 세상일에도 관심을 보이지 말고 복 빌는 문제도 전혀 개의치 말고 그저 예수, 예수만 하라는 말인가? 세상 것은 준다고 해도 안 받는 것이 참믿음인가?'

그런 의미가 아닙니다. 하나님께서는 나에게 엄청난 영적인 축복을 주셨습니다. 죽음의 침상에서도 미소를 띠고 바라볼 수 있는 하나님 나라를 주셨습니다. 영원히 살 수 있는 생명과 하나님 자녀로서의 특권을 주셨습니다.

모든 죄 사함을 받고 하나님께서 입혀 주신 의(義)의 옷이 나를 두르고 있습니다. 하나님 나라에 가면 천사들이 내 밑에서 시중들 것입니다. 눈물도 병도 한숨도 없고 고통당할 필요도 없고 죽음도 두려워할 필요가 없는, 영원한 하나님 나라가 기다리고 있습니다. 영원한 축복이 기다리고 있는 것입니다.

그리고 이 땅에서 살 동안 나에게 필요한 축복도 약속하셨습니다. 마음의 평안과 일용할 양식을 허락하시고 위기에서 건져 주셨으며,

어디를 가든지 나와 함께해 주셨습니다. 그리고 세상을 이길 수 있는 능력을 주셨습니다. 그러므로 세상의 것이라고 해서 밀어낼 것이 아니라 세상의 축복도 달라고 할 권리가 있습니다. 이것을 부인하면 안 됩니다. 이 세상에서 고생하며 살고 싶은 사람은 아무도 없습니다. 다 잘살기를 바라고 행복하기를 원합니다. 하나님께서도 똑같은 생각을 갖고 계십니다. 하나님은 하늘에 속한 것과 땅에 속한 것을 다 주기를 원하십니다. 그렇다면 무엇이 문제가 된다는 말입니까?

문제는 하나님께서 어떤 사람을 좋아하시느냐 하는 것입니다. 하나님께서는 떡과 고기, 다시 말해 내게 필요한 세상적인 모든 축복을 주시면서도 그것에만 집착하는 사람을 좋아하시지 않습니다. 어찌 보면 부모의 마음과도 닮은 데가 있는 듯합니다.

예를 들어, 경제 상황이 좋지 못한 자녀가 있어서 부모가 도와준다고 합시다. 매달 50만 원씩 부모가 챙겨 줍니다. 그럼에도 자녀가 '다음 달에는 51만 원을 주시면 좋을 텐데' '그다음 달에는 좀 더 올려 주시면 좋겠는데' 하면서 부모가 주는 돈에만 마음을 쏟고 있다면 부모의 기분이 좋겠습니까? 도움을 받고 있는 상황이라면 자녀 또한 부모의 건강을 염려하고 위로해 드려야 부모 역시 기쁜 것입니다. 마찬가지로 하나님 또한 나의 필요를 다 채워 주시는 분이지만 오로지 떡에만 관심을 가진다면 하나님께서 나를 좋아해 주실 수가 없습니다.

"하나님, 내 믿음대로 떡을 주시고, 내 생각대로 고기를 주세요" 하고 기도 드리는 대신 "떡과 고기는 내게 맡겨라. 내가 알아서 주마. 너는 내게 관심을 두어라. 나의 일과 내 생각에 마음을 기울여라"라고 하시는 하나님의 음성에 귀를 기울이기 바랍니다.

예수님 한 분으로 만족하는 믿음

그런즉 너희는 먼저 그의 나라와 그의 의를 구하라 그리하면 이 모
든 것을 너희에게 더하시리라_마 6:33

썩을 양식을 위하여 일하지 말고 영생하도록 있는 양식을 위하여 하
라 이 양식은 인자가 너희에게 주리니 인자는 아버지 하나님께서 인
치신 자니라_요 6:27

하나님께서는 그분의 것을 먼저 구하는 사람에게 그의 필요를 채워
주십니다. 그리고 이것이 하나님의 마음입니다.
그렇다면 누가 이렇게 할 수 있을까요? 참믿음을 가진 사람만 가능
합니다. 예수님을 향해 믿음의 전부가 집중되어 있는, 참믿음을 가진
사람만 하나님께서 좋아하시는 사람이 될 수 있습니다.

너희는 나를 보고도 믿지 아니하는도다_요 6:36

예수님을 찾아다녔던 무리는 바로 이 때문에 걸려 넘어졌습니다.
주님이 책망하신 것처럼 그들은 믿음이 없었습니다. 믿음이 없었기
때문에 예수님의 손에 있는 떡은 즐겁게 받아먹을 수 있었지만, 예수
님의 살을 먹고 예수님의 피를 마실 수는 없었습니다. 그들은 떡을 먹
고 배부르는 일은 즐거워했지만 예수님이 자신의 구원자요 영원한 생
명이 되신다는 사실은 받아들이지 않았습니다. 결국 그들은 다 돌아
가고 말았습니다. 주님이 떡을 주지 않자 예수님을 떠난 것입니다.

이틀 동안 예수님을 찾아다닌 열심 있는 믿음은, 사실 믿음이 아니었습니다.

예수님이 떡 다섯 덩이와 물고기 두 마리로 5천 명을 먹이시는 이적을 본 그들은 흥분한 나머지 자기 동네로 들어가서 예수님에 관한 소식을 전했습니다. 그러나 예수님이 일으키신 이적을 기분 좋게 전하는 그 열심도 믿음이 아니었습니다. 예수님을 두 번째로 만나자마자 반가운 나머지 "랍비여 언제 여기 오셨나이까"(25절) 하고 좋아하던 감정도 믿음이 아니었습니다. 예수님의 말씀을 듣고 가책을 받은 그들은 주님께 여쭙기까지 했습니다.

우리가 어떻게 하여야 하나님의 일을 하오리이까_요 6:28

그러나 하나님의 일에 대한 그들의 관심 역시 믿음이 아니었습니다. 그렇다면 무엇이 믿음입니까? 떡에서 예수로 바뀌어야 하는 것이 믿음입니다. 그래야 참믿음입니다. 처음에는 어떠한 동기로 교회에 나왔든 점차적으로 그 동기가 바뀌어야 합니다. 참믿음은 예수님에 대한 나의 전인격적인 신뢰입니다.

몇 천만 원짜리 다이아몬드 반지를 해 준다 해도 반지와 결혼하는 신부는 없습니다. 아무리 값진 보석을 주어도 그 보석을 전적으로 신뢰하는 신부는 없습니다. 결혼은 어디까지나 남편과 하는 것이요 신뢰 또한 남편에게 보내는 것입니다.

믿음도 마찬가지입니다. 하나님께서 커다란 은혜와 축복을 주셨다 해도 내가 받은 축복, 다시 말해 떡과는 인격적인 관계를 맺을 수 없습니다. 떡에다 나의 믿음을 줄 수 없습니다. 이것은 인격적인 신뢰가 아닙니다. 인격적인 신뢰는 인격을 상대로 할 때만 가능합니다. 물건과 관계를 맺음으로써 얻으려는 신뢰가 아니라 인격과 관계를 맺음으로써 얻어지는 신뢰가 바로 믿음입니다. 그럼에도 많은 사람들이 이를 거꾸로 하고 있으니, 참으로 문제일 수밖에 없습니다.

너희도 가려느냐_요 6:67

무리가 전부 돌아간 다음에 남아 있는 열두 제자를 보고 예수님이 물으셨습니다. 이때 시몬 베드로가 무엇이라 답합니까?

주여 영생의 말씀이 주께 있사오니 우리가 누구에게로 가오리이까
_요 6:68

이와 같은 베드로의 믿음이 바로 참믿음입니다.
"오 주여, 떡 다섯 덩이로 5천 명을 먹이시는 예수님을 두고 우리가 어디를 가겠습니까? 바다 위를 걸어오시는 주님을 두고 우리가 뉘게로 가오리이까?"
베드로는 절대로 이런 식으로 말하지 않았습니다. 이적 자체가 베드로에게는 중요하지 않았습니다. 베드로에게는 오직 예수님 한 분만 중요했습니다. 그렇기 때문에 영원한 생명을 주시는 예수님을 두고 누구에게 갈 수 있겠느냐고 한 것입니다. 베드로의 믿음은 백 퍼센트 예수 그리스도와의 관계에 뿌리를 둡니다. 그리고 이것이 진짜 믿음입니다. 참믿음은 예수님 하나로 만족하는 것이 특징입니다. 예수님 하나로 모든 요구가 충족됩니다.
사람은 살아가는 동안 여러 가지 문제에 부딪힙니다. 아무리 후회 없이 마음껏 살려 해도 결코 사라지지 않는 내면 깊은 곳의 갈증이 있

고 삶의 허무감이 있으며, 내 안에서 은근히 머리를 쳐드는 죽음에 대한 공포와 뿌리칠 수 없는 죄의식 같은 것들이 있습니다. 이에 관한 대답이 여러 개라고 생각합니까? 그러나 대답은 단 하나, 바로 예수 그리스도입니다. 생명의 떡이 되시고 생명의 샘물이 되시는 예수 그리스도 한 분밖에 없습니다.

그렇기 때문에 참믿음은 예수님 한 분으로 만족합니다. 예수님이 주시는 많은 것들은 다 부산물일 뿐이고 정말로 나의 만족이 되는 대상은 예수님 한 분밖에 없는 것입니다. 나에게 이 믿음이 있는지 살펴보십시오. 욥처럼 "주신 이도 여호와시요 거두신 이도 여호와시오니"(욥 1:21) 가지고 가시든지 주시든지 주님이 알아서 하실 일이고 나에게 중요한 것은 하나님뿐이라고 할 수 있는 참믿음의 소유자가 되기를 바랍니다.

내 인생의 답, 예수 그리스도

한국의 패니 크로스비(Fanny Crosby, 1820-1915)라고 할 수 있는 송명희 자매는 뇌성마비로 활동이 불편한 시인입니다. 그녀가 쓴 〈내가 행복한 이유〉라는 시 한 편을 소개합니다. 본문 말씀과 연결되는 좋은 진리를 전해 주는 시의 내용은 다음과 같습니다.

> 내가 행복한 이유는
> 내게 재물이 많은 이유 아니요
> 주 내게 분깃 된 이유 때문에
> 내가 행복한 이유는
> 내게 친구가 많은 이유 아니요

주 내게 친구 된 이유 때문에
내가 행복한 이유는
내게 영광이 많은 이유 아니요
주 내게 기쁨 된 이유 때문에

예수님 때문에 행복하다는 이야기입니다. 송명희 자매의 믿음은
예수님 한 분만으로 모든 것이 다 되었던 것입니다. 또한 저는 존경하
는 고(故) 김준곤 목사님의 칼럼 한 토막에서 많은 충격과 감명을 받았
습니다.

"골수 공산당은 핏속까지 빨갱이라고 들었다. 그런데 나는 내 무의
식과 꿈속까지 예수로 의식화된 골수 예수쟁이가 되고 싶다. 나는 인
생에서 두 번 의식이 죽었다가 깨어난 경험이 있는데, 그때도 나는 예
수 의식 속에서 깨어났다. 나의 언어는 대부분이 예수를 설교하는 것
이었으며, 내가 지금껏 쓴 수천 통의 편지와 내 딸들을 위해 쓴 한 줄
유서도 예수님을 사랑하라는 내용이다."

그런데 그다음 말이 더 중요합니다.

"예수는 나의 주, 나의 하나님이라는 백 퍼센트 신앙의 순도를 지닌
사람이 되고 싶다. 내게 최후까지 흠도 티도 없는 순수하고 진실한 것
이 있다면 목숨이 열두 번 다한 후에라도 더욱 사랑하고만 싶은 예수
님뿐이다."

김준곤 목사님은 참믿음을 보여 주는 전형이라 할 수 있습니다. 그
는 예수님을 위해 일하다가 얻은 재물 이야기를 하지 않습니다. 예수
님 때문에 얻은 명예도 이야기하지 않습니다. 그것은 큰 문제가 아닙
니다. 가장 중요한 것은 오직 예수님입니다. 나의 믿음의 순도는 백
퍼센트 예수님이어야 하는 것입니다.

예수님이 어떻게 말씀하시는지 귀를 기울여 보기 바랍니다. 혹 예수님이 나를 향해 네가 찾은 것은 떡을 먹고 배부른 까닭이라고 말씀하시지는 않습니까? 썩는 양식을 위하여 일하지 말고 영생하도록 있는 양식을 위하여 일하라고 책망하시지는 않습니까? 주님이 그렇게 꾸짖으신다면 그 자리에서 무릎 꿇고 기도하며 나아가야 합니다.

"주님, 그렇습니다. 내 믿음은 불순합니다. 어쩌면 가짜일 수도 있습니다. 주여, 이 시간 참믿음을 갖게 하옵소서."

찾을 분이 예수님밖에 없는 순도 높은 믿음을 가져야 합니다. 말할 수 없을 정도로 귀한 믿음이기 때문에 마귀는 다양한 모조품을 가지고 오늘날의 교회 안에서 믿음이라고 가르칩니다. 현대 교회의 많은 성도가 엉터리 믿음을 그대로 받아들이며 신앙생활을 하고 있습니다.

성령의 불빛 아래 하나님의 말씀을 펼친 다음, 그 위에 내 믿음을 얹어 놓고 바라보십시오. 예수님만 보이면 내 믿음은 참믿음입니다. 그러나 떡과 고기가 보인다면 그 믿음을 그대로 두지 말고 주님 앞에다 내어 놓은 채 십자가 밑에 태워 버린 다음, 예수님만 바라보는 믿음을 소유하십시오. 그 믿음이 나의 모든 내면의 공허감을 다 채워 줍니다. 그 믿음이 내 모든 문제의 해답이 됩니다. 그 믿음이 나를 세상에서 가장 능력 있게 사는 사람으로 만들어 줍니다. 그 믿음이 나를 쓰러진 자리에서 일으켜 세워 줍니다. 오직 예수님만이 전부입니다. 그러면 인생은 바뀝니다.

본문에 나온 군중은 자신들의 필요와 욕심 때문에 인생에서 가장 중요한 예수님을 놓쳤습니다. 그러한 상태로 신앙생활을 하면 평생에 걸쳐 교회를 다니고 예수님이 허락하시는 표적을 목격한다 해도 여전히 자신의 욕심에만 집착하는 성향을 보입니다.

오늘날, 역시 떡 때문에 예수님을 놓치는 사람들이 너무나 많습니다. 나는 떡입니까, 예수님입니까? 떡 때문에 예수님을 놓치는 사람, 신앙생활을 하는 가운데에도 항상 떡에만 집착하는 사람은 결단코 예수님이 원하시는 제자가 될 수 없습니다.

예수님을 향해 "주님, 떡은 없어도 됩니다. 그러나 예수님이 없으면 안 됩니다"라고 고백할 수 있는 주님의 참된 제자가 되기를 간절히 바랍니다.

4

세가지
믿음

조건적인 믿음의 과정이 있고 이론적인 믿음의 과정이 있습니다.
하지만 믿음이 성숙하기 위해서는 체험적인 신앙으로 이어져야 합니다.
따라서 나의 신앙 위치는 어디인지 살펴야 할 것입니다.

요한복음 11:21-44

21 마르다가 예수께 여짜오되 주께서 여기 계셨더라면 내 오라버니가 죽지 아니하였겠나이다 22 그러나 나는 이제라도 주께서 무엇이든지 하나님께 구하시는 것을 하나님이 주실 줄을 아나이다 23 예수께서 이르시되 네 오라비가 다시 살아나리라 24 마르다가 이르되 마지막 날 부활 때에는 다시 살아날 줄을 내가 아나이다 25 예수께서 이르시되 나는 부활이요 생명이니 나를 믿는 자는 죽어도 살겠고 26 무릇 살아서 나를 믿는 자는 영원히 죽지 아니하리니 이것을 네가 믿느냐 27 이르되 주여 그러하외다 주는 그리스도시요 세상에 오시는 하나님의 아들이신 줄 내가 믿나이다 28 이 말을 하고 돌아가서 가만히 그 자매 마리아를 불러 말하되 선생님이 오셔서 너를 부르신다 하니 29 마리아가 이 말을 듣고 급히 일어나 예수께 나아가매 30 예수는 아직 마을로 들어오지 아니하시고 마르다가 맞이했던 곳에 그대로 계시더라 31 마리아와 함께 집에 있어 위로하던 유대인들은 그가 급히 일어나 나가는 것을 보고 곡하러 무덤에 가는 줄로 생각하고 따라가더니 32 마리아가 예수 계신 곳에 가서 뵈옵고 그 발 앞에 엎드리어 이르되 주께서 여기 계셨더라면 내 오라버니가 죽지 아니하였겠나이다 하더라 33 예수께서 그가 우는 것과 또 함께 온 유대인들이 우는 것을 보시고 심령에 비통히 여기시고 불쌍히 여기사 34 이르시되 그를 어디 두었느냐 이르되 주여 와서 보옵소서 하니 35 예수께서 눈물을 흘리시더라 36 이에 유대인들이 말하되 보라 그를 얼마나 사랑하셨는가 하며 37 그중 어떤 이는 말하되 맹인의 눈을 뜨게 한 이 사람이 그 사람은 죽지 않게 할 수 없었더냐 하더라 38 이에 예수께서 다시 속으로 비통히 여기시며 무덤에 가시니 무덤이 굴이라 돌로 막았거늘 39 예수께서 이르시되 돌을 옮겨 놓으라 하시니 그 죽은 자의 누이 마르다가 이르되 주여 죽은 지가 나흘이 되었으매 벌써 냄새가 나나이다 40 예수께서 이르시되 내 말이 네가 믿으면 하나님의 영광을 보리라 하지 아니하였느냐 하시니 41 돌을 옮겨 놓으니 예수께서 눈을 들어 우러러보시고 이르시되 아버지여 내 말을 들으신 것을 감사하나이다 42 항상 내 말을 들으시는 줄을 내가 알았나이다 그러나 이 말씀 하옵는 것은 둘러선 무리를 위함이니 곧 아버지께서 나를 보내신 것을 그들로 믿게 하려 함이니이다 43 이 말씀을 하시고 큰 소리로 나사로야 나오라 부르시니 44 죽은 자가 수족을 베로 동인 채로 나오는데 그 얼굴은 수건에 싸였더라 예수께서 이르시되 풀어놓아 다니게 하라 하시니라

세 가지
믿음

신앙생활에는 단계가 있습니다. 예수님을 믿은 지 얼마 안 되는 사람은 잘 모를 수도 있지만 10년 이상 신앙생활을 한 사람은 신앙의 단계가 있다는 것을 많이 느낍니다. 특히 교회를 섬기는 목회자의 눈에는 성도들의 신앙이 성장하는 각 단계가 뚜렷이 보입니다. 그렇기 때문에 '이 사람은 이런 신앙을 가졌다, 저 사람은 저런 신앙을 가졌다'라고 쉽게 단정 지어서는 안 됩니다. 왜냐하면 한 사람이 성숙한 신앙으로 발전하는 과정에 있다고 보기 때문입니다. 그런데 불행히도 초보적인 신앙 단계에서 평생을 벗어나지 못하다가 인생을 마치는 사람도 보게 됩니다. 이와 같은 안타까운 일이 있어서는 안 될 것입니다.

만약 나 자신이 어떤 한 단계에만 머물러 있다는 생각이 든다면 나의 신앙이 성장해야 한다는 것을 기억하고 너무 오랫동안 어린아이의 단계에 머물지 말기를 바랍니다.

예수님을 바라보는 믿음의 단계

예수님은 본문에 등장하는 나사로의 가정을 많이 사랑하셨습니다. 요한복음 11장에서만 '사랑한다'는 말이 세 번이나 나옵니다. 또한 예수님은 나사로를 '친구'라고 부르십니다. 예수님은 나사로의 죽음 앞에서 누이동생들이 우는 것을 보시고 그분의 생애에서 한두 번 있을까 말까 한 사적인 눈물을 흘리십니다. 사랑과 눈물은 항상 붙어 다니는 개념입니다.

인간적인 면에서 예수님은 철저히 사람이셨습니다. 그래서 사랑하는 사람들이 있었고 그들을 위해 흘리는 눈물이 있었습니다. 나사로가 사경을 헤매자 누이동생들은 맨 먼저 예수님께 사람을 보내어 와 달라고 청했습니다. 사랑하는 사이였기에 위기 상황에서 가장 먼저 도움을 요청할 수 있었던 것입니다. 그러나 예수님은 나사로의 죽음을 한 사람의 평범한 죽음으로 보시지 않았습니다. 예수님은 그의 죽음이 하나님의 영광을 드러낸다는 것을 알고 계셨습니다. 그래서 서두르시지 않았습니다. 개인, 가정, 사회 일에 대해 하나님의 뜻이 분명하게 나타난다면 서두를 필요가 없습니다. 믿음으로 행하면 됩니다. 예수님은 서두르시지 않았습니다. 소식을 들은 뒤 이틀을 더 머물고 나서 오셨을 때는 나사로가 죽은 지 나흘이 된 상태였습니다.

베다니에 오신 예수님이 마르다와 만나 대화를 시작하는 장면이 21절에 나옵니다. 이 말씀으로 신앙이 거쳐야 되는 세 단계를 살펴볼 수 있습니다.

주님이 마르다에게 물으십니다.

이것을 네가 믿느냐_요 11:26

예수님은 다시 마르다에게 "내 말이 네가 믿으면 하나님의 영광을 보리라 하지 아니하였느냐"(40절)라고 말씀하시며 믿음의 문제를 중요하게 다루십니다. 그러므로 본문 말씀에서 가장 중요한 골자는 믿음과 부활입니다.

예수님과 마르다의 대화를 통해 믿음의 세 유형을 발견할 수 있습니다. 첫째로는 조건적인 믿음이고 둘째로는 이론적인 믿음이며, 셋째로는 체험적인 믿음입니다.

사람의 믿음에 대해 평가하기를, 이 사람은 조건적인 믿음을 가지고 있고 저 사람은 이론적인 믿음을 가지고 있다고 할 수 있습니다. 하지만 이에 대해서는 한 사람이 거치는 믿음의 과정이라 보는 것이 더 합당합니다. 만약 한 사람이 조건적인 믿음을 가지고 살다가 죽었다고 한다면 그 사람의 구원 여부는 알 수 없습니다. 또한 이론적인 믿음으로 평생을 살았다면 입만 가지고 "주여, 주여" 하다가 끝난 사람이라고 할 수 있습니다.

조건적인 믿음의 과정이 있고 이론적인 믿음의 과정이 있습니다. 하지만 믿음이 성숙하기 위해서는 체험적인 신앙으로 이어져야 합니다. 따라서 나의 신앙 위치는 어디인지 살펴야 할 것입니다.

자신의 기준에 따른 조건적인 신앙

첫 번째로 조건적인 신앙을 살펴보겠습니다. 마르다는 예수님을 만나자마자 이렇게 말합니다.

> 주께서 여기 계셨더라면 내 오라버니가 죽지 아니하였겠나이다
>
> _요 11:21

그런데 마리아도 나중에 똑같이 말했습니다(32절 참조). 두 사람은 가장 인간적인 말을 한 것입니다. 기별했을 때 왜 빨리 오시지 않았느냐는 원망을 담은 것이기도 하고 예수님만 계셨더라면 오라버니가 죽지 않았을 것이라는 믿음에서 한 말이기도 합니다. 그러나 인간적인 말인 동시에 조건적인 말입니다. "주께서 여기 계셨더라면"은 마르다의 믿음이 조건적이라는 것을 보여 줍니다. 예수님이 계셨더라면 자기가 믿는 대로 되었을 텐데, 그 조건이 채워지지 않았기 때문에 자신의 믿음도 무너졌다는 말입니다. 그렇기 때문에 예수님이 와 계셔도 큰 기대를 하지 않는다는 뜻입니다. 이와 같은 조건적인 신앙은 자신의 판단이나 문제의 성격에 근거하는 경향이 있습니다.

마르다는 예수님이 오셔야겠다고 판단했습니다. 오라버니가 병이 들었는데 나을 가능성이 없어 보입니다. 그럴 때는 어떤 병이라도 능히 치유하시는 예수님이 오셔야 한다는 것이 마르다의 조건이었습니다. 이는 어디까지나 나사로가 앓는 병의 형편을 가지고 판단한 마르다가 자신의 입장에서 설정한 조건입니다. 결국 자기가 내민 조건이 충족되지 못하자 그 믿음까지 무너져 내리고 맙니다. 조건적인 믿음입니다.

조건적인 믿음은 지적 수준이 높고 똑똑하다는 사람들에게서 많이 나타납니다. 교육 수준이 낮거나 순진한 사람들은 어린아이처럼 바로 믿습니다. 조건을 내걸지 않습니다. 이유를 따지거나 자기 이성만을 의지하려고도 하지 않습니다. 그대로 믿기 때문입니다. 하지만 똑똑하다는 사람들은 자기 조건을 가지고 신앙 수준을 설정합니다. 그렇기 때문에 조건적인 신앙은 하나님의 능력을 제한합니다. 온전한 신앙이 아닌 반쪽 신앙밖에 되지 못합니다. 자기가 어떤 선을 그어 놓는 것입니다. 넘어가면 안 되는 도로의 노란 선처럼, 신앙생활을 하는 많은 사람들이 자기가 그은 선을 가지고 있습니다. 그 안에서만 믿으려고 할 뿐 선을 벗어난다 싶으면 믿지 않습니다.

조건적인 신앙의 맹점은 신앙의 근거를 예수님이 아닌 자신에게 두는 것입니다. 마르다는 오빠가 병들어 있는 바로 그 자리에 예수님이 오셔야 한다는 조건을 가지고 예수님을 기다렸습니다.

이에 반해 누가복음 7장에 나오는 백부장을 한번 생각해 봅시다. 그가 사랑하는 종이 병들어 죽게 되었습니다. 처음에는 사람을 보내어 예수님께 와 달라고 간청했습니다. 하지만 조금 후에 자기 친구들을 보내어 오시지 말라면서 이렇게 말합니다.

> 주여 수고하시지 마옵소서 내 집에 들어오심을 나는 감당하지 못하겠나이다 그러므로 내가 주께 나아가기도 감당하지 못할 줄을 알았나이다 말씀만 하사 내 하인을 낫게 하소서_눅 7:6-7

백부장은 자기 신앙의 근거를 어디에 두고 있습니까? 전능하신 하나님, 온 우주의 주인이신 하나님의 아들, 모든 인간의 병을 고치시는 예수 그리스도를 온전히 의지했습니다. 예수 그리스도라는 인격에 자기 믿음 전체를 심고 있는 것입니다. 따라서 주님이 오셔야 된다는 조건을 내걸 필요가 없었습니다. 주님이 말씀만 하시면 자기 하인이 낫겠다고 믿은 것입니다. 백부장은 하나님이 누구신지를 바로 알고 자신의 지식이나 선입관이 아닌 오직 하나님께 자기 믿음의 근거를 두었습니다. 이처럼 하나님을 아는 지식은 신앙 형성에 있어서 매우 중요합니다.

그런데 마르다는 신앙의 근거를 자기 판단에 두고 있었기 때문에 예수님이 옆에 계셔야 한다는 기준에서 그분을 찾았습니다. 결국 자기가 원하는 대로 예수님이 오시지 않자, 예수님이 오셔도 소용없다는 절망감 아래 믿음도 무너졌습니다.

나의 신앙은 어느 쪽에 속합니까? 예수님께 신앙의 뿌리를 두고 있습니까? "나는 부활이요 생명이니 나를 믿는 자는 죽어도 살겠고 무릇 살아서 나를 믿는 자는 영원히 죽지 아니하리니"(25-26절)라고 말씀하시는 부활이신 예수, 생명 되신 예수님께 내 믿음의 분명한 근거를 두고 있습니까? 그러한 사람에게는 조건이 필요 없습니다. 예수님께는 조건이라는 것이 없습니다. 조건이 있다면 단 하나, 믿음밖에 없습니다. 믿기만 하면 못할 일이 없고 불가능한 것도 없습니다.

나의 관점에서는 도무지 불가능한 것같이 보일지라도 예수님이 보실 때는 아무것도 아닙니다. 예수님 없이 문제를 맞닥뜨리면 너무 어려워 보여 조건 안에서만 풀릴 수 있다고 여겨질지 모르지만 예수님 편에서 보면 불가능하고 어려운 일은 아무것도 없습니다. 따라서 나의 신앙이 어디에 있느냐가 매우 중요합니다.

만약 내 신앙이 어린아이의 신앙에 머물러 있다면 한시바삐 벗어나기를 바랍니다. 스스로 어떤 선을 그어 놓지 마십시오. 먼저 판단하고 믿으려고 하지 마십시오. 자기만의 한정된 이성과 상식과 능력으로 문제에 대한 결론을 미리 내린 다음, 하나님을 찾지 마십시오. 그와 같이 어리석은 짓을 하는 사람은 조건 안에서 움직이다가 끝납니다. 신앙에는 조건이 없습니다.

○ ○ ○ ○ ○ ○ ○ ○ ○ ○ ○ ○
지식으로 무장한 이론적인 신앙

두 번째로 이론적인 신앙은 어떤 것입니까? 예수님이 본 마르다의 신앙에는 구멍이 나 있었습니다. 안이 텅 빈 신앙이라는 뜻입니다. 주님은 단도직입적으로 결론을 말씀하십니다.

> 네 오라비가 다시 살아나리라_요 11:23

이에 마르다는 무엇이라고 답합니까?

> 마지막 날 부활 때에는 다시 살아날 줄을 내가 아나이다_요 11:24

어찌 보면 참 재미있는 표현입니다. 이와 같은 건전한 신조를 언제 갖게 되었는지는 알 수 없으나 마르다의 교리는 뚜렷했습니다. 교리나 신조는 신앙생활의 뼈대 역할을 합니다. 사람은 그 골격이 어떻게 생겼느냐에 따라 얼굴이 달라집니다. 신앙 또한 그 사람이 어떤 신조와 교리를 가졌느냐에 따라 모습이 달라집니다.

마르다는 이 세상이 심판받는 마지막 날에 모든 사람이 부활한다는 건전하고 좋은 교리를 가지고 있었습니다. 그런데 나사로와 관련해서는 교리의 영향력을 받지 못합니다. 마르다는 지금 '마지막 날에 다시 사는 것은 믿습니다. 그러나 지금 그것이 무슨 소용이 있다는 말입니까? 하나님이 한 분이신 것은 알고 있습니다. 그런데 지금 내게 어떠한 영향을 주고 있습니까? 죽으면 천국 가는 것을 압니다. 예수님이 십자가에서 죽으시고 부활하신 것을 모두 압니다. 알기만 할 뿐 아니라 마음을 다해 믿기까지 합니다. 그러나 과연 지금 나와 무슨 상관이 있습니까?'라고 생각하는 상태입니다. 예수님의 제자는 자기를 부인하고 자기 십자가를 기꺼이 지는 사람입니다. 나의 삶에서 이 사실이 갖는 의미는 매우 중요합니다. 그렇다면 나의 일상에서 내 옛사람의 욕망을 십자가 안에서 얼마나 죽이고 있습니까?

내가 믿는 교리와 현재의 삶이 연관성을 갖지 못하고 동떨어진 것을 가리켜 이론적인 신앙이라고 합니다. 이런 신앙은 예수님을 오래 믿은 사람들에게서 많이 나타납니다. 내가 알고 있는 교리가 현실과 연관성을 갖고 있습니까? 내가 믿는 예수 그리스도와 현재의 생활이 깊은 연관성을 갖고 있습니까? 내가 믿고 있는 진정한 신조가 나의 생명에 직접적인 영향을 주고 있습니까? 이에 대해 긍정적으로 답할 수 있다면 괜찮습니다. 그러나 아는 것과 생활이 별개로, 믿는 것과 현실이 외따로 움직인다면 이론적인 신앙, 즉 죽은 신앙인 것입니다.

○ ○ ○ ○ ○ ○ ○ ○ ○ ○ ○ ○
능력을 동반하는 체험적인 신앙

세 번째로 체험적인 신앙을 살펴보겠습니다. 체험에 대해 오해하지 말기 바랍니다. 기도할 때 무엇을 느꼈다든지, 무언가를 보았다든지, 꿈을 꾸었다든지 그런 체험을 의미하는 것이 아닙니다. 여기에서 말하는 체험은 내가 믿는 신앙과 삶이 하나 되는 것을 가리킵니다.

무덤에 가신 예수님이 마르다를 보고 돌을 옮겨 놓으라고 명하셨습니다. 그러자 마르다가 "주여 죽은 지가 나흘이 되었으매 벌써 냄새가 나나이다"(39절)라고 항의했습니다. 이때 주님이 참으로 중요한 말씀을 하십니다.

> 내 말이 네가 믿으면 하나님의 영광을 보리라 하지 아니하였느냐
> _요 11:40

체험적인 신앙을 나타내는 말씀입니다. '하나님의 영광'이란 무엇입니까? 나사로가 병들었다는 말을 들은 예수님은 그의 죽음이 하나

님의 영광을 나타낼 것이라고 하셨습니다. 이때 '하나님의 영광'은 죽은 자가 일어나는 것을 뜻합니다. 영광이 가득한 생명의 권세가 사망의 권세를 정복하는 것입니다. 죽은 자가 일어나서 걸어 나오는 것은 하나님의 영광입니다.

"마르다야, 너는 잘 믿지 않는구나. 네 믿음은 이론적이구나. 그러나 네가 바로 믿으면 하나님의 영광을 보리라. 너의 오라비가 살아나오는 것을 보리라."

믿는 것이 먼저입니다. 그리고 보는 것은 그다음입니다. 믿는 자가 보고, 믿으면 보는 것이 기독교의 진리입니다. 세상의 많은 사람들이 "먼저 보여 주면 믿겠다"라고 말합니다. 하지만 기독교 신앙은 철저하리만치 "먼저 믿으라. 그리하면 본다"입니다. "내 말을 네가 믿으면 하나님의 영광을 보리라. 믿으면 보리라." 바로 이것이 기독교 신앙입니다. 그러므로 믿는 것은 곧 보는 것입니다.

> 믿음은 바라는 것들의 실상이요 보이지 않는 것들의 증거니
> _히 11:1

'믿는 것은 보는 것이다'를 나타내는 말씀입니다. 이것이 바로 체험입니다. 내가 믿으면 믿는 것 그대로 봅니다. 예수 그리스도가 부활이요 생명이신 것을 믿습니다. 그러면 예수님을 통해 죽은 자가 일어나는 놀라운 하나님의 영광을 봅니다. 믿으면 봅니다. 내 믿음과 삶이 하나 될 때 하나님의 영광을 누릴 수 있습니다. 그렇기 때문에 세상이 결코 이해해 주지 못한다 해도 이 신앙을 부정할 수 없게 됩니다.

"네 믿음이 크도다 네 소원대로 되리라"(마 15:28)와 "네가 믿으면 하나님의 영광을 보리라"(40절)는 같은 말씀입니다. 기독교 신앙의 진리

이자 체험적인 신앙을 가리키는 것입니다.

이상한 환상은 어느 종교에서나 쉽게 접할 수 있습니다. 기독교에만 있는 것이 아닙니다. 그런데 기독교의 다른 점은 무엇입니까? 삶속에 녹아 있는 신앙고백은 하나님의 영광을 누리는 것을 가능케 하며 이러한 능력은 오직 기독교에만 있습니다. 그래서 그리스도인들은 이렇게 고백합니다.

"예수 그리스도는 하나님의 아들이요 나의 구원자가 되십니다."

하지만 이로써 끝나지 않습니다. 예수님은 하나님이십니다. 귀신도 그것을 알고 떤다고 했습니다. 그런데 그것으로도 끝이 아닙니다. 교리적으로 예수 그리스도를 믿으면 그다음에 보는 것이 옵니다. 살아 계신 예수 그리스도가 나와 함께하시고 내 안에 계셔서 나의 생명이 되는 것을 보게 됩니다. 예수를 믿는다 해도 이것을 알지 못하면 아직도 어린아이 신앙입니다.

천국이 무엇이냐고 물으면 대개 죽은 뒤에 들어가는 영원한 하나님 나라라고 답합니다. 하지만 그것으로 끝이 아닙니다. 저 멀리 있는 곳이 아닌 것입니다. 내가 믿기 때문에 천국의 믿음은 나에게 실제를 가져다 줍니다. 천국을 보는 것입니다. 그렇다면 어디에서 봅니까? 내 마음에서, 가정에서, 교회에서 천국을 봅니다. 그리스도가 지배하시는 아름다운 영역이 천국입니다. 내가 장차 들어가게 될 천국이 있는 것과 동시에 천국을 믿기 때문에 내가 이 순간 그 천국을 보고 경험하는 것입니다. 하나님의 영광이 거하시는 곳이 바로 천국이기 때문입니다.

하나님의 영광이 드러나는 믿음

십자가에 대해 말하자면, 2천 년 전에 있었던 사건으로 하나님의 아들이 인류를 위해 죽은 것이라고 할 수 있습니다. 그것은 사건입니다. 하지만 그로써 끝이 아닙니다. 십자가를 믿는 사람은 자기 안에서 십자가의 죽음을 봅니다. 하나님과 원수 된 삶을 살던 옛사람이 예수 그리스도가 십자가에서 죽으셨음을 자백함으로써 더 이상 옛사람으로부터 지배되지 않는 새로운 역사를 보게 됩니다. 믿고 보는 것입니다.

예수님의 부활에 대해서는 죽은 지 사흘 만에 다시 살아나셔서 하나님 우편에 계신다고 말하면 끝입니까? 절대 아닙니다. 그리스도의 부활을 믿는 사람은, 살아 계신 주님이 나의 영원한 생명이 되어 "내가 사는 것이 아니요 오직 내 안에 그리스도께서 사시는 것"(갈 2:20)을 봅니다. "이제 내가 육체 가운데 사는 것은 나를 사랑하사 나를 위하여 자기 자신을 버리신 하나님의 아들을 믿는 믿음 안에서 사는 것"(갈 2:20)입니다.

내 안에서 부활하신 그리스도의 생명을 봅니다. 그것을 믿습니까? 체험적인 신앙입니다. '중생'(重生)이란 예수를 안 믿던 사람이 예수님을 믿고 하나님의 자녀로 탄생하는 새로운 생명입니다. 중생의 교리를 믿습니까? 그러면 그 사람은 자기 안에서 중생을 봅니다. 옛사람이 죽고 하나님의 자녀로 태어나서 의와 진리와 거룩함으로 새사람을 입은 자기 모습을 봅니다. 바로 이것이 보는 것입니다.

나의 신앙은 체험적입니까? 믿는 것이 보는 것으로 연결되는 신앙에 얼마만큼 들어왔습니까? 나의 삶 속에서 그리고 나의 신앙 가운데 하나님의 영광을 얼마만큼 체험하고 있습니까? 많은 사람들이 체험적 신앙에 대해 머리로 받아들이고 동의하기는 하지만 정작 자신과는 상관이 없다고 여기며 고통스러워합니다. 믿기는 하지만 보는 것도 없고 되는 것도 없다고 생각합니다.

되는 것이 있어야 된다는 것을 알고 보는 것이 있어야 볼 수 있음을 아는데, 자신에게 그런 것이 없다면 믿음이 아직 성숙하지 못한 것입니다.

"네가 믿으면 하나님의 영광을 보리라. 나는 부활이요 생명이니 나를 믿는 자는 죽어도 살겠고 네 오라비가 다시 살아나리라."

믿었더니 보았습니다. 도무지 불가능하여 내 능력으로 헤쳐나갈 수 없다 해도 전능하신 예수 그리스도를 믿으면 하나님께서 분명히 보여 주십니다.

그런데 왜 이와 같은 체험적인 신앙에 도달하지 못하고 허우적거립니까? 왜 많은 기독교인들이 이론적인 신앙생활의 굴레를 벗어나지 못하고 있습니까? 왜 전능하신 하나님의 능력을 자기 마음대로 제한하고, 자신이 이해하는 범위 안에서만 하나님께서 활동하시는 것처럼 착각합니까? 이는 죽은 신앙입니다. 어린아이와 같은 신앙에서 빨리 깨어나야 합니다.

능력의 근원 예수 그리스도

한 세기에 한 명이 나올까 말까 할 정도로 훌륭한 무디(D. L. Moody, 1837-1899) 선생은 능력 있는 부흥사였습니다. 어렸을 때 믿음이 약했던 그는 주님 앞에 날마다 엎드리며 '하나님, 제게 믿음을 주옵소서'라고 기도했습니다. 덮은 성경을 손에 쥐고는 '하나님, 제게 강력하고 살아 있는 믿음을 주옵소서'라고 기도했는데, 응답이 더딘 것 같았습니다. 그런데 하루는 기도하는 와중에 불현듯 로마서의 한 구절을 봐야겠다는 생각이 들어 성경을 펼쳤습니다.

> 믿음은 들음에서 나며 들음은 그리스도의 말씀으로 말미암았느니
> 라_롬 10:17

이 말씀은, 처음에 복음을 들음으로써 믿음이 생긴다는 뜻 외에 또 다른 의미를 가지고 있습니다. 하나님의 말씀을 들음으로 믿음이 생길 뿐 아니라 말씀을 들으면 믿음이 성장하여 능력 있게 된다는 것입니다. 그 순간 무디 선생의 눈이 확 뜨였습니다.

'그렇구나. 성경을 덮어놓고 기도한 것이 잘못이구나. 성경을 열심히 읽고 듣고 공부함으로써 내 믿음이 성장하고 능력을 얻게 되는 것이로구나.'

그 뒤로 무디 선생은 성경을 열심히 읽으며 배웠다고 합니다.

체험적인 믿음이 되려면 살아 계신 예수 그리스도께 믿음의 근거를 두어야 합니다. 이를 위해서는 그리스도에 대해 알아야 하고 하나님께서 예수님을 통해 나에게 얼마나 무한한 은혜를 주시는지, 예수님을 믿음으로써 주어지는 특권이 얼마나 큰지 알아야 합니다. 그리고 하나님의 말씀을 날마다 배우고 공급받아야 자신도 모르는 사이에 이론적인 믿음, 조건적인 믿음을 버리고 성장할 수 있습니다.

지금 이 순간 주님이 오시면 당황할지도 모릅니다. 내 앞에 시간이 많이 남은 것처럼 호언장담하지 말고 하루 빨리 체험적인 믿음으로 이어질 수 있도록 하나님의 말씀을 통해 예수 그리스도를 알아 가기 바랍니다. 그러면 나의 모든 것을 그분께 맡기게 됩니다.

나를 사랑하시는 전능하신 그분께 나의 인생을 포함하여 사업과 건강과 불가능한 것까지 모두 맡기십시오. 하나님을 믿고 바라보면 믿

음대로 됩니다. 믿으면 하나님의 영광을 볼 것입니다. 보는 역사, 되는 역사가 일어날 것입니다. 하나님께서는 내가 이와 같은 믿음을 갖기를 원하십니다. 내 앞에 문제 되는 것과 고통스러운 것이 많지만 이 믿음만 가지면 믿음대로 됩니다. 기적이 일어납니다. 나사로가 살아서 나옵니다. 울며 장사 지내던 곳이 하나님을 찬양하는 천국으로 바뀝니다. 놀라운 역사가 눈앞에 펼쳐지는 것입니다.

하나님의 백성은 그분의 영광에 동참하는 체험적인 신앙을 추구해야 합니다. 입으로만 떠드는, 무늬뿐인 크리스천은 세상을 바꿀 수 없습니다. 그런 사람은 결코 예수 그리스도의 제자가 될 수 없습니다. 이상한 현상만 찾아 이리저리 기웃거리는 사람도 마찬가지입니다. 이 세상에 영향을 미칠 수 있는 크리스천은 오로지 체험적 신앙을 가지고 있는, 예수님의 참된 제자들뿐입니다.

나의 신앙고백과 내 삶이 하나 될 때, 이 세상은 결코 나를 감당할 수 없습니다. 세상은 그리스도인들을 통해 하나님의 영광을 똑똑히 목격하게 될 것입니다. 나같이 연약한 사람을 통해 하나님의 영광이 이 땅에 드러날 수 있다면 그 이상으로 기쁘고 감격스러운 일이 어디 있겠습니까? 그 이상 나 자신이 더 크게 쓰임 받을 수 있는 일이 어디 있겠습니까? 상상만 해도 황홀하지 않습니까?

하나님께서 그분을 믿는 백성에게 이와 같은 은혜를 허락하시기를 간절히 소망합니다.

Part

02

사랑합니다
내 삶을 예수님께 드리겠습니다

1

예수를
따라가려면

'예수님이 남기신 발자국을 그대로 밟고 따라오라'는 뜻을 지키기 위해서는
자기를 부인하고 자기 십자가를 져야 합니다.

마태복음 16:24-27

24 이에 예수께서 제자들에게 이르시되 누구든지 나를 따라오려거든 자기를 부인하고 자기 십자가를 지고 나를 따를 것이니라 25 누구든지 제 목숨을 구원하고자 하면 잃을 것이요 누구든지 나를 위하여 제 목숨을 잃으면 찾으리라 26 사람이 만일 온 천하를 얻고도 제 목숨을 잃으면 무엇이 유익하리요 사람이 무엇을 주고 제 목숨과 바꾸겠느냐 27 인자가 아버지의 영광으로 그 천사들과 함께 오리니 그때에 각 사람이 행한 대로 갚으리라

예수를
따라가려면

예수님의 십자가에 대해 깊이 묵상해야 될 두 가지 주제를 살펴보겠습니다. 본문은 예수님이 가신 길과 나 자신이 걸어가야 할 길을 보여 줍니다. 예수님이 지신 십자가와 내가 져야 할 십자가를 말해 주고 있는 것입니다. 예수님은 본문 말씀을 통해 두 가지 모두 중요하다는 것을 가르쳐 주십니다.

예수님은 예루살렘을 향해 오르시며 십자가의 길을 예비하고 계셨습니다. 그리고 제자들을 돌아보시며 "누구든지 나를 따라오려거든 자기를 부인하고 자기 십자가를 지고 나를 따를 것이니라"(24절)라고 말씀하십니다. 이것은 예수님이 져야 할 십자가와 내가 져야 할 십자가가 모두 중요하다는 의미입니다. 이 두 가지는 분리하여 생각할 수 없습니다.

○ ○ ○ ○ ○ ○ ○ ○ ○
십자가의 의미 바로 알기

예수님이 지신 십자가에 대해서는 비교적 자주 가르치기 때문에 배울 기회가 많지만 나 자신이 져야 할 십자가에 대해서는 소홀히 다루는 것이 사실입니다. 그러나 이는 바른 태도가 아닙니다. '예수님이 남기신 발자국을 그대로 밟고 따라오라'는 뜻을 지키기 위해서는 자기를 부인하고 자기 십자가를 져야 합니다. 이 말씀은 예수님이 이 땅에 계실 동안 가장 많이 선포하신 진리 가운데 하나입니다. 그토록 중요하기 때문에 예수님은 사복음서를 통해 여러 번 반복해서 이 말씀을 하셨습니다.

누가복음에서는 "누구든지 자기 십자가를 지고 나를 따르지 않는 자도 능히 내 제자가 되지 못하리라"(14:27)라고 말씀하십니다. 자신의 십자가를 지는 것으로 주님의 제자가 되느냐 안 되느냐가 결정된다는 뜻입니다.

마태복음에서는 "사람이 만일 온 천하를 얻고도 제 목숨을 잃으면 무엇이 유익하리요"(16:26)라고 말씀하셨습니다. 나를 부인하고 내 십자가를 지고 주님을 따르는 것은 영원한 생명을 얻는 구원받는 문제와도 직결된다는 뜻이 담긴 말씀입니다. 즉, '자기 십자가를 지고 나를 따라오지 않으면 이 땅에서는 편할 수 있을지 모르지만 영원한 생명을 잃게 된다. 그런데도 잠시 이 땅에서 잘사는 것이 무슨 의미가 있겠느냐'라는 의미입니다. 따라서 자기를 부인하고 자기 십자가를 지고 예수님을 따르는 것이 진실로 유익하다는 말씀입니다.

예수님이 재림하셔서 각자의 행위대로 보응하실 때 십자가를 지고 주님이 오라 하신 길을 따른 사람에게는 주님의 칭찬과 상급이 예비되어 있지만 그렇지 못한 사람에게는 아무것도 주어지는 게 없습니다. 자기 십자가를 지고 예수님을 따르는 것이 중요한 또 하나의 이유는, 바로 그것이 예수 그리스도의 제자의 자격을 결정하는 기준이 되고 결국 내가 구원받는 문제와도 직결되기 때문입니다.

그런데 이 말씀은 대단히 어렵습니다. 뜻이 어렵다거나 깨닫는 것이 어려운 게 아니라 그대로 순종하는 것이 참으로 힘듭니다. 목회자들 또한 따르기가 힘든 말씀입니다. 그래서 오늘날의 사람들에게는 인기 없는 말씀이 되었습니다. 크리스천들은 성경을 읽다가 본문과 같은 말씀을 접하면 무심히 지나쳐 버립니다. 또는 목사나 선교사처럼 특별한 소명을 받은 사람들에게만 해당되는 것이라고 가볍게 생각합니다. 그리고 사람들이 좋아하지 않기 때문에 설교자들 또한 이러한 말씀은 전하지 않으려 합니다.

하지만 반드시 기억해야 합니다. 예수님이 이 땅에 계실 때 가장 많이 언급하신 말씀 중 하나이기 때문입니다. 주님이 제일 강조하셨던 말씀을 사람들이 듣기 싫어한다는 이유로 강단을 지키는 목회자가 전하지 않는다면 그 사람은 삯꾼이 되고 맙니다. 말씀을 전하는 사람에게는 몸에 좋은 쓴 약을 억지로라도 복용하게 해야 할 의무가 있는 것입니다.

○ ○ ○ ○ ○ ○ ○ ○
십자가에 대한 반응

말씀을 받아들이는 태도는 크게 둘로 나뉩니다. 하나는, 자신의 십자가를 지고 주님을 따르겠다는 큰 믿음을 가진 사람입니다. 다른 하나는, 아직은 받아들여지지 않으나 부담감을 안고 있는 작은 믿음을 가진 사람입니다.

그러나 직설적으로 표현하면 이 말씀을 통해 참믿음과 거짓 믿음의 소유자를 가릴 수 있습니다. 말씀대로 살아야겠다는 간절함이 마음속에 있으면 참믿음을 가진 사람입니다. 하지만 이 말씀을 대수롭지 않게 여긴다면 그 믿음은 거짓일 수도 있습니다.

본문과 비슷한 내용을 다루는 누가복음 14장에서는 예수님이 수많은 무리와 함께 길을 가시는 모습을 보여 줍니다. 그때 예수님이 돌이키시며 이렇게 말씀하십니다.

누구든지 자기 십자가를 지고 나를 따르지 않는 자도 능히 내 제자가 되지 못하리라_눅 14:27

예수님의 이적과 기사를 보기 원하고 주님의 말씀을 듣기 원하는 많은 사람들이 예수님을 따르고 있었습니다. 그런데 인기 절정에 계신 예수님이 찬물을 끼얹는 말씀을 하신 것입니다. 그 이유는 무엇일까요?

많은 사람이 예수님을 따른다고 해서 그들이 전부 예수님을 믿는 것도 아니요 구원을 받는 것도 아닙니다. 겉으로는 주님을 굉장히 사랑하는 것처럼 보여도 그들이 모두 진정으로 예수님을 사랑하는 것이 아닙니다. 예수님은 이미 그것을 아셨습니다. 그래서 자기 자신을 부인하고 자기 십자가를 지고 예수님을 따르지 않으면 중도에 돌아설 사람이라는 뜻의 말씀을 하신 것입니다.

예수님의 말씀처럼 나중에는 무리가 전부 떠났습니다. 예수님이 십자가를 지러 가실 때는 인기가 완전히 사라진 상태였습니다. 예수님을 비난하고 비판하는 소리가 높아졌습니다. 주님을 따라가면 손해만 있을 뿐 이득이 되는 것은 전혀 없었습니다. 이때 마지막까지 따라간 사람이 누구입니까? 몇몇 제자들과 여인들뿐이었습니다. 주님이 말씀하신 그대로입니다.

프랑스의 종교개혁자 장 칼뱅(Jean Calvin, 1509-1564)은 하나님의 자녀가 된 것을 체득하기 위해서는 일정한 수련 기간이 필요하다고 했습니다. 본문 말씀은 하나님의 자녀로서 수련 과정에 선 자신의 모습을 확인시켜 줍니다. 칼뱅이 한 말을 새겨 볼 필요가 있습니다.

"하나님의 사랑을 한몸에 받은 예수 그리스도조차 이 땅에 계실 동안 안일하게 살지 않도록 하나님께서 그 어깨에 십자가를 지게 하시고 죽기까지 복종케 하셨거늘, 하물며 내가 하나님의 자녀가 된 후에 그 조건에서 면제받을 수 있겠는가!"

예수님이 감당하신 십자가를 나 자신이 피할 수 있겠느냐는 말입니다. 그만큼 이 말씀은 중요합니다. 놀라운 진리가 그 안에 담겨 있기 때문입니다.

○ ○ ○ ○ ○ ○ ○ ○ ○ ○ ○ ○ ○
내 안에서 싸우는 두 개의 자아

십자가를 생각하면 '자기 부인'이란 말을 피할 수 없습니다. 자기를 부인한다는 말에 대해 이렇게 표현해 보겠습니다. 자기 부인이란, 나 자신에 대해서는 항상 '노'(No)라고 말하고 하나님에 대해서는 항상 '예스'(Yes)라고 말하는 것입니다. 내 뜻에 대해서는 언제나 노, 하나님의 뜻에 대해서는 언제나 예스! 이런 자세가 바로 자기 부인입니다.

그러고 나면 다음과 같은 의구심이 생길 수도 있습니다.

'예수를 믿으면 '자기'라는 것은 전적으로 무시해야 하는가? 기독교적인 입장에서 볼 때 '자신'이나 '자아'라는 것은 전혀 무가치한 것인가?'

하지만 이는 그렇지 않습니다. 자아는 단순 개체가 아닙니다. 단순한 존재가 아닌 것입니다. 다시 말해, 선하면 전적으로 선하고 악하면 완전히 악한 존재가 아닙니다. 자신이 선하다고 하면 전적으로 하나님처럼 높임을 받는 자아가 되고, 악하다고 하면 마귀처럼 완전히 없어져야 하는 존재가 아닌 것입니다.

사람은 복합적인 개체입니다. 내 안에 선과 악이 동시에 있습니다. 이를 잘 보여 주는 문학작품이 《지킬 박사와 하이드》입니다. 주인공인 지킬 박사는 약을 만들어 먹고 난 뒤 이중인격자가 되었습니다. 낮에는 선한 사람으로 살다가 저녁에는 악마 같은 사람으로 변합니다. 지킬과 하이드가 한 사람 안에 있는 것입니다.

하나님께서는 창조의 결과로 생긴 자아에 대해 굉장히 높이 평가하십니다. 하나님의 형상을 닮은 특별한 피조물이기 때문입니다. 그래서 주님이 "공중의 새를 보라 심지도 않고 거두지도 않고 창고에 모아들이지도 아니하되 너희 하늘 아버지께서 기르시나니 너희는 이것들보다 귀하지 아니하냐"(마 6:26), "또 너희가 어찌 의복을 위하여 염려하느냐 들의 백합화가 어떻게 자라는가 생각하여 보라 수고도 아니하고 길쌈도 아니하느니라"(마 6:28)라고 말씀하신 것입니다. "누구든지 나를 믿는 이 작은 자 중 하나를 실족하게 하면 차라리 연자 맷돌이 그 목에 달려서 깊은 바다에 빠뜨려지는 것이 나으니라"(마 18:6)라고 말씀하신 것도 한 사람의 인격을 매우 소중히 여기셨기 때문입니다. 예수님은 당시에 가장 천대받던 여성도 평등한 인격체로 존중해 주셨습니다.

창조의 결과로 생긴 자아는 대단한 존재입니다. 죄로 인해 하나님의 형상이 많이 훼손되기는 했으나 예수님을 믿은 다음에는 이 형상이 회복되었습니다.

> 그런즉 누구든지 그리스도 안에 있으면 새로운 피조물이라 이전 것은 지나갔으니 보라 새것이 되었도다_고후 5:17

하나님께서는 내 안에 새로운 자아를 만들어 주셨습니다. 그것은 하나님의 모습을 점점 닮아 가는, 굉장히 소중한 자아입니다. 하나님께서 아주 많이 사랑하시는 존재인 것입니다.

반면에 타락의 결과로 내 안에 남은 자아가 있습니다. '육(肉)의 사람'이라고도 하고 '옛사람'이라고도 부르는 것입니다. 이는 하나님과 원수가 됩니다. 옛 자아는 마귀의 도구입니다. 정욕과 욕심으로 똘똘 뭉친 죄악의 근성입니다. 이 자아가 내 안에도 있습니다. 예수님이 나의 옛 자아를 멸하기 위해 십자가를 지셨습니다. 그래서 하나님께서는 누구든지 예수를 믿기만 하면 그의 옛 자아는 십자가에서 죽은 것으로 간주해 주시는 것입니다.

> 내가 그리스도와 함께 십자가에 못 박혔나니 그런즉 이제는 내가 사는 것이 아니요_갈 2:20

내가 산 것이 아니라는 말은 나의 옛 자아가 죽었다는 뜻입니다. 나의 옛 자아는 이미 십자가에 못 박힌 것입니다.

> 그리스도 예수의 사람들은 육체와 함께 그 정욕과 탐심을 십자가에 못 박았느니라_갈 5:24

◦ ◦ ◦ ◦ ◦ ◦ ◦
옛 자아 부정하기

그러나 뱀이 그 머리가 깨어졌을지라도 마지막까지 꼬리를 흔들며 몸통을 틀듯이 사람이 육체를 가지고 이 땅에 사는 이상 십자가에 못 박혀 죽은 것이 틀림없는 내 본성, 즉 옛 자아는 계속 남아 있게 됩니다. 따라서 자기를 부인하라는 말씀은 타락의 결과로 내게 남아 있는 자아를 부인하라는 뜻입니다. 이는 하나님 안에서 새롭게 된 자아를 부인하라는 말이 아닙니다. 하나님이 주신 인격을 무조건 송두리째 쓰레기통에 집어넣으라는 것이 아니라 옛 자아의 생각과 욕심을 부인하라는 뜻입니다.

그렇다면 나의 옛 자아를 어느 정도로 부인해야 합니까? 베드로가 예수님을 세 번 부인하듯이 완전히 부인해야 합니다. 베드로에게 여종 하나가 와서 "너도 갈릴리 사람 예수와 함께 있었도다"(마 26:69) 하고 말했을 때, 베드로는 모든 사람들 앞에서 부인하며 "나는 네가 무슨 말을 하는지 알지 못하겠노라"(마 26:70)라고 답했습니다. 다른 여종이 베드로를 보고 사람들에게 "이 사람은 나사렛 예수와 함께 있었도다"(마 26:71) 하고 말했을 때는 "나는 그 사람을 알지 못하노라"(마 26:72)라고 맹세하며 부인했습니다. 곁에 섰던 사람들이 와서 "너도 진실로 그 도당이라 네 말소리가 너를 표명한다"(마 26:73)라고 말했을 때는 저주까지 하면서 맹세하며 부인했습니다. 예수님을 어떤 식으로 저주했는지는 알 수 없으나 3년 동안 따라다닌 예수님을 욕하고 저주하면서 부인한 것입니다.

그런데 예수님을 믿는 그리스도인은 옛 자아를 부인할 때 베드로가 예수님을 철저하게 세 번 부인하던 것과 같은 방법으로 행해야 합니다.

예수님을 믿으면 자신 안에 있는 두 자아를 인식합니다. 성령의 사람과 육신의 사람, 다시 말해 새로운 자아와 옛 자아입니다. 예수님을 믿은 지 얼마 안 되었다 해도 그리스도를 나의 구주로 고백하면 내 안에 성령이 임재하시기 때문에 내 안에서 두 자아가 명백히 구별됩니다. 성령의 소욕과 육신의 소욕이 분명히 나뉘는 것입니다.

예를 들어, 어떤 형제를 용서해야 될 문제로 고민한다고 합시다. 내 안에 있는 새로운 자아는 뭐라고 말합니까? '용서해야지. 아무리 내가 괴로워도 용서해야 돼.' 동시에 옛 자아는 뭐라고 하나요? '용서를 해도 한두 번이지. 어떻게 자꾸 용서해 주냐?' 옛 자아가 성령의 소욕을 거부하는 것입니다.

예전에는 돈을 사랑했으나 예수님을 믿은 이후로 그렇게 하면 안 된다는 새로운 자아의 음성을 듣게 됩니다. 내 안에서 서로 부딪히는 것입니다. 거짓말 한마디 하고 서류 하나 적당히 바꾸면 몇천만 원이 떨어지는 상황에 놓였을 경우, 도장을 찍으려는 순간 그러면 안 된다는 새로운 자아의 음성을 듣게 됩니다. 그러면 옛 자아는 뭐라고 할까요? '한 번만 눈감으면 되잖아. 주일예배 때 회개하면 되지, 뭐.'

이와 같을 때, 나의 옛 자아를 어떻게 부정해야 합니까? 베드로가 예수님을 세 번 부인하듯이 똑같이 해야 합니다. 처음에는 부드럽게 '안 돼'라고 하면 되지만 여의치 않을 경우에는 좀 더 단호하게 거절해야 합니다. 그래도 여전히 옛 자아의 소리가 들리면 어떻게 해야 합니까? 욕을 해서라도 옛 자아를 부인해야 합니다.

내 속에 있는 옛 자아가 독하고 더럽기 때문에, 저주를 받아도 마땅할 만큼 악하기 때문에 있는 대로 욕을 다 들어야 하는 것입니다. 옛 자아를 부인하지 않으면 주님을 따라갈 수 없습니다. 자기 자신을 부인하면 자연적으로 십자가를 지게 되는 것입니다. 십자가를 진다는 말은 '자기를 희생한다'는 뜻입니다. '헌신한다' '봉사한다'는 말입니다.

나의 뜻은 철저하게 이기적이지 않습니까? 이기적으로 살라는 소리에 나는 '노'라고 했습니다. 그다음에는 하나님의 뜻에 귀를 기울이고 그 말씀에 '예스'라고 했습니다. 하나님의 뜻은 과연 무엇입니까?

"너는 지금부터 사랑으로 봉사해라. 주님을 위해 헌신해라. 영원한 나라를 위해 네 삶을 올바로 정리해라. 의롭게 살아라."

하나님은 이와 같이 명령하십니다. '예스'라고 답한 다음에는 헌신하지 않으면 안 되는 무거운 십자가가 내 위에 지워집니다.

십자가는 어떻게 지게 되는가

교회 안에서도 무거운 십자가를 지고 있는 사람들을 많이 봅니다. 양심의 가책 없이 되는대로 돈을 벌고 남을 괴롭히면서까지 자기 살 궁리만 하던 사람이, 예전처럼 할 수 없는 까닭에 뒤처진 환경 속에서 사는 경우를 봅니다. 십자가를 진 것입니다. 또한 장로님, 순장, 주일학교 교사, 찬양대원이나 각 부서의 사람들이 주를 위해 살고자 헌신하는 것을 봅니다. 주말을 자기 마음대로 보내지 않고 자신이 즐겨오던 대부분의 것을 포기한 채, 다른 사람을 위해 시간을 투자하는 것입니다. 십자가를 졌기 때문입니다.

밤 시간조차 가족과 같이 보낼 수 없을 때가 찾아옵니다. 어려운 일을 만난 형제가 전화 상담을 통해 기도를 요청하면 통화 시간이 길어집니다. 육체도 피곤하지만 가족과 이야기할 틈조차 빼앗깁니다. 그러나 안 하겠다고 할 수 없습니다. 하나님의 뜻에 대해 나는 '예스'라고 한 사람이기 때문에 십자가를 져야 되는 것입니다. 금요일 저녁 몹시 지친 가운데 다락방 순원들과 하나님의 말씀을 나누는 것 또한 십자가를 지는 것입니다. 하나님의 뜻에 '예스'라고 했기 때문에 하나님의 명령대로 살아야 하는 것입니다.

예수님을 믿는 사람에게 하나님은 '희생'을 원하십니다. 십자가를 지라는 말입니다. 가난한 사람이 있는데 어떻게 내 주머니만 가득 채울 수 있습니까? 굶는 사람을 보고 어떻게 식탁 앞에서 가족과 함께 감사기도를 드릴 수 있습니까? 내가 충분히 가지지 못해도 나누어야 하고 내가 배불리 먹지 못해도 함께 먹어야 합니다. 병으로 고통당하는 사람이 있으면 도와주어야 합니다. 나라가 위기에 처하면 나의 취미나 오락을 젖혀 두고라도 나라를 위해 무릎 꿇고 기도해야 합니다. 하나님께서는 그와 같은 헌신을 원하십니다. 하나님의 뜻에 '예스'라고 답하면 그 뜻대로 살아야 하기 때문입니다.

교회 청년 가운데 여러 가지로 좋은 여건 중에 있으면서도 하나님의 말씀을 좇아 자신이 가진 것을 포기하고 아프리카나 아시아를 비롯한 세계 곳곳을 향해 선교사로 떠나는 젊은이를 보게 됩니다. 십자가를 진 것입니다. 자기를 부인하고 하나님의 뜻에 '예스'라고 답하면 그분의 뜻에 따라 살 수밖에 없기 때문입니다.

오늘 주님은 나에게도 동일하게 물으십니다.

"예수 믿으니까, 좋지? 죄 용서받고 기도하는 대로 응답받으니까 좋지 않니?"

"그럼요, 좋지요. 제 머리털까지도 헤아려 주시고 어디를 가든지 동행해 주시고 보호해 주시니 정말 좋아요. 주님, 감사합니다. 예수님을 믿고 응답받지 못한 것이 하나도 없네요. 할렐루야!"

나의 마음은 그저 좋기만 합니다. 그런데 주님이 나를 향해 또다시 말씀하십니다.

"내가 너한테 할 말이 있어. 네가 예수 믿고 받은 축복을 교회와 하나님 나라를 위해 전부 드린 다음에 십자가를 지고 나를 따라오지 않으련?"

주님이 이렇게 말씀하신다면 받아들일 수 있는 사람이 얼마나 될까요? 나는 과연 받아들일 수 있는 사람입니까?

십자가의 능력을 바라보라

기독교는 희생의 종교입니다. 십자가의 종교입니다. 실로 큰 축복을 받았기 때문에 주님은 그 축복을 가지고 희생하라고 말씀하십니다. 하나님의 사랑이 십자가를 통해 아주 크게 나에게 임했기 때문에 그 사랑을 자신만을 위해 사용하지 말고 희생하고 헌신하며, 충성하라고 하십니다.

십자가 지기를 거부하는 사람이 하나님 나라에 들어갈 수 있을까요? 기독교를 그렇게 값싸게 생각하지 마십시오. 내가 예수 믿고 받은 축복도 중요하지만 축복받은 사람으로서의 사명도 중요합니다. 예수님이 나를 위해 십자가를 지셨다는 사실도 중요하지만 내가 주님을 위해 십자가를 지고 따라가야 하는 문제도 똑같이 중요하게 생각해야 합니다. 그 두 가지를 중요한 것으로 생각하지 못하면 아직도 어린 신자에 불과합니다.

그럼에도 마음을 무겁게 가질 필요가 없는 이유가 있습니다. 가만히 생각해 보면 하나님은 가끔 장난을 좋아하시는 아버지 같습니다. 진짜로 좋은 것, 가장 복된 것은 사람들이 싫어하는 것 속에 감추어 두는 경향을 보이시기 때문입니다. 예를 들면, 눈물 단지 속에 기쁨을 감추어 둠을 통해 눈물로 씨를 뿌리지 않으면 참기쁨을 알 수 없게 하셨습니다. 진정한 만족을 가난한 오두막집 속에 숨겨 둠으로, 하나님의 참다운 위로를 환난의 현장 속에 감추어 둠으로, 승리의 환희와 기쁨을 골고다 십자가 뒤에 묻어 두는 방식으로 주님은 좋은 것을 베풀어 주십니다. 그렇기 때문에 자기를 부인하고 십자가를 지는 사람만 주님의 은혜를 누릴 수 있습니다. 하나님의 섭리인 것입니다.

십자가 역시 자기를 희생하는 사람만 얻을 수 있는 축복의 관점에서 바라봐야 합니다. 십자가는 그 자체가 능력입니다. 나를 위해 죽으신 예수 그리스도의 십자가를 바라보고 생각만 해도 십자가는 나에게 무한한 능력을 제공해 주는 원천이 됩니다.

> 십자가의 도가 멸망하는 자들에게는 미련한 것이요 구원을 받는 우리에게는 하나님의 능력이라_고전 1:18

십자가는 하나님 나라에 들어가게 해 주는 능력으로 끝나지 않고 그것을 바라보는 사람에게 날마다 새로운 능력이 되어 줍니다. 고난과 가난과 질병 속에서, 핍박과 실패 속에서 그것을 바라보기만 해도 새롭게 일어날 수 있도록 위로와 능력을 주는 것이 바로 십자가입니다.

러시아의 유명 작가인 알렉산드르 솔제니친(Aleksandr Solzhenitsyn, 1918-2008)의 예화를 소개하겠습니다.

반체제 인사였던 솔제니친은 강제노동 수용소에서 중노동형을 선고받고 수년에 걸쳐 고생을 했으며 나중에는 서방 세계로 추방당했습니다. 그는 강제노동 수용소에서 하루에 열두 시간씩 중노동을 했습니다. 결국 영양가 없는 음식을 먹으며 심한 노동에 시달리다 보니, 병까지 얻게 되었습니다. 의사는 그에게 살 날이 얼마 남지 않았다고 진단을 내렸습니다. 그럼에도 중노동은 계속되었습니다.

뙤약볕 아래에서 삽으로 모래를 퍼 나르는 일을 하던 그는 너무 지친 나머지 이렇게 말하고 삽을 내려놓았습니다.

"나는 더 이상 못하겠소. 이제는 끝이오. 삽자루를 놓는 즉시 감시하는 사람이 와서 나를 사정없이 때리겠지만, 나는 아예 그 매를 맞고 이 자리에서 죽을 것이오."

그리고 회초리가 날아오기를 기다렸습니다.

그때 옆에서 일하던 크리스천 죄수 하나가 조심스럽게 다가오더니, 삽으로 모래 위에 십자가를 그렸습니다. 그는 솔제니친이 십자가를 보는 순간 싹 지우고 나서 자기 자리로 돌아갔습니다.

그런데 솔제니친은 십자가를 보고 나서 스스로도 납득이 안 될 만큼 힘이 솟는 놀라운 경험을 하게 되었습니다. 그는 주저하지 않고 삽을 들어 모래를 퍼 나르기 시작했습니다. 그 후, 솔제니친은 십자가의 능력으로 여러 달에 걸친 중노동을 감당할 수 있었습니다.

십자가의 능력은 이처럼 매우 대단합니다. 십자가를 보기만 해도 힘을 얻는데 그 십자가를 지고 주님을 따르는 사람에게 하나님이 주시는 은혜는 얼마나 클지 생각해 보기 바랍니다. 십자가를 진 선배들이 이미 증언하고 있지 않습니까?

"처음에는 내가 십자가를 지고 가지만 나중에는 십자가가 나를 지고 간다."

결국 하나님이 능력과 기쁨과 위로를 주셔서 십자가를 거뜬히 지고 갈 수 있도록 은혜를 베풀어 주신다는 말입니다. 이러한 진리를 알지 못하면 신앙생활의 맛을 모르는 것이요 아직도 어린 신앙에 머물러 있는 것입니다.

그런데 보통 십자가를 지라는 말을 들으면 어떻게 반응합니까?

'아, 예수는 참 지긋지긋해. 어떤 면에선 잔인하기도 해. 기독교를 대하면 너무 부담스러워.'

혹시라도 내가 이렇게 생각하지는 않습니까? 그렇다면 십자가의 세계를 너무 모르는 것입니다. 십자가의 세계로 들어오기 바랍니다.

십자가, 기독교의 진정한 핵심

한 명 한 명, 성도들의 손을 잡고 말하고 싶을 정도로 제 마음은 간절합니다. 십자가를 지는 것이 굉장히 부담스럽게 느껴진다면 가장 중요한 기독교의 정수(精髓)를 놓치고 있는 것입니다. 이는 마치 물속에 들어가는 것이 무서워서 온전한 바다 구경을 못하는 것과도 같습니다. 매일 바닷가에서 서성대기만 하는 사람들은 스쿠버 다이빙으로 찬란한 바다 세계를 직접 구경하고 나온 사람들이 느끼는 그 황홀함을 알 수 없습니다. 그들은 평생에 걸쳐 바닷속 구경을 하지 못합니다. 단지 텔레비전을 통해 간접적으로만 볼 수 있을 뿐입니다.

마찬가지로 십자가 지기를 거부하는 사람들은 신앙생활의 정수를 누리는 사람들을 옆에서 바라보며 부러워하기만 할 뿐입니다. '나도 저렇게 믿고 싶은데, 왜 안 될까?' 하면서 아쉬워만 합니다.

그렇다면 그들이 놓친 기독교의 정수는 무엇일까요? 자기를 부인하고 십자가를 지는 사람들만 알 수 있도록 하나님께서 예비하신, 이루 말할 수 없는 놀라운 기쁨입니다. 삶 가운데 사람이 기쁨을 느낄 때는 언제입니까? 사람은 자신이 소중히 여기는 존재가 나를 통해 기쁨을 누릴 때 커다란 행복감에 젖습니다. 누구나 사랑하는 사람이 있습니다. 가까이는 아내나 남편, 아이들 그리고 친구들이 될 수 있습니다. 저희 집 이야기를 잠시 하자면 연년생인 아들 두 명과 터울이 진 막내아들이 있습니다. 아이들이 어릴 때, 경제적으로 넉넉지 않아 제대로 용돈을 준 일이 없는데도 막내아이 생일이면 형이랍시고 아들아이 둘이 제법 근사한 선물을 마련해서 떡과 함께 동생 품에 안겨 주는 것을 보았습니다. 백 원이든 천 원이든 손에 들어오는 돈은 전부 모은 듯했습니다. 이때 형이 되는 아이들은 어떤 기쁨을 누렸을까요? 동생이 선물 받고 좋아서 어쩔 줄 모르는 모습을 보는 것만으로도 그동안의 수고가 눈 녹듯 사라졌을 것입니다.

하나님께서 사람을 이 같은 존재로 만드셨습니다. 나 자신을 위해 내 호주머니 속에 큰 재산이 들어올 때보다 내가 사랑하는 누군가가 나로 인해 웃을 때 참된 기쁨을 누리도록 말입니다. 이는 하나님께서 사람에게 허락하신 비밀입니다. 십자가의 능력 또한 이와 같습니다. 하나님만 주실 수 있는 놀라운 기쁨이 그 속에 숨어 있는 것입니다.

하나님을 사랑하십니까? 나를 위해 하나밖에 없는 아들을 죽기까지 내어주신 하나님 아버지가 내 인생에서 정말로 소중한 분이 되십니까? 내가 사람을 위해 수고할 때도 기쁨을 예비해 두시는 하나님께서, 오직 그분을 사랑하는 마음으로 십자가를 지고 가는 나에게 친히 준비해 두신 은혜가 전혀 없을 것 같습니까?

진리를 바로 깨달아야 합니다. 누구나 쉽게 누릴 수 있는 기쁨은 그 흔함만큼이나 가볍습니다. 그러나 자기를 부인하고 십자가를 지고 가는 사람을 위해 하나님께서 예비해 두신 기쁨은 이 세상 그 무엇과도 비교가 되지 않습니다. 순교하는 스데반을 향해 예수님은 보좌에서 일어나시는 당신의 영광을 보여 주셨습니다. 이와 같이 십자가를 지고 가는 나를 향해 하나님께서는 세상이 이해할 수도 없고 상상할 수도 없는 당신의 영광을 매일매일 나타내 주십니다.

하나님의 영광 앞에서 내가 느낄 환희와 감격을 상상해 봤습니까? 바로 이것이 기독교의 진리입니다. 세상눈에는 그처럼 미련해 보이는 예수 그리스도의 십자가 속에 구원의 길이 숨어 있듯이, 세상 사람들 눈에는 어리석어 보이는 내가 지는 그 십자가 속에 하나님께서 허락하신 영광의 비밀이 숨어 있습니다.

예수님을 믿는다고 하면서도 십자가를 지기 싫어 주변만 맴도는,

그러면서 스스로 편한 줄로 여기는 신앙생활은 이제 버리기 바랍니다. 십자가를 지는 사람에게만 허락하시는 하나님의 위로와 기쁨, 능력과 신비스러운 행복을 경험할 것을 결단하기 바랍니다. 하나님께서는 크나큰 위로와 축복을 준비해 두시고 나에게 십자가를 질 것을 말씀하십니다. 내 주머니가 찰 때만 느끼는 얕은 행복은 떨치겠다는 결단 아래, 하나님이 주시는 참행복을 소망하기를 바랍니다.

> 누구든지 나를 따라오려거든 자기를 부인하고 자기 십자가를 지고
> 나를 따를 것이니라_마 16:24

주님의 말씀에 순종하여 주님이 오라고 하시는 길을 잘 따라감으로, 예수님의 참된 제자들을 위해 하나님께서 예비해 두신 진정한 행복을 누리는 아름다운 성도가 되기를 축복합니다.

2

옥합을
깨뜨리라

예수님이 나를 위해 죽으셨다는 것을 믿는다면
그 어떤 것도 예수님 이상이 될 수 없습니다.
만약 내가 사랑하는 옥합이 예수 이상으로 여겨진다면,
예수님이 나를 위해 죽으신 사실을 믿지 않는 것입니다.

마가복음 14:1-9

1 이틀이 지나면 유월절과 무교절이라 대제사장들과 서기관들이 예수를 흉계로 잡아 죽일 방도를 구하며 2 이르되 민란이 날까 하노니 명절에는 하지 말자 하더라 3 예수께서 베다니 나병 환자 시몬의 집에서 식사하실 때에 한 여자가 매우 값진 향유 곧 순전한 나드 한 옥합을 가지고 와서 그 옥합을 깨뜨려 예수의 머리에 부으니 4 어떤 사람들이 화를 내어 서로 말하되 어찌하여 이 향유를 허비하는가 5 이 향유를 삼백 데나리온 이상에 팔아 가난한 자들에게 줄 수 있었겠도다 하며 그 여자를 책망하는지라 6 예수께서 이르시되 가만두라 너희가 어찌하여 그를 괴롭게 하느냐 그가 내게 좋은 일을 하였느니라 7 가난한 자들은 항상 너희와 함께 있으니 아무 때라도 원하는 대로 도울 수 있거니와 나는 너희와 항상 함께 있지 아니하리라 8 그는 힘을 다하여 내 몸에 향유를 부어 내 장례를 미리 준비하였느니라 9 내가 진실로 너희에게 이르노니 온 천하에 어디서든지 복음이 전파되는 곳에는 이 여자가 행한 일도 말하여 그를 기억하리라 하시니라

옥합을
깨뜨리라

●

　　　　　　　　　예수님은 십자가를 지기 위해 예루
살렘으로 오르시던 중 베다니 마을에 이르셨습니다. 그곳에는 예수님
이 특히 사랑하시던 삼 남매 나사로, 마르다, 마리아가 살고 있었습니
다. 삼 남매는 결혼하지 않은 채 한집에서 지내고 있었는데, 예수님은
평소에 이곳을 자주 드나드셨습니다.

　본문은 한 마을에 사는 나병 환자 시몬의 집에서 특별히 예수님을
위한 잔치를 벌이고 있던 때를 기록하고 있습니다. 이때 시몬은 장소
를 제공했는데, 잔치를 연 사람은 나사로와 마르다, 마리아였습니다.
잔치하는 중에 나사로의 둘째 여동생인 마리아가 아주 값진 향유를
가지고 와서 예수님의 머리에 부었습니다. 또 다른 복음서에서는 예
수님의 발에 향유를 쏟아 부었다고 기록하고 있습니다. 한순간에 향
유를 다 쓰는 것을 본 제자들은 "어찌하여 이 향유를 허비하는가 이
향유를 삼백 데나리온 이상에 팔아 가난한 자들에게 줄 수 있었겠도
다"(4-5절) 하면서 흥분했습니다.

　그 모습을 보신 예수님이 "가만두라 너희가 어찌하여 그를 괴롭게

하느냐 그가 내게 좋은 일을 하였느니라 온 천하에 어디서든지 복음이 전파되는 곳에는 이 여자가 행한 일도 말하여 그를 기억하리라"(6, 9절)라고 말씀하십니다.

○ ○ ○ ○ ○ ○ ○ ○
이해되지 않는 행동

유대에서는 만찬이나 식사를 할 때 비스듬히 드러누워서 음식을 먹는 풍습이 있었습니다. 왼팔로 베개를 하고 오른손으로 음식을 집어먹는 것입니다. 특히 영화 〈벤허〉에서 그런 장면을 쉽게 볼 수 있습니다.

예수님은 식사하시던 가운데 마음이 흡족해지셨는데, 어느 누구도 예상하지 못한 특별한 방법으로 예수님께 선물을 드린 한 여자 때문이었습니다. 다른 복음서에는 이 여인의 이름이 나오지 않지만 요한복음에는 마리아라고 명명되어 있습니다.

마리아가 조그만 나드 향유 병 하나를 품에 들고 왔습니다. 이는 인도에서 나는 '나르도스타키스 자타만시'(Nardostachys Jatamansi)라고 하는 풀에서 뽑아내는 향유로 대단히 값진 것입니다. 마리아는 그 향유가 가득 든 병 하나를 가지고 들어와서 예수님의 머리와 발에 그대로 깨뜨려 부었습니다.

마리아의 행동을 지켜보던 제자들 가운데 특히 계산에 빠른 가룟 유다는 "이 향유를 어찌하여 삼백 데나리온에 팔아 가난한 자들에게 주지 아니하였느냐"(요 12:5)라고 하면서 불평했습니다. 두뇌가 비상했던 가룟 유다는 제자들 사이에서 회계를 담당하고 있었습니다. 비즈니스맨의 자질을 갖추고 있었기 때문에 예수님이 재정을 맡기셨을 것입니다. 그런데 예수님을 제외한 다른 제자들은 유다가 무서운 사탄이라는 것을 알지 못했습니다.

명석한 두뇌의 소유자 가룟 유다와 관련하여 다른 위대한 설교가들은 이 본문으로 어떤 말씀을 전했는지 살펴보았습니다. 스펄전 목사님은 야유 섞인 한마디를 던지고 있습니다. 현시대를 사는 아버지들이 자식을 앉혀놓고 훈계할 때, 가룟 유다야말로 추천할 만한 적격 인물이라고 비꼰 것입니다.

"가룟 유다를 봐라. 그는 예수의 제자다. 그런데도 돈 문제에 있어서는 얼마나 이해타산이 빠르냐 말이다. 이 땅에서 살아가려면 예수도 믿어야 하지만 돈 문제와 관련한 세상살이 면에서는 가룟 유다와 같아야 한다. 사리 판단을 잘하고 이해득실을 명확히 따져야 한다. 예수를 믿어도 그렇게 믿으란 말이다."

한마디로 유다의 됨됨이가 그대로 드러나 있는 말 아닙니까?

마리아를 바라보는 잘못된 시선

제가 볼 때, 유다를 위시한 제자들이 마리아의 행동을 비난한 데는 두 가지 이유가 있었습니다.

첫 번째는, 거액을 썼다는 이유입니다. 그렇게 큰돈을 남의 머리와 발에 부어서 한 번에 소비할 필요가 있느냐는 것이었습니다. 다시 말해 허비라고 여긴 것입니다.

주변에서도 이러한 사고방식을 가진 사람들을 쉽게 볼 수 있습니다. 자식을 위해 돈을 쓴다든지 자기 기업을 살리기 위해 국가에 거액을 헌납하는 것은 이상하게 생각지 않습니다. 사고 처리를 위해 합의금으로 큰돈을 쓰는 것 역시 대수롭지 않게 여깁니다. 자신의 이익과 관련한 지출은 전혀 아깝지 않은 것입니다. 그런데 이 같은 현상은 교회 안에서도 마찬가지입니다. 믿는 사람들의 상당수가 세상에 물든 나머지 하나님 나라를 위해 거액을 투자하는 사람은 이상하게 여기고 세상을 위해 거액을 투자하는 사람은 정상이라 생각합니다.

본문을 보면 제자들도 이런 시각에서 크게 다르지 않음을 알 수 있습니다. 마리아는 가난한 사람을 돕는 것보다 하나님 나라의 일을 더 중하게 여겨 옥합을 깨뜨렸는데, 다른 누구도 아닌 예수님의 제자들이 이러한 상황을 이해하지 못하고 있습니다.

두 번째는, 가난한 이들을 도외시한 채 거액을 허비한다는 이유였습니다. 마치 그 돈을 마리아가 가난한 사람들을 위해 썼다면 전혀 문제 삼지 않을 듯이 말입니다. 그리고 그들 스스로 그런 돈을 가지고 있었다면 가난한 사람들을 위해 아낌없이 썼을 것처럼 말합니다.

하지만 그들의 이런 비난이 마리아에게는 전혀 걸림이 되지 않았습니다. 마리아는 그 돈을 필요로 하는 가난한 사람들이 어디 있는지 몰랐기 때문에 옥합을 깨뜨린 것이 아닙니다. 예수님이 단순히 물질적으로 너무 가난했기 때문에 그런 것 또한 아닙니다. 만약 그러했다면 예수님을 위해 그 옥합을 팔아 돈으로 드리면 되었을 것입니다. 옥합을 깨뜨릴 이유가 무엇이겠습니까?

어떤 유의 사람이 될 것인가

제자들의 비난이 이와 같은데도 마리아의 형제들은 말이 없습니다. 나사로도 언니 마르다도, 당사자인 마리아도 말이 없습니다. 그들끼리 서로 의논하고 한 행동인지 아니면 마리아 혼자 했는지 알 수 없지만 주님이 칭찬하실 만한 일을 한 사람들은 말이 없었습니다. 남들이 비난하든 욕을 하든 하나님의 아들 되신 그리스도를 위해 일한 사람들은 말이 없습니다.

이처럼 교회 안에서 진정으로 헌신한 사람들은 말이 없습니다. 수천만 원을 바쳤든 수십억 원을 바쳤든 자기 생명을 바쳤든 간에 교회를 위해, 하나님 나라를 위해 충성하는 사람들은 말이 없습니다.

예수님을 가까이 모시는 사람은 두 종류로 나뉩니다.

하나는, 마리아와 같은 스타일의 사람입니다. 그들은 주님을 위해 모든 것을 쏟아 부어도 절대로 허비한다고 생각하지 않습니다. 하나님의 영광을 위해 자기가 가진 전부를 바치고 나서도 낭비했다고 생각하지 않습니다.

또 하나는, 가룟 유다를 위시한 제자들의 그룹으로 주님을 위한 헌신을 허비라고 생각하는 사람입니다. 그들은 제대로 헌금하지도 않으며 충성도 하지 않습니다.

그렇다면 교회 안에 왜 이처럼 상반되는 두 종류의 사람이 있는 것일까요?

마리아와 같은 사람은 조금 별나 보이기 마련입니다. 1데나리온은 당시 노동자가 받는 하루 임금에 해당하는 금액으로 오늘날 우리나라 노동자의 하루 임금을 10만 원으로 상정하고 3백 일을 곱하면 3천만 원이 나옵니다. 보통의 상식을 가진 사람이라면, 3천만 원짜리 향유를 한순간에 쏟아 없애버리는 모습을 보게 될 경우 당연히 이상하게 생각할 수밖에 없습니다. 그래서 교회 안에서도 견해가 갈리는 것입니다.

이때 누가 옳은지는 어떻게 가려져야 합니까? 바로 예수 그리스도 앞에서 가려져야 합니다. 본문에서 제자들은 화를 내고 마리아는 잠자코 있습니다. 이제 예수님이 판결하실 문제입니다. 예수님은 여자를 괴롭히지 말라고 하십니다. 하지만 예수님은 제자들을 책망하시지도, 그들을 향해 잘못을 고치라고도 말씀하시지 않았습니다. 그렇다고 제자들을 칭찬하시지도 않았습니다. 제자들의 사고방식은 칭찬받을 만한 것도 아니고 나무랄 만한 것도 아닙니다. 이것을 소위 '상식'이라고 합니다. 중용을 취하는 이러한 행동 자체는 바로 상식일 뿐인 것입니다.

믿음이란 상식의 틀을 깨는 것이다

신앙생활은 가슴에 불을 가지고 사는 것입니다. 그렇기 때문에 상식의 굴레 안에서 행동하는 사람이 많으면 그곳은 무능력한 교회가 되고 맙니다. 상식으로 머리가 꽉 찬 사람들만 모인 교회는 힘이 없습니다. 가슴에 불을 가지고 일생을 헌신해야 하는 사람들이 세상의 스타일에 매여 그것을 유지하려 들수록, 그들은 아무 일도 할 수 없는 존재가 되기 때문입니다. 그럼에도 너무나도 상식적으로 행동해서 칭찬도 받지 못하고 꾸중도 듣지 못하는 사람들이 교회에 넘쳐나고 있습니다.

여기서 한 가지 기억해야 할 것이 있습니다. 이 땅의 교회 안에서는 그러한 사람들이 설 곳이 있겠지만 하나님 나라에 가서는 설 곳이 전혀 없다는 것입니다. 하나님 나라에는 단 한 명의 예외도 없이 잘했다고 칭찬을 듣는 이들만 들어갈 수 있기 때문입니다. 칭찬받지 않고 하나님 나라에 들어갈 수 있는 사람은 없습니다. 이것은 구원을 받았느냐 받지 못했느냐의 문제가 아닙니다. 하나님 나라에서 예수님이 누리는 영광에 참여하는 특권을 얻는 사람들치고 예수님께 칭찬 듣지 않은 사람은 없습니다. 상식 수준의 신앙으로 예수님께 칭찬 들을 수는 없는 것입니다.

세상의 상식에서 어긋남이 없었던 가룟 유다와 제자들의 사고방식은 예수님이 보시기에 바람직한 것이 아니었습니다. 하나님께서 사랑하시는 이들을 향해 그들이 가진 상식의 틀이 깨지도록 역사하시는 이유는 바로 그 때문입니다. 절대로 가만히 두시지 않습니다. 하나님께서는 가롯 유다까지도 고치고 싶어 하셨습니다. 그러나 가롯 유다는 악마요 사탄이었기 때문에 고치지 않으셨습니다. 그를 제외한 나머지 열한 제자는 상식이라는 틀 안에 갇혀 예수님을 따르던 방식을 하나님의 도우심으로 완전히 뜯어고치게 되었습니다. 왜냐하면 그러한 신앙 형태로는 하나님 나라를 위해 일할 수 없기 때문입니다.

베드로를 위시하여 예수님의 제자들은 오순절 성령이 임했을 때, 변화를 받았습니다. 그것은 마리아를 넘어설 정도의 변화였습니다. 삼백 데나리온짜리 향유를 예수님의 머리에 붓는다는 이유로 마리아를 이상하게 여긴 사람들이, 성령의 은혜로 변화를 받은 다음에는 자신의 생명도 아까워하지 않고 그리스도를 위해 바치게 되었습니다. 하나님 나라를 위해서는 그같이 되지 않으면 일할 수 없기 때문에 하나님께서 바꿔 놓으신 것입니다.

상식적인 사고방식을 가지고 신앙생활 하는 사람들을 향해 선포합니다. 하나님께서 나를 사랑하신다면 반드시 뜯어고침을 당할 날이 올 것입니다. 하나님의 이런 간섭하심이 없이 가만히 버려지고 있는 것 같다면 지금은 평안해 보일지 몰라도 결국은 나에게 불행이 됩니다. 현재 처한 상황에서 여전히 상식선에서만 머물러 신앙생활을 하고 있다면 무척 안타까운 일입니다. 그러나 하나님께서 일단 하시겠다고 작정하시면 사람은 막을 수 없습니다. 하나님께서 사랑하시는 사람은 그분이 반드시 바꾸십니다.

그리스도를 향해 불같이 뜨거운 마음을 가졌다면 한 가지 주의해야 할 점이 있습니다. 상식에 매여 미지근한 신앙생활을 하는 사람들 앞에서 불같은 마음을 토하지 마십시오. 제자들이 마리아를 욕한 것처럼 미쳤다는 소리를 들을 것입니다. 하나님의 나라를 위해 위대한 비전을 가졌습니까? 상식적인 스타일로 예수님을 믿는 사람들 앞에서 그 비전을 내보이지 말기 바랍니다. 이해받지 못하고 욕먹을 것이기 때문입니다.

사랑은 허다한 것을 덮는다

제자들은 마리아의 행동에 숨어 있는 동기를 전혀 이해하지 못했습니다. 중요한 것은 동기인데도 말입니다. 마리아가 한 행동의 동기를 성경 주석가들은 '사랑'이라고 말합니다. 가장 값진 것을 아까운 줄 모르고 퍼 주는 때가 언제입니까? 바로 사랑할 때입니다. 마리아의 행동에 숨은 동기는 예수님을 향한 사랑인데, 남녀 간의 에로스(Eros)적인 사랑이 아닌 높은 차원의 아가페(Agape) 사랑입니다.

한 성경학자가 참 멋진 말을 했습니다.

"사랑이 진짜라면 그 안에는 항상 일종의 낭비라고 여겨지는 것이 있기 마련이다."

사랑은 내가 가진 전부를 주었다고 할지라도, 설혹 이 세상 전부를 바쳤다고 할지라도 여전히 아무것도 준 게 없다고 느끼게 만드는 힘이 있습니다. 또한 사랑은 부끄러움을 없애 줍니다. 사랑은 값을 따지는 것을 중단시키고 일종의 무모함을 동반하기도 합니다. 무엇보다 사랑은 결코 상식선에 머물게 하지 않습니다. 그 흔한 남녀 간의 사랑을 표현할 때도 '사랑에 미쳤다'고 하지 않습니까?

그러면 마리아는 왜 그토록 예수님을 사랑하게 되었을까요? 예수님의 말씀을 통해 예수께서 왜 나를 찾아오셨는지, 왜 하늘의 영광을 버리고 가난하게 되셔서 나를 찾아오셨는지를 잘 알고 있었기 때문입니다.

인자가 온 것은 섬김을 받으려 함이 아니라 도리어 섬기려 하고 자기 목숨을 많은 사람의 대속물로 주려 함이니라_막 10:45

마리아는 영의 눈이 열린 사람이었습니다. 돌아가는 상황을 보고 예수님이 예루살렘에 올라가시면 큰일을 겪게 될 것임을 알았습니다. 예수님 또한 예루살렘에 올라가면 십자가를 지게 될 것이라고 여러 번 말씀하신 상태였습니다. 마리아가 이 사실을 명확히 인지하고 있었다는 것은 마리아의 행동에 대해 예수님이 하신 말씀으로 더욱 분명히 알 수 있습니다.

복음이 전파되는 곳에는 이 여자가 행한 일도 말하여 그를 기억하리라_막 14:9

하지만 마리아는 단순히 예수님이 십자가를 지신다는 사실 때문에 향유를 부은 것이 아닙니다. 예수님이 왜 십자가를 지시는지, 마리아는 그 이유를 분명히 깨달아 알고 있었습니다. 바로 다름 아닌 자신 때문에 십자가를 지신다는 것을 알고 있었으므로 마리아는 예수님을 향한 뜨거운 사랑을 느낄 수밖에 없었습니다. 뿐만 아니라 예수님의 은혜로 사망에서 건짐을 받은 오빠 나사로가 곁에 앉아 있었습니다. 그런 예수님을 향해 무엇인들 아깝게 여길 수 있겠습니까?

나에게 부족한 것을 바로 알라

오늘날을 사는 그리스도인들에게는 예수님에 대한 이 사랑이 없습니다. 이것이 바로 내가 지닌 문제입니다. 마리아는 예수님을 사랑한 까

닭에, 몇 년 동안이나 예수님과 함께했던 제자들도 깨닫지 못한 십자
가의 진리를 명확히 알 수 있었습니다. 사랑의 힘인 것입니다.

사랑이 없으면 진리 앞에서도 눈뜬장님이 되고 맙니다. 그뿐 아닙
니다. 사랑이 없으면 작은 것도 크게 보고 아무것도 아닌 것을 대단하
게 보고서 아깝다는 생각을 하게 됩니다. 주님이 날 위해 십자가에 못
박혀 죽으셨다는 것을 정말로 믿고 예수님을 나의 전부라고 생각한다
면 나에게 아깝다는 마음이나 낭비한다는 생각이 들 수 없는데 말입
니다.

아프리카에서 헌신한 스코틀랜드 선교사 알렉산더 클라크(Alexander
Clark, 1826-1891)가 전하는 이야기를 살펴보겠습니다.

암사자에게 물려서 빈사 지경에 처한 원주민 한 명이 있었습니다. 너
무나 위태로운 상태라 죽은 것이나 다름없는 원주민을 선교사는 몇
달 동안 정성껏 치료했습니다. 원주민은 기적적으로 살아났습니다.

그 후 클라크 선교사는 자신이 일하던 아프리카 선교본부로 돌아
왔는데, 3개월 정도 지난 뒤 그 원주민이 선교사를 찾아왔다고 합니
다. 그러고는 엄숙하고 진지하게 이렇게 말했다고 합니다.

"선교사님, 아프리카의 법을 아시지요? 아프리카에서는 자기 생
명을 구해 준 은인에게 모든 것을 바치게 되어 있습니다. 그러니 이
제 저는 당신 것입니다. 저는 여섯 명의 아내를 두고 있습니다. 그들
도 당신 것입니다. 아이들도 가축도 전부 당신 것이니, 뜻대로 하십
시오."

선교사가 이 말을 그대로 따랐을 리는 만무하지만, 원주민은 자신
의 생명을 살려 준 이를 향해 '나의 것은 당신 것'이라는 정신만은 분

명히 가지고 있었던 것입니다.

이처럼 예수 그리스도가 나를 위해 죽으셨음을 분명히 알고 있다면, 나의 죽음을 그분이 대신하셨음을 믿는다면 나의 것은 전부 그분의 것이요 낭비와 허비라는 말이 있을 수 없음을 알아야 합니다.

만일 누구든지 주를 사랑하지 아니하면 저주를 받을지어다 우리 주
여 오시옵소서_고전 16:22

이는 예수님이 이 세상에 다시 오실 때, 예수님을 사랑하지 않는 사람은 저주를 받는다는 것을 보여 주는 말씀입니다. 예수님에 대한 사랑은 그토록 중요합니다.

○ ○ ○ ○ ○ ○ ○ ○ ○
나의 옥합을 깨뜨리라

마리아는 예수님을 사랑하기 때문에 옥합을 완전히 깨뜨렸습니다. 마리아의 가슴속 뜨거운 불이, 예수님을 향한 사랑의 불꽃이 그 옥합을 깨뜨리게 했습니다. 나도 마찬가지입니다. 내게는 옥합이 있습니다. 내가 가장 사랑하는 것은 무엇입니까? 내가 가장 귀하게 여기는 것은 무엇입니까? 예수님이 나를 위해 죽으셨다는 것을 믿는다면 그 어떤 것도 예수님 이상이 될 수 없습니다. 만약 내가 사랑하는 옥합이 예수 이상으로 여겨진다면, 예수님이 나를 위해 죽으신 사실을 믿지 않는 것입니다.

진정 주님을 사랑한다면, 주님이 나를 위해 죽으셨음을 확실히 믿고 그것이 생각날 때마다 가슴속에서 뜨거운 눈물이 솟구친다면 나의 모든 귀한 것이 주님의 것이라고 고백할 수 있어야 합니다. 나의 젊음

도 탁월한 재능도 나의 인생과 재산과 자식까지도 예수님의 것이라고 고백할 수 있어야 합니다.

예수님이 곧 오십니다. 하나님의 아들 그리스도가 세상을 심판하기 위해 오십니다.

마지막으로 재미있는 이야기 하나를 소개하겠습니다.

> 친구 사이인 암탉과 돼지가 교회 앞을 지나고 있었습니다. 교회 게시판에는 '어떻게 하면 가난한 자를 도울 수 있을까'라는 설교 제목이 올라 있었습니다. 암탉과 돼지는 서로 한참을 의논했습니다.
>
> "우리는 어떻게 도울 수 있을까?"
>
> 이때 센스 있는 암탉이 "아침마다 가난한 사람들에게 달걀 하나와 햄 한 조각씩 주면 되겠다"라고 말하며 기뻐했습니다. 그러자 돼지가 발끈 화를 냈습니다.
>
> "너는 잠깐 앉아서 힘만 주면 달걀 하나를 쉽게 낳을 수 있지만 내가 햄을 주기 위해서는 생명을 내주어야 한다고!"

예수님을 사랑한다면서 주님을 위해 살겠다고 말하지만 실제로는 암탉처럼 달걀 하나만 던져 줄 생각을 하고 있지는 않은지, 나의 중심에는 예수님을 향한 사랑의 불꽃이 확실히 자리하고 있는지 살펴봐야 합니다.

예화의 측면에서 볼 때, 크리스천들은 닭이 아닌 돼지가 되어야 합니다. 주님을 위해 무엇을 드리려 한다면 내 생명을 드려야 하는 것입니다. 달랑 햄 한 조각만 주는 것이 아니라 자기 몸을 죽여 살덩이를 찢어 주어야 하는 것입니다.

예수님을 사랑한다고 하면서 자신의 옥합을 깨지 않고 그대로 움켜

쥐고 산다면 이 땅에서는 후회하지 않고 살지 모릅니다. 그렇지만 반드시 한 번은 후회할 날이 옵니다. 바로 주님 앞에 서는 날, 후회하게 될 것입니다.

이 같은 사실을 기억하고 나의 옥합을 깨십시오. 그리고 내가 가진 것을 바르게 쓰기를 바랍니다. 그래서 나중에 하나님 나라에 갔을 때 잘했다 칭찬하시는 주님의 음성을 들을 수 있는 삶을 살기 바랍니다. 저는 이것이야말로 인생을 가장 잘 사는 방법이라고 생각합니다. 마리아와 같이 옥합을 깨는 사람이 됩시다. 내 인생 전체가 예수님 앞에서 깨어지는 옥합이 되기를 주님의 이름으로 축복합니다.

3

달라진
소원

하나님의 말씀을 깨닫고 그다음에 성령 받은 자로서
나의 믿음이 자라면 내 안에서 놀라운 일들이 일어납니다.
내 안에서 큰 변화가 생기는데, 그 첫 번째로 소원이 달라집니다.
소원에 변화가 생깁니다.

빌립보서 2:12-16

12 그러므로 나의 사랑하는 자들아 너희가 나 있을 때뿐 아니라 더욱 지금 나 없을 때에도 항상 복종하여 두렵고 떨림으로 너희 구원을 이루라 13 너희 안에서 행하시는 이는 하나님이시니 자기의 기쁘신 뜻을 위하여 너희에게 소원을 두고 행하게 하시나니 14 모든 일을 원망과 시비가 없이 하라 15 이는 너희가 흠이 없고 순전하여 어그러지고 거스르는 세대 가운데서 하나님의 흠 없는 자녀로 세상에서 그들 가운데 빛들로 나타내며 16 생명의 말씀을 밝혀 나의 달음질이 헛되지 아니하고 수고도 헛되지 아니함으로 그리스도의 날에 내가 자랑할 것이 있게 하려 함이라

달라진
소원

예수님을 믿고 말씀을 깨닫는 눈이 조금씩 열리기 시작하면 하나님의 자녀로서 철들어 간다고 할 수 있을 것입니다. 설교를 들어도 귀에 들어오지 않고 무슨 말인지 이해하지 못하던 사람이 말씀을 깨닫게 되고 선포되는 하나님의 말씀에 점점 귀가 기울여질 때를 신앙적으로 성장해 가는 시기라고 할 수 있습니다.

그런데 말씀을 깨닫는 것과 더불어 고민이 생기기 시작합니다. 이에 관해서는 목회자나 평신도도 마찬가지입니다. 깨닫고 배운 말씀대로 하나님께 온전히 순종하지 못하는 자신의 모습을 보면 여러 생각이 들 수밖에 없으니 말입니다.

복종은 믿음의 증거다

흔히 '믿음'을 많이 강조하는데, 믿음과 똑같은 선상에 놓고 강조해야 할 것이 '복종'입니다. 믿음을 가졌다고 하는 참된 증거는 바로 복종입니다. 따라서 복종하지 않으면 믿음 역시 가짜라고 할 수 있습니다. 또한 복종은 구원받은 증거가 될 수 있습니다. 구원받지 못한 사람은 복종하지 않습니다. 하지만 구원받은 사람은 복종합니다. 복종은 하나님의 자녀인지 그렇지 않은지를 구분 짓는 기준이 됩니다. 왜냐하면 하나님의 자녀가 아닌 사람은 복종하지 않기 때문입니다. 이에 대해 주님은 분명히 말씀하셨습니다.

> 나의 이 말을 듣고 행하지 아니하는 자는 그 집을 모래 위에 지은 어리석은 사람 같으리니_마 7:26

아무리 믿음이 좋아도 순종하지 않으면 어리석은 사람이 되고 맙니다. 또한 성경은 하나님을 사랑한다고 하면서 말씀에 순종하지 않으면 이 또한 거짓이라고 명백히 말합니다.

> 나의 계명을 지키는 자라야 나를 사랑하는 자니_요 14:21

> 영혼 없는 몸이 죽은 것같이 행함이 없는 믿음은 죽은 것이니라 _약 2:26

성경은 복종을 참으로 많이 강조합니다. 하나님의 말씀에 복종하고 주님의 명령에 순종하는 삶은 믿음만큼 중요한 것입니다. 그런데도 하나님의 뜻에 순종하기가 어렵기 때문에 신앙생활의 철이 드는 시기를 맞아서야 비로소 고민하기 시작합니다.

그렇다면 '복종'이란 무엇이며 어떻게 할 수 있는 걸까요? 빌립보서 2장 전반부에서는 예수 그리스도께서 죽기까지 복종하셨으니 우리도 복종할 것을 말씀하고 있습니다. 주님이 복종의 모범을 친히 보여 주신 것입니다.

> 너희 안에 이 마음을 품으라 곧 그리스도 예수의 마음이니 그는 근본 하나님의 본체시나 하나님과 동등 됨을 취할 것으로 여기지 아니하시고 오히려 자기를 비워 종의 형체를 가지사 사람들과 같이 되셨고 사람의 모양으로 나타나사 자기를 낮추시고 죽기까지 복종하셨으니 곧 십자가에 죽으심이라_빌 2:5-8

> 그러므로 나의 사랑하는 자들아 너희가 나 있을 때뿐 아니라 더욱 지금 나 없을 때에도 항상 복종하여 두렵고 떨림으로 너희 구원을 이루라_빌 2:12

본문 12절에서는 접속 부사 '그러므로'를 맨 먼저 제시하면서 우리에게 중요한 메시지를 던집니다. 십자가에서 죽기까지 하나님의 뜻에 복종하신 예수님을 바라보며 그분을 따라야 하는 나 자신이 해야 할 일을 보여 주고 있습니다.

위의 두 말씀을 정리하자면 예수 그리스도는 죄 없는 하나님의 아들이셨지만 이 세상에 계실 동안 하늘의 아버지께 철저하게 복종하되 죽기까지 복종하셨으니, '그러므로' 예수님의 제자요 하나님의 자녀가 된 우리들 역시 이처럼 복종하라는 뜻을 전해 주고 있습니다.

○ ○ ○ ○ ○ ○ ○ ○ ○ ○ ○ ○
구원을 이루기 위한 인격 성장

본문 12절 말씀은 성도들을 향한 명령입니다. 예수님의 복종하는 삶을 나의 생활에도 그대로 적용해야 된다는 뜻을 담고 있습니다. 하나님 앞에 전적으로 복종하는 생활이 되면 두렵고 떨림으로 나의 구원을 이룰 수 있고, 그 결과 어그러지고 거스르는 세대 가운데서도 흠 없는 하나님의 자녀가 되어 밤하늘의 별같이 이 세상을 밝히는 역할을할 수 있는 것입니다(15절 참조). 결국 하나님께 복종할 때만 이 모든 것이 가능해집니다.

그렇다면 "항상 복종하여 두렵고 떨림으로 너희 구원을 이루라"는 말씀은 무슨 뜻일까요? 이에 대해 천주교에서 가르치는 것처럼 오해하지 말기 바랍니다. 천국문에 들어갈 때까지 어느 누구도 구원 여부를 예측할 수 없기 때문에 예수님을 믿어도 날마다 부들부들 떨면서조심하고 선행하면서 하나님 앞에 공로를 세워야 하나님 나라에 들어갈 수 있다는 뜻이 아니기 때문입니다.

이 말씀은 두 가지로 해석할 수 있는데, 어느 것을 택하느냐는 큰문제가 아닙니다. 오히려 두 가지 해석을 다 받아들이는 것이 말씀을이해하고 실천하는 데 도움이 됩니다.

첫 번째 해석은, 성숙한 신앙 인격을 갖추라는 것입니다. 당시 빌립보교회는 겉으로는 은혜가 많은 교회 같아 보였습니다. 바울의 마음에 말할 수 없는 위로와 평안을 안겨 주는 교회였지만 한편으로는병을 앓고 있었습니다. 즉, 교인 한 명 한 명에게 문제가 있었다는 말입니다. 빌립보서 2장 전반부를 보면 그러한 사실을 알 수 있습니다.

아무 일에든지 다툼이나 허영으로 하지 말고_ 빌 2:3

이는 인간적인 허영을 가득 품은 채 주의 일을 한다고 으스대며 자기 이름과 공로를 세우느라 충돌을 빚은 사람들이 빌립보교회 안에 많았다는 이야기입니다. 자연히 다툼이 일어날 수밖에 없습니다. 교회에서는 아무리 좋은 일을 하더라도 이 말씀을 지켜야 하는데 말입니다. 그만큼 신앙 인격이 성숙하지 못했다는 뜻이고 교회는 병을 앓고 있었던 것입니다. 그래서 이에 대한 처방책으로 "모든 일을 원망과 시비가 없이 하라"(14절)고 반복해서 명령합니다.

이처럼 교회의 깊숙한 곳에서는 상태가 매우 심각했습니다. 겉보기에는 경건하고 사랑하고 봉사하고 헌신하는 것 같았지만 속을 들여다보면 원망, 시비, 시기, 질투, 허영으로 가득 차 자기 이익을 추구하는 일로 눈이 벌게진 사람들이 교회 안에 많았습니다. 따라서 "두렵고 떨림으로 너희 구원을 이루라"는 말은 신앙의 철이 안 든, 병든 인격을 빨리 성숙시키라는 뜻입니다. 두렵고 떨리는 마음으로 병을 얼른 고치고 인격을 성장시켜 하나님의 자녀답게 살아야 하는 것입니다.

현재형으로 진행되는 구원의 경주

헬라어의 현재형 동사로 쓰인 '이루라'는 그 자체로 매우 중요한 의미를 나타냅니다. 한 번의 행동으로 끝나는 것이 아니기에 세상 끝 날까지 날마다 노력하라는 뜻을 담고 있습니다. 한 번 은혜를 받아 가슴이 뜨거워졌다고 해서 예수님처럼 거룩해지고 모든 면에서 결함이 없어지는 것이 아니므로 날마다 노력해야만 신앙 인격을 갖출 수 있습니다. 신앙 인격이 일정 수준에 이른다는 것은 결코 쉬운 일이 아닙니다.

설교 강단에 서는 저에 대해 굉장한 수준에 이른 줄로 생각하겠지만, 저 역시 자신을 돌아볼 때마다 못나고 철없고 하나님 앞에서 자격 없는 인간임을 뼈저리게 느끼며 눈물로 회개합니다. 목사 역시 마찬가지인 것입니다.

'목사도 별수 없구나'라는 생각을 안겨 주는 에피소드를 말하겠습니다. 친구 되는 목회자의 글에서 읽은 이야기입니다.

부산의 한 부흥사경회에 참석했을 때의 일입니다. 강사 되는 목사님이 자신의 경험담을 나누기 시작했습니다. 일본 여행을 마치고 돌아오는 길에 가족과 교인에게 주려고 선물을 많이 샀다고 합니다. 당시는 세관에서 자그마한 것 하나까지 심하게 검열할 때였습니다. 결국 그 문제가 염려되기 시작한 목사님은 비행시간 내내 하나님 앞에서 계속 기도를 드렸습니다.

'부디 제가 가지고 가는 이 선물이 무사히 통과될 수 있도록 천사를 통해 세관원의 눈을 막아 주시고 주께서 고이 통과시켜 주소서.'

그런데 그날따라 세관원이 대충대충 보더니 통과시켰습니다. 목사님은 너무도 기분이 좋아 선물을 들고 나오면서 하나님의 은혜에 감사드렸습니다. 그러고는 "하나님의 능력이 얼마나 크고 위대하십니까? 천사를 보내셔서 세관원의 눈을 막아 주신 하나님을 찬양합니다"라고 간증을 마무리했습니다. 이에 앞에 앉은 성도들이 "할렐루야, 아멘" 하고 화답했습니다.

그런데 이것이 과연 하나님의 능력입니까? 한마디로 밀수에 성공한 것에 불과합니다. 목사인 제가 목회자의 결점을 말하는 것은 누워서 침 뱉기에 해당하지만 목사든 성자(聖者)든 인간의 육체를 입고 있는 이상 신앙 성숙은 쉬운 일이 아닙니다. 날마다 몸부림치는 노력이 없으면 안 됩니다. 그래서 날마다 두렵고 떨리는 마음으로 노력해서 구원을 이뤄야 하는 것입니다.

○ ○ ○ ○ ○ ○ ○ ○
받은 구원을 지키라

두 번째 해석은, 값없이 믿음으로 얻은 구원을 영생을 얻을 때까지 간직하라는 것입니다. 예수님을 믿음으로써 이미 구원을 받았습니까, 아니면 받을 것입니까? 둘 다 맞습니다. 믿음으로 주님이 약속해 주신 것을 얻었다는 의미에서는 '받은 사람'이고 아직도 천국에 들어가지 못했다는 의미에서는 '받을 사람'입니다.

예수님을 믿으면 이미 구원받은 하나님의 자녀라는 것을 분명히 믿고 있습니다. 오직 믿음으로 그 어떤 공로도 없이, 질그릇 같은 나에게 하나님께서 안겨 주신 구원이기에 값지고 귀한 선물입니다. 즉, "구원을 이루라"는 말은 이 소중한 것을 천국에 들어가는 날까지 잃어버리지 않도록 붙들고 지키라는 의미입니다.

바울은 분명히 경고합니다.

> 우리가 하나님의 나라에 들어가려면 많은 환난을 겪어야 할 것이라_행 14:22

구원을 이미 받았지만 하나님 나라에 들어가기까지 자주 환난을 당할 터인데, 그때 구원을 빼앗기지 않으려면 두렵고 떨림으로 노력해야 합니다. 믿음의 선배들 또한 똑같이 했습니다.

예수님의 비유를 한번 보십시오. 예수님의 비유 중에는 희한하리만치 "하나님을 믿는다", "예수님을 믿는다"라고 하는 사람들 가운데 탈락자의 확률이 50%나 됩니다. 열 처녀의 비유를 보아도 다섯 명은 구원을 받고 다섯 명은 떨어져나갔습니다(마 25:1-13 참조). 맷돌질을 하는 두 여자 중에 한 사람은 구원받고 한 사람은 남겨졌습니다(마 24:41 참조). 예수님을 믿으니까 구원받았다고 생각하여 복종하지 않고 자기 마음대로 사는 사람은 구원에 대해 절대로 안심할 수 없습니다. 그러므로 두렵고 떨리는 마음으로 받은 구원을 지켜야 하는 것입니다.

로마서부터 그 이하 서신서를 보십시오. 사도 바울과 함께 선교 활동도 하고 바울이 세운 교회의 장로나 유능한 지도자로 섬기던 사람들 중에도 이단으로 빠져 멸망에 이른 사람, 세상을 사랑한 나머지 도망친 사람, 나중에 가서는 여러 가지 이유로 포기해 버린 사람들이 얼마나 많습니까? 내가 이미 받은 구원을 지키는 것 역시 쉽지 않습니다.

> 그러므로 우리는 두려워할지니 그의 안식에 들어갈 약속이 남아 있
> 을지라도 너희 중에는 혹 이르지 못할 자가 있을까 함이라_히 4:1

즉, 천국에 들어가는 약속이 주어져 있을지라도 행여 들어가지 못할 자가 있을지 모르니 날마다 두려워하면서 신앙생활을 하라는 뜻입니다. 따라서 "두렵고 떨림으로 너희 구원을 이루라"(12절)의 두 번째 의미는 우리가 이미 받은 구원을 놓치지 않도록, 구원의 경주에서 탈락하지 않도록 세상에서 사는 동안 믿음으로 얻은 소중한 구원을 잘 간수하기 위해 노력할 것을 말하고 있습니다.

성령으로 소원을 주시는 하나님

"구원을 이루라"의 두 가지 해석 중 하나는 하나님의 자녀다운 신앙 인격과 신앙 성숙을 위해 노력할 것을 뜻하고 있고, 다른 하나는 얻은 구원을 놓치지 않도록 끝까지 잘 간수할 것을 뜻하고 있습니다. 이를 위해서는 무엇을 해야 합니까? 복종해야 합니다. 하나님의 말씀에 복종

해야만 이 두 가지가 가능해집니다. 하지만 사람은 예수님처럼 하나님 말씀 앞에 죽기까지 복종하는 일이 쉽지 않기 때문에 좌절이 따를 수밖에 없습니다. 그래서 하나님 앞에 나아와 눈물을 흘리며 회개합니다.

리차드 핼버슨(Richard Halverson, 1916-1995)은 "예수 믿는 생활 중에 가장 어려운 것은 자기를 버리고 하나님께 복종하는 일이다"라고 말했습니다. 결국 복종은 내 능력을 넘어서는 차원의 문제입니다. 예수님처럼 복종하는 것은 불가능합니다. 자유 의지만으로 해결되는 것이 아닙니다.

> 육신의 생각은 하나님과 원수가 되나니 이는 하나님의 법에 굴복하
> 지 아니할 뿐 아니라 할 수도 없음이라 육신에 있는 자들은 하나님
> 을 기쁘시게 할 수 없느니라_롬 8:7-8

예수님을 믿는다고 하면서도 성령으로 행하지 않고 육신으로 행하는 사람은, 죽었다 깨어나도 하나님 앞에 복종할 수 없습니다. 나의 자유 의지가 아무리 선하고 깨끗하다 해도 안 됩니다.

한 예로, 주일예배를 드릴지 말지를 결정하는 것은 나의 자유 의지로 정할 수 있습니다. 그러나 신체적인 능력 측면에서는 자유 의지로 해결할 수 없는 것이 있습니다. 100m를 3초에 주파하겠다고 거듭해서 생각한다 해도 그것은 불가능합니다. 정신적인 능력 측면도 자유 의지만으로 안 됩니다. 내 IQ는 90밖에 안 되는데 2백으로 올리는 것은 계속 노력해도 어렵습니다.

마찬가지로 영적인 능력 또한 자유 의지를 가지고 아무리 애써도 안 됩니다. 죽기까지 하나님 앞에 복종하겠다고 각오를 다져도 안 되

는 것입니다.

그러면 이처럼 어려운 복종의 문제를 하나님께서 왜 명령하셨을까요? 왜 그렇게 무조건 복종하라고 하시는 걸까요? 가능하지 않은 일을 하나님께서 명령하시는 이유가 무엇입니까?

이에 대한 해답이 그다음 말씀에 나옵니다.

> 너희 안에서 행하시는 이는 하나님이시니 자기의 기쁘신 뜻을 위하
> 여 너희에게 소원을 두고 행하게 하시나니_빌 2:13

한글 성경 본문에는 없지만 헬라어 원문에는 13절이 '왜냐하면'으로 시작합니다. 왜 하나님께서 복종하라고 하시는지, 왜 두렵고 떨림으로 구원을 이루라고 하시는지 이유가 나옵니다. 13절을 살펴보자면 이렇습니다. 내 안에 하나님이 계십니다. 성령을 통해 하나님이 계십니다. 그리고 '자기의 기쁘신 뜻을 위하여' 나에게 소원을 주십니다. 하나님의 뜻에 합한 소원을 주십니다. 그러고 나서 가만히 계시는 것이 아니라 나로 하여금 행하게 하십니다.

하나님의 기쁘신 뜻은 말씀에 복종하는 것입니다. 예수님을 믿으면 성령이 내 안에 오셔서 내주하십니다. 그 성령을 통해 하나님께서는 선하신 그분의 뜻에 복종하고 싶어 하는 소원을 나에게 일으켜 주신다고 했습니다. 여기서 '소원'이라는 말은 '의지 작용을 일으켜 준다' '의욕을 일으켜 준다' '바라는 마음을 일으켜 준다'는 뜻이 됩니다. '이제 내가 예수님을 믿었으니, 하나님의 뜻에 복종하고 살자'는 소원이 마음속에 자꾸 일어나도록 해 주시는 것입니다.

소원을 행하게 하시는 하나님

또한 하나님께서는 소원만 주신 채 가만히 기다리시지 않고 소원을 가진 사람에게 행하게 하십니다. 13절은 "너희 안에서 행하시는"으로 시작하고 "행하게 하시나니"로 맺고 있습니다. 이 말은 '힘을 공급하신다' '에너지를 주신다'는 뜻입니다. 이 표현은 신약성경에서 스무 번이 쓰이는데, 바울은 이 말을 좋아해서 열여덟 번을 사용했습니다.

> 피곤한 자에게는 능력을 주시며 무능한 자에게는 힘을 더하시나니
> _사 40:29

하나님께서는 능력과 힘을 주십니다. 그러므로 13절의 말씀은, 예수님을 믿으면 하나님이 내 안에 성령을 통해 내주하시면서 나로 하여금 하나님 앞에 복종하며 살고자 하는 소원을 일으켜 주시고 그 소원에 따라서 복종할 수 있도록 힘과 능력을 공급해 주신다는 뜻을 담고 있습니다. 얼마나 좋으신 하나님입니까?

하나님께서는 나의 본성을 잘 아십니다. 그래서 하기 싫은 일을 억지로 시키시지 않습니다. 소원하는 마음부터 주시는 것입니다. 그분은 나의 연약함을 이해하고 계십니다. 할 수 없는 일을 억지로 시키시는 것이 아니라 능력을 주시며 하게 하십니다. 그러므로 하나님의 말씀을 깨닫고 그다음에 성령 받은 자로서 나의 믿음이 자라면 내 안에서 놀라운 일들이 일어납니다.

내 안에서 큰 변화가 생기는데, 그 첫 번째로 소원이 달라집니다. 소원에 변화가 생깁니다. 성령이 바꾸어 놓으시기 때문입니다. 위기를 맞거나 사상의 충격을 받으면 가끔씩 자신이 품은 소원에 변화를

맞기도 합니다. 하물며 만유를 창조하신 하나님 아버지가 성령을 통해 내 안에 내주하시면서 마음을 움직이시는데 소원이 안 바뀌겠습니까? 하지만 그렇다고 해서 내가 가진 소원의 내용을 달리해야 할 필요는 없습니다.

몸의 건강을 원합니까? 그 소원 그대로 간직하면 됩니다. 자녀를 잘 양육하고 싶습니까? 성공을 원하나요? 아니면 공부를 잘하고 싶습니까? 훌륭한 리더가 되기를 바라나요? 사업을 잘해서 돈을 많이 벌고 싶습니까? 다 좋은 소원입니다. 특별한 경우가 아니라면 소원의 내용을 바꿀 필요가 없습니다.

성령을 통해 나의 소원이 바뀔 때는 그 내용보다 질과 목적이 달라집니다. 흔히 소원은 자기중심적인 경향을 띠기 마련입니다. 그런데 성령이 나의 소원을 바꿔 놓으시면 매사에 하나님 중심이 됩니다. 낮은 수준이 아니라 높은 차원의 소원이 되는 것입니다. 나만 생각할 때는 자신의 만족을 꿈꾸며 멋있는 인생을 살려는 소원을 갖습니다. 그러나 성령이 나의 소원을 바꾸시면 하나님을 기쁘게 해 드리고 싶다는 소원으로 바뀝니다. 목적의식이 바뀌는 것입니다.

○ ○ ○ ○ ○ ○ ○ ○ ○ ○ ○ ○ ○ ○ ○ ○
나의 삶을 통해 구원을 이루시는 하나님

성령이 나의 소원을 질과 목적 면에서 바꿔 주시면 하나님께 복종하는 문제를 보는 시각이 달라집니다. 전에는 말씀을 읽으면서 불평도 하고 '하나님은 세상의 이치는 무시하신 채 강제로 순종하라고만 하신다' '이것은 모순이야. 현실에는 적합하지 않아' 하고 자기 위주로 판단했습니다. 그래서 하나님께 순종하는 것을 마치 강제 수용소로 끌려가거나 억압을 받고 있는 것처럼 생각했습니다. 하지만 성령을 통해 내 마음의 소원이 질과 목적 면에서 바뀌면 하나님께 복종하는 것을 대하는 관점이 달라집니다.

달라스 신학교의 하워드 헨드릭스(Howard Hendricks, 1924-2013) 교수는 이와 관련하여 재미있는 표현을 했습니다.

"복종한다는 것은, 하나님만 이기고 나는 지는 것이 아니라 하나님께서 이기고 나 또한 이기는 것이다. 왜냐하면 하나님의 가치가 나의 의지를 변화시켜 그 좋은 가치에 나 자신이 동감하도록 만드셨기 때문이다. 이것이 바로 복종이다."

또 이와 같은 말도 했습니다.

"복종이란 나 자신 혼자 길을 걷기를 원하는 것보다도 주님과 함께 발맞추어 걷기를 원하는 것이다."

즉, 할 수 없어서 억지로 끌려가는 것이 복종이 아니라 예수님이 걸어가신 길에 내가 발맞추기를 원하는 것이 복종입니다. 저는 성령이 우리 안에서 소원을 바꿔 주시고 하나님께 복종할 수 있는 능력까지 주신다는 것을 믿습니다. 그렇기 때문에 복종할 수 있다고 확신합니다. 두렵고 떨림으로 구원을 이루는 일이 가능하다고 믿습니다.

이러한 사실을 초신자의 간증을 들어 뒷받침할까 합니다.

한 자매가 세례를 받았습니다. 자매는 불교의 영향을 받아서 허무주의로 빠졌는데, 소주 한 병도 거뜬히 마실 만큼 술을 좋아했던 것 같습니다. 그런데 '대각성 전도집회'를 통해 예수님을 믿기로 결정했습니다. 얼마 뒤, 맥주 한 컵을 마시게 되었는데 정신없이 토해 버렸다고 합니다. 자매는 '하나님은 술을 좋아하시지 않는구나. 하나님께서 술을 거부하시는구나'라고 느꼈다고 합니다. 자매에게 일어난 일을 그녀의 글을 통해 인용하고자 합니다.

"그 순간 가슴 깊은 곳에서부터 분수처럼 기쁨이 솟아올랐습니다.

그리고 아무도 가르쳐 준 적이 없지만 성령의 의미를, 그 존재의 크심과 사랑하심을 깨달았습니다. 이튿날 눈을 떴을 때 주님의 사랑에 의해 너무나도 달라진 세상을 느꼈습니다. 삶을 향한 한량없는 기쁨과 감사, 그것은 주님이 주신 놀라운 축복이자 은혜였습니다."

자매는 어떤 사람이 되었습니까? 바로 성령의 사람이 되었습니다. 만약 간증이 이렇게 끝났다면 잠깐 동안 은혜의 맛을 본 것에 불과하다고 했을지 모릅니다. 그다음이 중요합니다.

"저는 제가 져야 할 십자가가 결코 작지 아니함에 감사합니다. 주님이 거듭난 자에게 부여하신 고난과 연단 속에서도 소망이 있음을 즐거워합니다. 그 길만이 주님을 향해 주님의 모습을 닮아 가는 것임을 알기 때문입니다. 그리고 무엇보다 자아를 버리고 온전히 순종함으로써 성령과 늘 동행하는 큰 믿음의 소유자가 되기를 소원합니다."

무엇이 바뀌었나요? 소원이 바뀌었습니다. 성령이 그 마음에 역사하시자 소원이 바뀐 것입니다. 십자가가 아무리 힘들어도 주님의 모습을 닮아 가는 거룩한 사람이 되기를 원하며 온전한 순종을 통해 하나님께 기쁨을 드리기 원하는 소원을 품게 된 것입니다.

나는 지금 능력을 공급해 주시는 하나님을 체험하고 있습니까? 초신자가 이와 같은데 예수님을 오래 믿은 나는 왜 그렇게 하지 못합니까? 복종하여 두렵고 떨림으로 나의 구원을 이루어야 합니다. 그러면 이것이 어떻게 가능할 수 있습니까?

> 너희 안에서 행하시는 이는 하나님이시니 자기의 기쁘신 뜻을 위하여 너희에게 소원을 두고 행하게 하시나니_빌 2:13

바로 하나님께서 나를 통해 역사하시기 때문에 가능해집니다. 하나님이 주시는 능력으로 할 수 있다는 확신을 가지고 순종하면 나중에는 어떤 일이 일어날까요?

그리스도의 날에 내가 자랑할 것이 있게 하려 함이라_빌 2:16

하나님께서는 내가 순종하려고 할 때 능력을 주십니다. 나를 강제로 끌고 가시는 분이 아닙니다. 무조건 명령하고 안 되는 일을 하라고 하시는 분이 아닙니다. 아버지 되시는 나의 하나님은 내 마음을 변화시키시며 나에게 순종할 수 있도록 계속 힘을 주시고 능력을 공급해 주십니다.

하나님 앞에 전심을 다해 복종하여, 두렵고 떨림으로 구원을 이루기를 소망합니다.

Part

03

따르겠습니다
나는 예수님의 제자가 되겠습니다

I

평범한 날의
신앙생활

잘 기억하기 바랍니다.
과거에 받은 은혜가 있으면 그것을 잘 간직하고
그 은혜 안에서 평범한 날을 어떻게 살 것인가를 찾는 것이 바른 모습입니다.

창세기 5:21-24

21 에녹은 육십오 세에 므두셀라를 낳았고 22 므두셀라를 낳은 후 삼백 년을 하나님과 동행하며 자녀들을 낳았으며 23 그는 삼백육십오 세를 살았더라 24 에녹이 하나님과 동행하더니 하나님이 그를 데려가시므로 세상에 있지 아니하였더라

평범한 날의
신앙생활

사람의 한생이 80년 정도 된다고 한다면 2만 9천 일 정도 자고 깨어남을 반복할 것입니다. 하지만 특별한 은혜가 있었다고 말할 수 있는 날은 그리 많지 않습니다. 오늘이 어제 같고, 한 주가 지난주 같은 날들이 반복되는 것이 우리네 인생입니다. 날마다 비슷한 일을 하고 자질구레한 일로 쫓기다 보면 성취감을 느낄 수 없는 하찮은 날들이 그저 지나가는 것입니다.

그래서 솔로몬의 말처럼 전에 있던 일이 다시 생기고 전에 하던 일을 또 하는 것이며, 그렇기 때문에 이 세상에서는 새로울 만한 것이 없게 됩니다. 우리 생은 평범한 날로 이어지고 평범한 날로 쌓이며, 평범한 날로 채워집니다. 그러므로 하나님 앞에서 한생을 어떻게 살았느냐 하는 것은 수없이 반복되는 평범한 날들로 이야기되는 것이지 특별한 날을 놓고 인생을 어떻게 살았느냐 평가하는 것은 논리상 맞지 않습니다.

평범한 날을 바로 살았으면 위대한 삶을 산 것이고, 실패로 점철된 날을 살았다면 아무리 특별한 날이 있었다고 해도 우리 인생은 실패했다고 봐야 합니다.

그렇다면 평범한 날을 영적으로 승리하며 살기 위해서는 어떻게 해야 할까요? 에녹의 삶을 통해 비결을 살펴보겠습니다.

○ ○ ○ ○ ○ ○ ○ ○ ○
평범함 속의 특별함

에녹은 아담의 7대 손입니다. 그리고 아담의 자손 중에서 경건한 자들의 계보에 속합니다. 창세기 5장에는 가인과 같은 부류의 사람은 제외한 채, 하나님을 섬긴 조상들만의 이름을 열거한 계보가 나옵니다. 따라서 4장에는 아담이 가인과 아벨을 낳았다는 기록이 나오지만, 가인을 낳았다는 기록은 5장에 있지 않습니다. 아벨은 일찍 죽었으므로 계보에 들어가지 않았고, 아담이 셋을 낳은 것으로 계보를 시작합니다. 거룩한 하나님의 백성에 관한 족보를 이야기하는 것입니다.

그런데 7대 손인 에녹에 이르러서 성경은 두 가지 특별한 내용을 기록합니다.

> 에녹이 하나님과 동행하더니 하나님이 그를 데려가시므로 세상에
> 있지 아니하였더라_창 5:24

첫째, 하나님이 데려가셨음을 말씀합니다. 이에 대해 히브리서는 "믿음으로 에녹은 죽음을 보지 않고 옮겨졌으니"(11:5)라고 표현하고 있습니다. 하나님께서 에녹이 죽음을 거치지 않고 천국에 들어갈 수 있도록 하신 것입니다. 성경에 나오는 이들 중 두 사람만 죽음을 보지 않고 승천했습니다. 그 하나가 에녹이고, 다른 한 명은 엘리야입니다. 둘 다 똑같이 승천한 영광의 사람이지만, 그들의 삶은 현격한 차이를

보여 줍니다.

어찌 보면 엘리야의 삶은 굉장히 화려했습니다. 하나님께서 친히 임재하셔서 그에게 말씀하셨고, 특별한 능력과 소명도 주셨습니다. 한마디로 드라마틱한 인생입니다. 엘리야가 이 땅에서 머문 기간은 정확히 알 수 없지만, 그는 한시도 평범하지 않은 긴박한 생을 보냈습니다. 따라서 하나님께서 승천하게 해 주셨다 해도 당연하다는 생각이 들 수밖에 없습니다. 하지만 에녹의 생에서는 특별한 하나님의 계시도 나타나지 않았고 이적 또한 없었으며, 하나님이 소명을 주신 것도 아니었습니다. 그저 자녀를 낳았다는 내용밖에 없습니다. 한마디로 평범한 인생이었습니다.

둘째, 하나님과 동행했음을 말씀합니다. 성경에서 하나님과 동행했다는 기록은 두 사람에 대해서만 나오고 있습니다. 바로 에녹과 노아입니다. 그런데 이들 두 사람 또한 상당한 차이를 보여 줍니다.

우선 노아는 하나님과 동행할 만한 여건이 갖춰져 있었습니다. 하나님이 그를 친히 찾아오셔서 말씀하셨으며 방주를 짓도록 명령하셨습니다. 120년 동안 세상 사람들에게 심판이 다가온다고 선언하게 하셨고 나중에는 홍수를 피하게끔 방주 안으로 들이셨습니다. 하나님께서는 그의 가족을 살리신 후, 그들을 통해 인류를 창성(昌盛)시키는 막대한 책임을 안기셨습니다. 그러했기 때문에 노아는 하나님과 동행하지 않을 수 없었습니다. 그의 인생은 그만큼 특별했으므로 노아가 하나님과 동행한 것은 당연해 보이기조차 합니다.

그러나 에녹에 대한 기록은 하나님과 동행했다는 말씀 외에는 자녀를 낳았다는 것밖에 없습니다. 자녀를 낳았다는 말은 가장(家長) 노릇을 하면서 평범한 인생을 살았다는 것을 뜻합니다. 그렇지 않았다면 그에 대한 기록이 많았을 것입니다.

이처럼 에녹은 특별할 것이 없는 평범한 삶을 살았지만 그러한 날들을 하나님 보시기에 보람 있는 날로, 승리하는 날로 바꾸었다는 것이 위대합니다. 그렇기 때문에 하나님께서 그에게 승천하는 영광을 안겨 주신 것입니다.

에녹은 평범한 날이라고 해서 함부로 살아서는 안 된다는 교훈을 줍니다. 그날그날 비슷한 일상에서 특별한 은혜나 소명, 특기할 만한 사건이 없다는 이유로 은혜를 바라지도 않고 세상 사람들처럼 대충 살아서는 안 되는 것입니다. 위대하게 쓰임 받은 엘리야나 노아와는 달리, 평범한 생활을 하는 가운데에도 하나님의 칭찬을 받을 수 있음을 에녹이 보여 주고 있습니다. 자녀만 낳고 살아도 하나님의 칭찬을 받을 수 있는 삶을 누릴 수 있는 것입니다.

은혜로 누려야 할 평범한 날

인생이란 한마디로 말하면 자녀를 낳고 사는 생입니다. 자녀를 낳고 평범하게 사는 것입니다. 저 또한 자녀를 낳고 키운 것이 전부라는 생각이 듭니다. 젊은 시절에는 열심히 노력하며 뭔가 해 보겠다고 합니다. 하지만 돌이켜보면 결혼하고 아이를 낳아 막중한 책임감 아래 자식을 키우는 것이 삶이고, 자식들이 날개 달고 날아간 뒤에는 그저 늙은이 둘만 남는 것입니다. 그래서 자녀를 낳고 살았다고 말하는 것이며, 그것이 우리 인생입니다.

그런데 에녹과 비교해 본다면 문제점이 하나 있습니다. 자녀를 낳고 평범하게 사는 나날이라 해도 에녹과 같이 신앙을 통해 만족을 누리며 자랑스럽게 살아가는 비결을 터득하지 못하고 있습니다. 날마다 그날이 그날이고 그 일이 그 일이니, 신앙생활 또한 해이해지고 무질서해지기 쉽습니다. 그래서 평범한 날이 주는 무료함을 메우고자 은혜 역시 자극적으로 받으려 하는 경향이 있는 것으로 보입니다. 이러한 이유로 '오순절의 불세례와 같은 것을 체험했으면 좋겠다' '하나님을 대면했으면 좋겠다' 하고 바라면서 여기저기 기웃거리고 돌아다니는 사람들이 있습니다. 평범한 날에 평범하게 신앙생활을 하는 것은 은혜를 못 받은 것이라고 착각하는 사람들이 많은 것입니다.

성경적으로 건전하지 못한 은사집회 같은 곳에서 희한한 것을 보고는 뒤로 넘어지거나 팔을 들고 미친 듯이 흔들어야 제대로 된 신앙생활인 것처럼 착각합니다. 반면 어떤 사람은 성경공부에만 미칩니다. 성경공부만 한다고 하면 아무 데나 찾아다닙니다. 자기가 아는 성경 지식을 다른 사람이 모르면 그 사람의 신앙이 죽었다고 여기기도 합니다. 이 같은 극단적인 두 부류는 어떤 식으로든 무엇인가 자기에게 확확 닿는 것이 있어야 신앙생활을 제대로 하는 것처럼 느끼고, 그것이 없으면 하나님도 멀리 계시고 자신의 신앙이 주저앉아 있다고 여깁니다. 자극이 나쁘다는 것도 아니고 필요 없다는 말도 아닙니다. 그러나 기본적인 신앙생활을 소홀히 하면서, 어쩌면 가장 중요한 하루하루의 삶을 뒷전으로 미룬 채 자극을 찾는 것은 대단히 위험합니다.

성경이나 기독교 역사 그리고 신앙생활을 오래한 선배들의 일대기를 통해 배울 수 있는 것이 있습니다. 노아나 엘리야에게 주신 하나님의 은혜가 특별할수록 그 은혜의 기간은 짧고 빈도수 또한 약하다는 것을 성경을 통해 알 수 있습니다. 날마다 그런 은혜가 있는 것이 아닙니다. 한번 그런 은혜가 있었다고 해서 평생 계속되는 것도 아닙니다.

14년 전에 참석한 한 집회에서 놀라운 감격과 은혜를 체험한 사람이 다시 한번 그 은혜를 받고자 기도원을 전전하고 있다는 말을 들은 적이 있습니다. 하지만 그 사람은 크게 잘못 생각하는 것입니다. 하나님께서 특별한 은혜를 주실 때도 있지만, 그런 은혜가 평생 반복된다고 생각하는 것은 너무나 어리석고 유치합니다. 그런 자극만 찾아다니면 미친 사람처럼 보일 뿐입니다. 또한 그 사람은 분명 14년 전보다 더 강한 자극을 받아야 비로소 만족할 것입니다. 과거와 동일한 자극은 당시에 느꼈던 것과 같은 만족감을 결코 줄 수 없기 때문입니다. 그래서 항상 더 강한 자극을 찾아 헤매게 됩니다.

잘 기억하기 바랍니다. 과거에 받은 은혜가 있으면 그것을 잘 간직하고 그 은혜 안에서 평범한 날을 어떻게 살 것인가를 찾는 것이 바른 모습입니다.

누구나 사랑해 본 경험이 있을 것입니다. 사랑에 빠져 눈이 잠시 어두워지는 시기가 있습니다. 사실 그렇게 특별한 사람이 아닌데도 세상에서 그 사람이 제일 좋아 보입니다. 그 사람 생각만 하면 가슴이 뛰고 비리만 봐도 얼굴이 붉어지고 만나면 시간 가는 줄 모릅니다. 하나님께서 만들어 놓으신 묘한 시기입니다. 그런데 결혼하고 나서도 그런 자극이 평생 계속되어야 한다고 생각하는 신부나 신랑이 있다면 그것은 문제입니다. 결혼한 지 5년, 10년이 지났는데도 남편만 보면 가슴이 뛰고 연애할 때와 같이 남편은 부인 생각에 여념 없기를 바란다면 정상이 아닙니다. 만약 그런 자극만을 기대한다면 바람을 피우면서 상대를 계속해서 바꾸는 비정상적인 상태가 지속될 것입니다. 일상에서 대하는 사랑의 새로운 측면을 더 감사하게 받아들일 줄 알아야 합니다.

은혜도 마찬가지입니다. 지루한 일상의 권태로움을 해소하기 위한 수단으로 특별한 은혜를 사모한다든지 자기 욕구를 채우는 방편으로 자극을 찾아 헤매는 것은 잘못되기 쉬운 길임을 알아야 합니다. 신앙의 가장 기본이 되는 요소는 평범한 날을 하나님 보시기에 바로 사는 것이기 때문입니다.

하나님과 동행한 사람

그렇다면 에녹에게서 배워야 될 것이 무엇입니까?

> 에녹이 하나님과 동행하더니_창 5:24

하나님과 동행한 것을 배워야 합니다. 에녹은 3백 년 동안 하나님과 동행했습니다.

성경은 하나님과 동행한 두 유형의 사람을 보여 줍니다.

첫 번째 유형은, 바로 요셉입니다. 창세기 39장은 "여호와께서 요셉과 함께하셨다"고 반복해서 기록합니다(2,3,21,23절).

두 번째 유형은, 에녹과 노아입니다. 성경은 "에녹이 하나님과 동행하더니"(24절), "그(노아)는 하나님과 동행하였으며"(창 6:9)라고 기록합니다.

그렇다면 '하나님이 요셉과 함께하셨다'와 '에녹이 하나님과 동행했다'의 차이점은 무엇일까요? 똑같이 하나님과 함께한 것에 해당하지만 요셉의 경우는 하나님께서 먼저 주도권을 쥐고 어린 요셉에게 친히 찾아오셔서 그를 떠나시지 않은 것이고, 에녹의 경우는 에녹 편에서 하나님과 동행하고 함께 거닐기를 힘쓴 것입니다. 따라서 에녹이 좀 더 성숙한 신앙생활의 모습을 보여 줍니다. 사람 편에서 하나님과 동행하기를 원했고, 정결을 사모한 생활을 한 것입니다. 그러한 점에서 에녹이 보여 주는 '동행했다'는 말은 위대한 의미를 갖습니다. 에녹에게 하나님과 동행했다는 말은 독특한 위치를 갖는 것입니다.

아담은 셋을 낳은 후 팔백 년을 지내며 자녀들을 낳았으며 그는 구
백삼십 세를 살고 죽었더라_창 5:4-5

성경의 기록이 이와 같습니다. 셋에 대해서도 에노스에 대해서도 마찬가지입니다(6-11절 참조). 다른 이들에 대해서도 이와 같은 식으로 말합니다. 몇 년 동안 자녀를 낳았으며 몇 살까지 살고 죽었더라는 설명으로 끝납니다. 그런데 에녹에 대해서는 독특하게 추가되는 내용이 있습니다.

므두셀라를 낳은 후 삼백 년을 하나님과 동행하며 자녀들을 낳았으
며_창 5:22

"자녀들을 낳았으며" 앞에 "하나님과 동행하며"라는 내용이 들어갑니다. '몇백 년을 지내며 자녀를 낳았다'는 표현 대신에 '하나님과 동행했다'는 구절이 먼저 나온다는 사실을 주목해야 합니다. 수많은 사람들이 자녀를 낳고 가정을 돌보며 살다가 평범하게 죽었지만, 에녹만은 그 무엇보다 먼저 하나님과 동행하는 생활을 했다는 말입니다. 그러한 면에서 에녹은 위대한 사람입니다.

○ ○ ○ ○ ○ ○ ○ ○ ○ ○ ○ ○ ○
동행, 하나님을 기쁘시게 하는 것

'동행한다'는 원래 '산책한다'는 뜻을 갖고 있습니다. 둘이 교제하며 숲속을 거닌다는 말입니다. 특별히 "에녹이 하나님과"라고 표현된 부분에서 "과"에 해당하는 전치사(에트)는 성경에서 단 두 곳만 등장하고 있으며, 에녹과 노아에게만 사용되고 있습니다.

'에트'는 친교를 의미하는 전치사입니다. 그래서 '하나님과 동행했다'고 하는 말은, 에녹이 하나님과 함께하는 것이 너무 좋아서 즐기면서 산책했다는 뜻입니다. 이를 부러워한 어떤 학자는 다음과 같은 상상을 했습니다.

"에녹은 어떻게 그토록 오랫동안 매일매일 하나님과 즐기며 산책하고 살 수 있었을까? 하나님께서 에덴동산의 아담을 찾아오셨듯이 특별히 에녹을 찾아오셨기 때문에 이를 황송하게 여긴 에녹이 하나님과 하루 종일 숲 속을 거닐기도 하고 그분과 대화하며 지냈을 것이다."

앤드류 보나르(Andrew Bonar, 1810-1892)는 상상력을 동원해서 다음과 같이 동화 같은 이야기를 만들었습니다.

에녹은 날마다 하나님과 산책 나가기를 좋아했는데, 하루는 둘이 재미있게 속삭이며 걷다 보니 집으로부터 너무 멀리까지 온 것을 알게 되었습니다. 이미 시간도 너무 많이 지체된 뒤였습니다. 그때 하나님께서 에녹을 바라보시며 "너, 이제 집으로 돌아가야지!" 하고 말씀하시자, 에녹이 "그래야지요" 하고 답했습니다. 그런데 하나님께서 "너무 멀리 왔지? 그리고 시간이 너무 많이 늦었지?" 하고 물으셨습니다. 에녹이 "그런 것 같아요" 하고 말씀드리자, 하나님께서는 "그러면 우리 집으로 갈래?" 하시는 것이었습니다. 이에 에녹이 "그래요, 하나님. 그렇게 할게요"라고 흔쾌히 동의하자, 하나님께서 에녹을 하늘나라로 데려가신 것입니다.

하지만 이는 어디까지나 에녹이 하나님과 아름다운 교제를 나누며 동행했다는 내용을 담은 이야기일 뿐입니다. 하나님께서 에덴동산에서 그러셨듯이 에녹을 찾아왔다는 표현은 잘못된 것입니다. 왜냐하면 인간이 죄를 범하고 에덴동산에서 쫓겨난 다음부터는 하나님께서 그와 같은 방식으로 인간에게 찾아와 동행하시는 일은 없기 때문입니다. 하지만 충분히 아름다운 이야기입니다.

하나님을 좋아한 에녹은, 하나님과 만나면 시간 가는 줄 모르고 매일매일 평범한 날을 살았습니다. 바로 이것이 에녹이 평범한 날을 승리로 이끈 비결입니다. 그런데 어떤 구약 사본은 '하나님과 동행했다'는 말을 '하나님을 기쁘시게 했다'는 표현으로 대치하고 있습니다. 이는 히브리서에서도 찾아볼 수 있습니다.

> 그(에녹)는 옮겨지기 전에 하나님을 기쁘시게 하는 자라 하는 증거를 받았느니라_히 11:5

'동행했다'는 표현은 에녹이 하나님을 기쁘시게 하는 생활을 했다는 말입니다. 그렇다면 이 두 표현은 왜 같은 뜻이 되는 걸까요? 마음이 맞지 않으면 같이 갈 수 없습니다. 동행이 안 됩니다. 그러므로 에녹은 하나님의 마음에 들기 위해 항상 하나님께 기쁜 일을 해 드리기를 사모했고, 그분이 좋아하시는 일에 순종하는 생활을 한 것입니다. 에녹은 늘 하나님과 함께하는 사람이 되었습니다. "두 사람이 뜻이 같지 않은데 어찌 동행하겠으며"(암 3:3)라는 말씀은 에녹의 경우에 그대로 적용됩니다. 이처럼 에녹은 하나님을 기쁘시게 하는 자가 되어 그분과 동행하는 삶을 누렸습니다.

또한 '동행했다'는 표현은 오직 그 대상만으로 만족한다는 뜻을 갖고 있습니다. 에녹의 경우, 그는 하나님만으로 만족했습니다. 그래서 에녹은 "하나님, 다른 사람들도 몇 명 불러서 같이 다녔으면 좋겠어요"라는 말을 할 필요가 전혀 없었습니다. 오로지 하나님 한 분만으로 만족했기 때문입니다. 에녹의 동행은 하나님 보시기에 그분을 기쁘시게 하는 것이었습니다.

성령을 좇아 믿음으로 행함

에녹과 같이 하나님과 동행하려면 필수적으로 두 가지 요건이 따라야 합니다.

첫째, 믿음의 사람이 되어야 합니다. 에녹의 믿음에 대해 히브리서에서 강조한 말씀을 살펴보겠습니다.

> 믿음이 없이는 하나님을 기쁘시게 하지 못하나니 하나님께 나아가
> 는 자는 반드시 그가 계신 것과 또한 그가 자기를 찾는 자들에게 상
> 주시는 이심을 믿어야 할지니라_히 11:6

하나님을 기쁘시게 하면서 동행하기를 원하는 사람은 믿음이 있어야 합니다. 오늘도 하나님이 살아 계신다는 믿음, 오늘도 내 아버지가 되신다는 믿음, 내가 하나님 앞에서 어떻게 살아가느냐에 따라 내 삶을 주관하시는 분이라는 믿음입니다. 동시에 내가 그분의 마음에 합당하게 살고 그분께 순종하며 살면 하나님이 나의 생을 축복하고 상을 주시지만, 내가 하나님 앞에 바로 살지 못하면 심판하고 징계하신다는 믿음입니다. 즉, 내 삶의 주인, 나의 평범한 날의 주인은 하나님이시라는 믿음을 가져야 합니다. 나의 주인을 명확하게 인식하는 이 믿음이 없이는 하나님과 동행하지도 못하며, 그분을 기쁘시게 하는 생활도 하지 못합니다.

둘째, 하나님과 동행하기 위해서는 성령을 좇아 사는 사람이 되어

야 합니다.

> 육신의 생각은 하나님과 원수가 되나니 이는 하나님의 법에 굴복하
> 지 아니할 뿐 아니라 할 수도 없음이라 육신에 있는 자들은 하나님
> 을 기쁘시게 할 수 없느니라_롬 8:7-8

세상에 대한 염려와 생각, 마음을 요동시키는 여러 가지 것들에 시달리면 성령의 음성을 들을 수 없습니다. 날마다 세상적인 것들에 끌려 다니는 사람들은 하나님을 기쁘시게 할 수도 없으며, 하나님의 마음에 들지 않으니 하나님과 같이 산책도 하지 못합니다. 따라서 하나님의 마음에 합하게 살고 에녹과 같이 하나님과 매일 매일 동행하는 생활을 하기 위해서는 성령의 인도를 받아야 합니다. 다시 말해, 성령의 사람이 되어야 하는 것입니다. 성령이 내 마음속에 하시는 말씀을 들으면서 그 말씀대로 순종하는 사람이 되어야 합니다. 나를 하나님 한 분만으로 만족할 수 있도록 이끌어 주시는 이는 바로 성령입니다.

이 두 가지 요건에 합한 생활을 하고 있습니까? 믿음을 가지고 하루하루를 시작합니까? 나의 심령, 나의 양심은 성령의 음성에 얼마만큼 민감하고 그에 세심한 주의를 기울이고 있습니까?

믿음과 성령의 사람이라는 이 두 가지 요건을 바로 갖추지 못하면, 에녹과 같이 하나님과 즐기면서 동행하는 삶을 살지 못합니다. 그러면 평범한 하루하루가 지겨워질 것이고 나중에는 영적으로도 힘을 잃어 잘못하면 곁길로 빠지게 됩니다.

하나님과 동행하기 위한 방법

믿음을 가진 성령의 사람이 될 때, 하나님과 동행한다고 할 수 있습니다. 특별한 것은 아니지만 너무 쉽고 기본적인 것조차 제대로 안 하기 때문에 이에 대한 좀 더 구체적인 방법을 제시하겠습니다.

첫 번째로, 하나님과 단둘이 만나는 시간을 매일 구별해야 합니다. 믿음으로 산 사람들은 이에 대한 가장 좋은 시간으로 이른 아침을 꼽습니다. 하나님과 교제하는 시간대를 정하는 것은 자유이고 형편에 따라서는 이른 아침이 안 되는 경우도 있습니다. 그러나 이른 아침부터 하나님을 만나 동행하고, 하나님과 마주하는 조용한 시간을 통해 그분을 기쁘시게 하는 사람으로 출발하는 것이 좋습니다.

아무리 바쁘다고 할지라도 10분, 20분을 구별해서 하루의 첫걸음과 처음 생각을 하나님께 드림으로 에녹과 같이 하나님을 기쁘시게 하는 사람이 되겠다는 마음가짐이 되어 있다면 잠깐의 시간을 확보하는 것은 그리 어렵지 않을 것입니다. 누군가 말하기를 많은 어려움 속에서 배운 비밀 하나가 있으니, 하루 종일 하나님과 있고자 하면 아침에 그분을 찾아야 하는 것이라고 했습니다. 지금 바로 실천하고 이미 잘하고 있는 사람들은 지속적으로 실천하기 바랍니다. 아침이 어려우면 밤중에라도 시간을 따로 구별하십시오.

두 번째로, 하나님께서 기뻐하실 것을 침묵하며 생각해야 합니다. 시간을 정했습니까? 정한 시간에 조용히 입을 다물고, 생각을 먼저 해 보는 훈련을 쌓기 바랍니다. 특히 우리나라 성도들은 이것이 잘 안됩니다. 기도한다고 하면 입을 벌려야 되고, 쉴 새 없이 지껄여야 되는 줄 알고 있습니다. 입을 다물고 생각을 깊이 해야 합니다. 침묵은 창조주 되신 하나님이 어떤 분인지 생각하고 내가 정말 그분을 믿는지 확인하는 과정입니다. 나를 구속(救贖)하신 예수 그리스도를 얼마나 믿고 사랑하는지 돌아보는 시간입니다. 하나님께서 나에게 주신 은혜가 얼마나 크고 아름다운지 되새겨 보는 시간입니다. 그분을 기쁘시게 하려면 어떻게 할 것인지 스스로 묻고 답하는 시간입니다.

5분이든 10분이든, 먼저 조용히 하나님을 생각하는 시간을 가지십시오. 치밀어 오르는 자기 소리를 죽이고 마음을 고요히 가라앉히기 바랍니다. 주의 음성을 듣기 위해 욥처럼 손으로 입을 가리십시오. 주님은 내게 말씀하시고자 침묵을 요구하실 때가 있습니다. 이 같은 훈련이 어렵다면 연필을 들고 쓰는 것도 좋은 방법입니다. 하나님 앞에 자신의 생각을 대화체로 몇 마디 쓰는 것입니다. 잡생각이 들거나 머릿속에서 도저히 정리가 안 되면 연필을 든 다음에 '하나님 아버지, 지금 나는 이렇게 생각합니다'라고 쓰면 됩니다. 자신도 모르는 사이에 훈련이 되는 방법입니다.

테레사(Theresa, 1910-1997) 수녀가 다음과 같이 아주 의미 깊은 말을 했습니다.

"우리는 하나님을 찾아야 하는데 그분은 시끄럽고 안정되지 않은 상태에서는 만나 주시지 않는다. 하나님은 침묵의 친구이시다. 고요한 기도 속에서 많은 것을 받으면 받을수록, 우리는 외적인 활동 영역에서 많은 것을 남들에게 줄 수 있다. 우리 영혼을 울리려면 침묵이 필요하다. 중요한 것은 우리가 말한 그것이 아니라, 하나님께서 우리에게 말씀하시는 것이다."

아침 시간을 구별하여 하나님 앞에 내어드림으로써 깊이 묵상하고 생각하는 경건한 태도를 훈련해야 합니다. 그 시간이 바로 되면, 나의 생이 아무리 평범하다 할지라도 그날 하루는 절대로 평범하지 않습니다. 하나님 앞에 놀라운 축복을 받는 출발선에 선 것이기 때문입니다.

세 번째로, 성경을 읽으며 기도해야 합니다. 하지만 순서대로 성경을 읽겠다는 생각으로 형식적으로 읽어 나가면 유익을 얻지 못할 때가 있습니다. 예를 들어, 레위기를 읽는다면 아무리 읽어도 마음에 들어오는 것이 전혀 없을 때가 있습니다. 예레미야서나 에스겔서를 읽는다면 그날 내 마음에 들어오는 하나님의 말씀을 찾기란 굉장히 어렵습니다. 그냥 형식적으로 읽고 넘어갈 가능성이 큰 것입니다. 따라서 아침에 성경을 읽을 때는 가능하면 좋은 참고자료를 이용하여 그날 나에게 꼭 필요한 말씀을 얻을 수 있도록 하고 깊이 묵상한 이후 기도하는 시간을 갖는 것이 좋습니다.

네 번째로, 하나님이 기뻐하시는 일을 행동으로 옮겨야 합니다. 아침 묵상을 통해 하나님 앞에서 순종해야겠다는 마음이 생겼으면, 그분이 기뻐하시는 일을 실천합니다. 그래야만 하나님과 동행하는 삶을 산다고 할 수 있습니다. 예를 들어, 밤늦게 텔레비전을 보는 것 때문에 이른 아침에 하나님과 만나는 시간을 확보하기가 어렵다면 텔레비전 시청부터 절제하는 자세를 가져야 합니다. 무분별하게 텔레비전을 보지 않겠다는 의지 아래 이를 실천하는 것입니다. 작은 일에서부터 내가 무엇을 해야 주님을 기쁘시게 할 수 있는지 생각해 보고 그대로 행동해야 합니다.

○ ○ ○ ○ ○ ○ ○
빛나는 은혜의 삶

아버지가 가정에서 해야 할 세 가지 역할이 있습니다. 인도하고 보호하고 다스리는 것입니다. 그러기 위해서는 에녹과 같이 하나님과 동행하는 삶을 자녀들 앞에서 보여 줘야 합니다. 아버지가 텔레비전이나 신문, 컴퓨터만 들여다보고 있다면 하나님과 동행하는 삶을 자녀들에게 직접 보여 주기란 불가능합니다. 큰 것만 생각하지 말고 지극히 작은 것이라도 내가 직접 실천하여 하나님을 기쁘시게 해 드림으로 하나님과 동행하는 삶을 나타내도록 해야 합니다.

유다서를 보면, 에녹이 하나님과 동행하는 삶을 살았을 때에 동시대 사람들은 너무나 악했음을 알 수 있습니다. 노아의 홍수 직전이니만큼 그 악함은 극에 달했을 것입니다.

> 아담의 칠대 손 에녹이 이 사람들에 대하여도 예언하여 이르되 보라 주께서 그 수만의 거룩한 자와 함께 임하셨나니 이는 뭇사람을 심판하사 모든 경건하지 않은 자가 경건하지 않게 행한 모든 경건하지 않은 일과 또 경건하지 않은 죄인들이 주를 거슬러 한 모든 완악한 말로 말미암아 그들을 정죄하려 하심이라 하였느니라_유 1:14-15

에녹은 회개하라고 외치는 사람이 되었습니다. 하나님께서 원하셨기 때문에 그에 순종한 것입니다.

오늘 하루의 삶 속에서 나의 이웃에게 복음을 전하는 것이 하나님을 기쁘시게 하는 것이라는 생각이 든다면 그대로 행동으로 옮기기 바랍니다. 그러면 하나님과 동행하는 하루를 사는 것입니다. 아무리 내 삶이 평범해도 하나님의 명령에 순종하는 오늘 하루는 결코 평범한 날이 될 수 없습니다.

에녹처럼 자녀를 낳고 사는 평범한 삶 앞에 하나님과 동행하는 생활을 넣기 바랍니다. 그러면 아무리 평범한 날이라도 왕관을 쓰는 날이 될 것입니다. 내 삶에서 하나님과 동행하는 것이 우선시되어 있으면 특별한 것처럼 보이지 않는 자녀 양육도 하나님을 기쁘시게 하는 일이 됩니다. 하나님과 즐기면서 보내는 하루는 절대로 무미건조할 수 없습니다. 은혜가 메말랐다는 이유로 사방을 두리번거리지도 않게 됩니다. 하나님을 기쁘시게 하는 생활 그 자체가 바로 은혜요 기쁨이요 활력이 되기 때문입니다.

그러면 세상일이 내 뜻대로 잘 안 풀린다고 할지라도, 나의 영적인 삶은 결코 피폐하지 아니할 것이요 하나님과 사람 앞에 부끄럽지 않을 것입니다. 에녹과 같이 자녀를 낳는 일 앞에 하나님과 동행하는 삶을 앞세우기 바랍니다. 평범한 날도 하나님의 손에 이끌려서 하늘로 올라가는 기분으로 승리하며 살 수 있는 비결이 바로 여기 있습니다.

하나님과 함께 동행하면 3백 년처럼 길고 지루하게 느껴지는 그날을 하루같이 살 수 있는 은혜가 나에게 부어집니다. 바로 오늘부터 순종하고 실천하기 바랍니다.

2

나의 사랑 안에
거하라

주님의 사랑 안에 거하면 예수님의 사랑이 우리의 기쁨이 되고
그 기쁨이 충만하게 된다고 했습니다.

요한복음 15:9-17

9 아버지께서 나를 사랑하신 것같이 나도 너희를 사랑하였으니 나의 사랑 안에 거하라 10 내가 아버지의 계명을 지켜 그의 사랑 안에 거하는 것같이 너희도 내 계명을 지키면 내 사랑 안에 거하리라 11 내가 이것을 너희에게 이름은 내 기쁨이 너희 안에 있어 너희 기쁨을 충만하게 하려 함이라 12 내 계명은 곧 내가 너희를 사랑한 것같이 너희도 서로 사랑하라 하는 이것이니라 13 사람이 친구를 위하여 자기 목숨을 버리면 이보다 더 큰 사랑이 없나니 14 너희는 내가 명하는 대로 행하면 곧 나의 친구라 15 이제부터는 너희를 종이라 하지 아니하리니 종은 주인이 하는 것을 알지 못함이라 너희를 친구라 하였노니 내가 내 아버지께 들은 것을 다 너희에게 알게 하였음이라 16 너희가 나를 택한 것이 아니요 내가 너희를 택하여 세웠나니 이는 너희로 가서 열매를 맺게 하고 또 너희 열매가 항상 있게 하여 내 이름으로 아버지께 무엇을 구하든지 다 받게 하려 함이라 17 내가 이것을 너희에게 명함은 너희로 서로 사랑하게 하려 함이라

나의 사랑 안에 거하라

요한복음 15장에서 주님이 주신 첫 번째 명령은 "내 안에 거하라"(4절)였습니다. 본문에서는 "나의 사랑 안에 거하라"(9절)라고 말씀하십니다. 이 두 말씀은 엄연히 차이가 있습니다. 심적으로도 "나의 사랑 안에 거하라"가 "내 안에 거하라"라는 말씀보다 더 와 닿는 느낌입니다. 훨씬 부드럽고 달콤하게 들립니다. 그만큼 사랑이라는 감정에 매력을 느끼는 탓도 있겠지만 사랑을 받고 싶은 마음 때문이리라 여겨집니다.

"나의 사랑 안에 거하라"는 '내 사랑의 품에 안기라' '내가 너를 안아 주겠다'라고 달리 표현할 수도 있습니다. 대개의 경우 모든 어머니에게는 고통을 동반하며 낳은 자식이 세상에서 제일 귀한 존재가 됩니다. 이때 어미는 아이를 끌어안고 뺨을 비비며 좋아하는데, 아마도 주님은 어머니의 품에서 기쁨에 겨워하는 어린아이의 모습을 나를 통해 보고 싶어 하실 것입니다. 그렇기 때문에 주님은 나의 사랑 안에 거하라는 말씀을 주고 계십니다.

○ ○ ○ ○ ○ ○ ○ ○ ○ ○ ○
하나님께서 베풀어 주시는 사랑

사랑의 품에 안기는 것은 예수님이 세상에 계실 때 친히 체험하신 행복입니다.

> 내가 아버지의 계명을 지켜 그의 사랑 안에 거하는 것같이 너희도
> 내 계명을 지키면 내 사랑 안에 거하리라_요 15:10

하나님의 사랑 안에 거하는 체험을 맨 먼저 한 이가 누구입니까? 예수님이 제일 처음으로 하나님 아버지의 품에 안겨 사랑을 받으셨습니다. 하나님의 사랑을 독차지하는 기쁨과 행복을 예수님이 가장 먼저 알고 계셨습니다. 예수 그리스도를 향해 하나님이 품으신 사랑이 얼마나 크고 완전한지는 말로 다할 수가 없습니다. 하지만 예수님은 얼마나 완전한 사랑인지 다 알고 계셨습니다. 주님이 먼저 하나님의 품에 안겨서 사랑을 받다 보니, 그 이상 좋은 것이 없기 때문에 "너희는 내 사랑 안에 거하라. 그것이 최고니라" 하는 말씀을 전해 주시는 것입니다.

어느 누구라도 하나님의 사랑 안에 거하기 위해서는 조건을 충족해야 합니다. 하나님께서는 사랑의 품으로 예수님을 안기 위해 완전한 조건을 마련해 놓으셨습니다.

> 아버지께서 나를 사랑하신 것같이_요 15:9

하나님께서 예수님을 완전히 사랑하신 것이 그 조건이었습니다. 마찬가지로 예수님도 나를 향해 "나의 품에 안기라. 나의 사랑 안에

거하라"고 하실 때는 마음 놓고 거할 수 있도록 완전한 조건을 갖추어 주셨습니다. "아버지가 나를 사랑하신 것같이 나도 너희를 사랑한다" 라는 것입니다. 이것이 충분조건입니다. 우리는 주님의 사랑에 대해 수십 가지 형용사를 붙여서 찬사를 드릴 수 있고, 그 사랑의 완전성을 노래할 수 있을 것입니다.

본문을 통해 살펴볼 것은 나를 향한 예수님의 사랑은 도대체 어떤 것이냐, 그 사랑이 어떤 점에서 특별히 내게 전달되었느냐 하는 것입니다.

> 너희가 나를 택한 것이 아니요 내가 너희를 택하여 세웠나니
>
> _요 15:16

우리가 예수님을 먼저 찾아간 것이 아닙니다. 우리 중에 그 어느 누구도 하나님께 먼저 다가선 사람이 없습니다. 하나님께서 먼저 찾아오셨고, 예수님이 우리와 같은 형상으로 이 땅에 오셔서 우리를 먼저 불러 주셨기 때문에 우리가 하나님을 알고 그분의 자녀가 된 것입니다.

하나님께서 이스라엘을 모든 민족 중에서 택하여 그의 백성으로 삼으신 이유는 다만 그들을 사랑하셨기 때문입니다(신 7:7-8 참조). 이로써 하나님께서 나를 그분의 자녀로, 주님의 제자로 선택해 주신 것은 그와 똑같은 크고 완전한 사랑임을 깨달아 알 수 있습니다.

○ ○ ○ ○ ○ ○ ○ ○ ○ ○
주님의 사랑 안에 거하는 것

> 사람이 친구를 위하여 자기 목숨을 버리면 이보다 더 큰 사랑이 없나니_요 15:13

예수님은 자신의 생명을 버림으로써 나를 향한 그분의 사랑을 나타내셨습니다.

친구는 혈연관계가 아닌 까닭에 자기의 생명을 내줄 만큼 절실한 관계는 못 됩니다. 어머니가 자녀를 위해 생명을 내주었다거나 자식이 아버지를 위해 생명을 바쳤다고 하면 있을 법한 일로 여길 수 있습니다. 그런데 누군가 사랑하는 친구를 위해 생명을 바쳤다고 하면 쉽사리 이해가 되지 않습니다. 절실한 관계로 보기 힘들기 때문입니다. 그림에도 친구를 위해 스스로 생명을 던졌다고 한다면 주님이 말씀하신 것처럼 최고의 사랑입니다. 이보다 더 큰 사랑은 없습니다.

친구를 위해 생명을 던지는 것이 최고의 사랑이라면, 주님은 나를 위해 어떤 관계에서 생명을 던져 주신 것일까요? 주님은 원수의 관계에서 나를 위해 십자가에서 생명을 주셨습니다. 나와 하나님은 원수 된 관계였습니다.

우리는 예수 믿기 전에는 하나님 앞에서 저주받아야 될 원수에 불과했습니다. 그럼에도 예수님이 친히 세상에 오셔서 육신을 입으시고, 나의 죄를 짊어지시고, 십자가에서 내 모든 죄를 사하기 위해 목숨을 버리셨으니 이보다 더 큰 사랑이 어디 있겠습니까? 이것이 친구의 사랑과 비교가 됩니까? 친구의 죽음과 비교가 됩니까? 주님은 이 같은 죽음을 이루심으로 나를 사랑하신다고 말씀하셨습니다. 말뿐이 아닌 행동으로 보여 주는 사랑이었습니다.

이 사랑의 줄은 아무도 우리를 그리스도의 사랑에서 끊을 수 없을 정도로 강합니다(롬 8:35 참조). 그리고 모든 성도와 함께 지식에 넘치는 사랑입니다(엡 3:18 참조). 우리의 지각으로 읽을 수도 없고, 이해할 수도 없는 사랑입니다. 바로 이런 사랑을 주님이 주셨습니다.

이 사랑을 믿나요? 이 사랑을 알고 있습니까? 어쩌면 이 사랑을 믿고, 이 사랑을 안다고 말할 수 있습니다. 그런데 주님 품에 안기는 것, 주님의 사랑 안에 거하는 것은 아는 것과 믿는 것 이상을 말합니다. 이 사랑은 지식에 넘치는 것입니다. 그렇기 때문에 단순하게 깨닫기만 하는 것보다 한 걸음 더 앞섭니다. 결국 따지고 보면 충만한 자리까지 임하는 것입니다. 이는 깊은 물 속에서 발이 땅에 닿지 않은 채 몸이 떠 있는 상태와도 같습니다. 물에 몸을 맡기고 헤엄치듯이, 예수님의 사랑의 품에 안긴다는 말은 '안다'는 말과 '깨닫다'는 말에서 더 나아가 그 사랑 안에 두둥실 떠 있는 것입니다. 사랑이 충만한 상태는 바로 이러합니다. 이와 같은 은혜가 있어야 하는 것입니다.

○ ○ ○ ○ ○ ○ ○ ○ ○
나를 위한 주님의 사랑

사랑에 대해 듣고 이야기하는 것과 사랑을 마음으로 느끼고 즐기는 것은 별개의 문제입니다. 여름철, 맑은 물이 계곡을 따라 흐르는 소리는 듣기만 해도 참으로 시원합니다. 그러나 목이 타 들어가는데도 전혀 물을 못 마시는 상황에서는, 흘러내리는 물소리가 아무리 아름답다 해도 내 귀에는 무관하게 들릴 뿐입니다. 아름다울 수가 없는 것입니다. 숭고하고 완전하신 예수님의 사랑이 아무리 내 귀에 좋게 들린다 해도, 쩍쩍 갈라지는 내 마음을 해갈하는 생수가 되지 못할 때는 그 사랑의 맛을 알 수 없습니다.

그러므로 "나의 사랑 안에 거하라"는 것은 '내 사랑을 알라'가 아닙니다. '내 사랑을 믿으라'도 아닙니다. 그보다 한 걸음 더 나아가 '그 사랑 안에 완전히 안기라. 그리고 즐기라'입니다. 주님은 나에게 이것을 주기 원하십니다. 따라서 주님의 사랑 안에 안기는 것은 철저하게 개인적인 체험이라 할 수 있습니다. 각자의 마음을 향해 흘러넘치는 사랑의 강이라고 할 수 있는 것입니다. 주님은 이 세상을 사랑하십니다. 그리고 주님 앞에 나온 모든 사람을 사랑하십니다. 그러나 어떤 면에서는 주님은 나만 사랑하십니다.

따뜻한 봄날, 찬란한 햇살이 온 지면을 비추고 있습니다. 새로 돋아난 새싹들은 햇빛에 기대어 기쁨의 합창을 하는 것 같습니다. 그런데 모퉁이 외지에 홀로 핀 민들레꽃이 하늘을 향해 "저 태양은 나만 비추는 거야. 저 태양은 나를 위해 존재해"라고 중얼거린다고 합시다. 같잖은 말처럼 들리기도 하지만, 사실 옳은 말입니다. 민들레 입장에서 볼 때는 자기만을 위해 빛을 보내 주는 태양이기 때문입니다.

많은 이들이 하나님의 사랑을 받는 것이 사실이지만, 내 입장에서만 보면 나 혼자 주님의 품에 안긴 것과 같은 느낌입니다. 그런데 이렇게 착각해도 잘못이 아닙니다. 주님은 나만 사랑하시는 것처럼 느껴지기 때문입니다. 이것이 주님의 품에 거하는 것이요 주의 사랑 안에 거하는 것입니다. 과연 나는 평소에 이 사랑을 얼마나 체험하고 있는 것일까요?

○ ○ ○ ○ ○ ○ ○ ○
사랑의 능력과 신비

주일학교에서 잘 부르는 찬송 가운데 〈예수 사랑하심은〉이라는 곡이 있습니다. 원래 이 곡의 가사는 미국의 여류 소설가 안나 워너(Anna Warner, 1824-1915)와 그녀의 언니 수잔 워너(Susan Warner, 1819-1885)의 합작 소설 《고백과 확증》(*Say and Seal*, 1859)에 쓰인 것이었습니다.

소설에는 주일학교에 다니는 병약한 소년 조니 팩스(Johnny Fax)와 그의 교사 존 린덴(John Linden)이 나옵니다. 린덴은 각별한 관심을 쏟으며 조니를 가르치고 그를 위해 기도해 줍니다. 그렇게 둘 사이에는 많은 정이 오갔습니다.

어느 날, 병상에 누운 조니는 숨이 끊어질 듯 심각한 지경에 처했습니다. 문병을 간 린덴은 조니를 위해 눈물로 기도하면서 아이에게 물었습니다.

"조니, 너를 위해 뭘 해 줄까?"

아이는 찬송을 불러달라고 답했습니다. 이때, 린덴이 조니를 안고 처음으로 부른 찬송이 바로 〈예수 사랑하심은〉이었습니다. 가사를 원문 그대로 번역하면 이렇습니다.

'예수가 날 사랑하시네. 나는 그것을 잘 아네. 성경이 그렇게 말씀하시니까. 어린아이는 예수님의 것이네. 그들은 약하지만 예수님은 강하시네. 날 사랑하심. 날 사랑하심. 성경에 쓰셨네.'

가사의 요지는 '조니야, 예수님은 너만을 사랑해. 네가 비록 병상에서 꽃다운 생명을 피워 보지도 못하고 세상을 떠나지만, 그러나 조니야, 주님은 너만을 사랑해'입니다. 그때 조니는 '그래, 예수님은 나를 사랑하셔. 나만을 사랑하셔'를 새기며 예수님의 사랑을 체험하는 것입니다.

주님이 베푸시는 사랑의 품에 안기는 것은 체험적이요 개인적인 것입니다. 또한 이것은 만병통치라고 할 수 있습니다. 마음속에 쌓인 불안이나 불만, 남모르는 가슴속 갈등 같은 것들은 예수님이 안아 주시는 사랑의 품을 한번 경험하고 나면 눈 녹듯 사라져 버립니다. 그리고 이는 체험해 봐야 알 수 있는 것입니다.

남편에 대한 불만이 목까지 차올라 있다 해도 기도하는 가운데 예수님의 품에서 주님이 베푸시는 사랑을 독차지하고 있음을 체험하게 되면, 남편에 대한 미움이 깨끗이 사라집니다.

젊었을 때 가진 꿈이 깨져 버리고 나이를 먹어 힘도 능력도 없게 되자, 좌절과 원망에 사로잡힌 남자가 있었습니다. 예수님을 믿고 변화를 받아 성경을 읽는 가운데, 십자가에 달리신 주님의 "목마르다"라는 외침이 바로 자신을 향한 것임을 깨닫게 되었습니다. 그리고 피 묻은 주님의 손과 가슴에 기대고 있는 자신의 모습을 보고 마음속의 모든 좌절과 상처가 깨끗하게 되었습니다. 이후로 그는 웃는 사람이 됩니다. 성공한 사람에 대해 부러운 것이 없습니다. '주님이 나를 사랑하신다. 나는 주님의 품에 기대고 있어. 나는 주님을 사랑해' 하는 것으로 그 마음은 충만한 것입니다. "나의 사랑 안에 거하라"는 이처럼 신비로운 능력을 갖고 있습니다.

그래서 누군가 말한 대로 율법이 나의 죄를 회개시킬 때는 '회개하라. 그렇지 않으면 죽음이야. 그렇지 않으면 너는 심판받아'라는 무서운 뜻을 동원합니다. 그때 흘리는 회개의 눈물은 우박처럼 단단합니다. 그러나 나를 위해 죽으신 예수 그리스도, 나를 하나님의 자녀로 삼아 주신 예수님의 사랑에 감격해서 회개에 이르는 눈물은 이른 아침의 보슬비처럼 부드럽습니다. 주님이 안아 주시는 사랑의 품을 경험해 본 사람은 그 사랑에 감격해서 죄를 회개하며, 그 순간 모든 죄가 가슴으로부터 씻기는 것을 깨닫게 됩니다. 주님의 사랑은 그만큼 능력이 있습니다. 몸에 좋은 꿀도 너무 많이 먹으면 해롭지만 주님의 사랑은 아무리 먹고 마셔도 탈 나는 법이 없습니다.

이같이 신비로운 능력을 체험했습니까? 주님이 베푸시는 사랑의 품에 안기는 것은, 주님의 사랑을 아는 것이나 주님의 사랑을 믿는 것과 다른 차원임을 꼭 새기기 바랍니다.

그러면 어떻게 해야 나도 체험할 수 있을까요? 어떻게 하면 좀 더 깊은 자리에 들어가서 그 같은 사랑을 맛볼 수 있을까요? 산(山)기도를 하면서 기다려 볼까, 40일 금식기도를 해 볼까, 세상을 포기하고 선교사로 나갈까 같이 흔히 접하는 여러 가지 방법이 떠오를 수 있습니다. 그런데 성경은 이에 대해 확실한 방법을 제시합니다.

예수님이 주신 계명, 서로 사랑하라

> 내가 아버지의 계명을 지켜 그의 사랑 안에 거하는 것같이 너희도
> 내 계명을 지키면 내 사랑 안에 거하리라_요 15:10

예수님은 자신의 경험을 말씀하십니다. 예수님은 죄 없으신 분이요 하나님께서 기쁘게 여기시는 분입니다. 예수님은 하나님의 사랑을 독차지한 사람이었습니다. 하지만 예수님도 이 세상에 계실 동안 하나님께서 안아 주시는 사랑의 품에서 지내기 위해서는 고수해야 되는 일이 있었습니다. 바로 아버지의 계명을 지키는 것이었습니다. 예수님은 그 법칙을 지키셨습니다. 그 결과, 하나님의 사랑 안에 늘 거하실 수 있었습니다. 또한 바로 그렇기 때문에 예수님이 우리에게 명하시는 것입니다.

'내가 하나님 아버지의 계명을 지켰더니, 하나님의 사랑 안에 거했다. 마찬가지로 너희도 나의 계명을 지키면 내 사랑 안에 거할 수 있다.'

여기서 계명이란 무엇입니까?

> 내 계명은 곧 내가 너희를 사랑한 것같이 너희도 서로 사랑하라 하
> 는 이것이니라_요 15:12

우리에게 주신 계명은 "서로 사랑하라"입니다. 하나님은 예수님에

게 "사랑하라"는 계명을 주셨습니다. 그리고 예수님이 그 계명을 지키셨을 때, 하나님의 품에 안겨 세상을 살 수 있었습니다. 예수님은 우리에게 그분이 경험하신 그대로를 가르쳐 줍니다.

'너희가 내 사랑의 품에 안겨 살고 싶으면 나의 계명을 지키라. 서로 사랑하라는 계명을 지키라.' 그렇습니다. 이것은 법칙입니다. 감정만으로 그 문을 열고 들어갈 수 없습니다. 느낌만으로 그 사랑 안에 거할 수 없습니다. 하나님이 사랑 안에 거하기 위해서는 분명한 논리가 있습니다. 철저한 법칙이 있습니다. 그 냉정한 논리가 무엇입니까?

'예수님도 하나님의 계명을 지킴으로 사랑 안에 거했다. 그러므로 나도 주님의 계명을 지켜야 사랑 안에 거할 수 있다.'

냉정한 논리이자 철저한 법칙입니다. '사랑 안에 거하려면 서로 사랑하라는 계명을 지키라.' 이 법칙을 지켜야 됩니다. 보통 느낌에 비중을 두고, 행동은 가볍게 여기는 경향이 있습니다. 감정을 앞세우고 삶의 법칙을 무시할 때가 많습니다. 그러나 예수님이 철저히 지키신 법칙이자 논리인데, 우리가 감히 어길 수 있는 것이 되겠습니까? 아무도 어길 수 없습니다.

예수님의 계명으로 자신을 점검하라

한글 성경은 똑같은 한 단어를 쓰고 있지만, 영어 성경은 '계명'에 대해 10절에서는 복수를 사용하고 12절에서는 단수를 사용합니다. 풀어 쓰자면 12절은 '내 계명'(my command, NIV성경)이고, 10절은 '내 계명들'(my commands)입니다. 그 차이를 설명하는 것은 어렵지 않습니다.

'전축'을 한번 생각해 보세요. 이것은 단수입니다. 그러나 기능별로 분리해 놓으면 복수가 됩니다. 카세트, CD 플레이어, 턴테이블, 스피

커를 따로 떼어 놓으면 여러 개입니다. 그리고 이들을 하나로 묶으면 단수입니다.

마찬가지로 "형제를 사랑하라" 하면 단수 계명입니다. 그러나 고린도전서 13장에 나오는 대로 사랑하는 사람으로서 지켜야 될 법칙을 하나하나 늘어놓으면 복수가 됩니다. 단수든 복수든 "서로 사랑하라"는 계명을 잘 지킬 때, 하나님과 동질감을 느낍니다. 한마음과 한뜻으로 통하는 느낌을 갖게 됩니다. 따라서 하나님의 품에 안겨 있듯이 행복할 수밖에 없는 것입니다.

그렇다면 이제 예수님이 주신 계명을 잘 지키고 있는지 자기 자신을 점검할 기회를 주고 싶습니다. '나는 예수님의 사랑 안에 안겨 있는가, 아니면 예수님의 사랑 밖에 서 있는가? 나는 과연 어느 쪽에 속해 있는가?'

자신에게 던져야 할 세 가지 질문은 다음과 같습니다.

첫 번째로, 기쁨이 있습니까?

> 내가 이것을 너희에게 이름은 내 기쁨이 너희 안에 있어 너희 기쁨
> 을 충만하게 하려 함이라_요 15:11

주님의 사랑 안에 거하면 예수님의 사랑이 우리의 기쁨이 되고 그 기쁨이 충만하게 된다고 했습니다.

두 번째로, 내가 기도하는 것은 무엇이든지 하나님께서 다 주신다는 확신과 담대함이 있습니까?

> 내 이름으로 아버지께 무엇을 구하든지 다 받게 하려 함이라
> _요 15:16

이 말씀은 주님의 사랑과 어떤 관계가 있을까요? 요한일서에 따르면 "서로 사랑하라"는 계명을 잘 지키는 사람은, 자기 마음에 가책이 없기 때문에 무엇이든지 기도하는 대로 하나님께서 주신다는 확신과 담대함이 있다고 합니다(3:21-22 참조). '내가 구하는 것은 무엇이든지 하나님께서 주신다'라는 확실한 담대함이 있다면, 분명 그는 형제를 사랑하라는 주님의 계명을 지키는 사람입니다.

세 번째로, 예수님과 나 사이가 친구 관계와 같아서 모든 것이 통합니까?

너희는 내가 명하는 대로 행하면 곧 나의 친구라_요 15:14

예수님과 우리를 친구 사이라고 말씀하십니다. 친구의 특징은 무엇입니까? 비밀이 없는 것입니다. 마음이 잘 통하는 친구는 비밀이 없습니다. 내가 그리스도의 사랑 안에 거하는지를 점검하기 위해서는 예수님과 나 사이에 거리감이 있는지 없는지, 예수님과 나 사이에 서먹서먹한 것이 있는지 없는지를 따져 보면 됩니다.

정리하자면 다음의 세 가지입니다. 첫째는, 나에게 주님이 주시는 참기쁨이 있는가? 둘째는, 무엇이든지 구할 수 있는 담대함이 있는가? 셋째는, 주님과 나의 관계가 무척 친밀해서 모든 것이 통하는가? 이를 놓고 자신을 점검해 볼 때, 세 가지를 모두 충족하면 주님의 사랑 안에 거하는 사람입니다. 그러나 이 세 가지를 충족하지 못하고 한두 가지만 되는 경우라면, 내게 무슨 문제가 있음을 나타냅니다. 따라서 냉정하게 한번 살펴보는 것이 필요합니다.

제 입장에서 보면 약간 괴로울 때가 있습니다. '아, 내가 좀 더 기쁨이 충만한 사람이 되면 좋겠는데 왜 안 될까? 세상이 너무 악해서 그런 것일까, 나의 어느 부분이 잘못되어 그런 것일까?' 날마다 예수님으로 인해 기쁨이 충만하면 좋으련만, 그렇지 못할 때가 있습니다. 억지로 되는 일이 아니기에 고민스럽습니다.

그다음으로 '나는 무엇이든지 주님 앞에 구하면 다 받을 수 있어. 나는 무엇이든지 주님 앞에 가면 다 이야기할 수 있어' 하는 담대함이 있어야 하는데, 그 담대함이 흔들릴 때가 있습니다.

예를 들어, 나의 병이나 내 몸이 약한 것을 놓고 마음을 쓰며 기도한다고 합시다. 어느 순간 스스로 이런 생각이 듭니다. '야, 너 욕심이 너무 많다. 네 나이만큼 산 사람도 그리 많지 않아. 그만큼 일했으면 됐지 어떻게 고쳐 달라고 그러냐. 주님이 그렇게 욕심 섞인 기도도 들어주실 줄 아니? 그러지 말고 한마디만 해. 내 뜻대로 마옵시고 주님 뜻대로 하옵소서.'

결국 이렇게 되어 버리니 자신이 없는 것입니다. 또 어떤 때는 예수님과 나 사이에서 거리감을 느끼기도 합니다. 본문을 읽으면서 저는 제 모습을 발견할 수 있었습니다. '아, 나도 주님의 계명을 잘 지키지 못하고 있구나.'

그 실례를 말하면 다음과 같습니다.

경찰서에서 전과자 두 명을 교화시켜 달라고 사랑의교회에 부탁해 온 적이 있습니다. 서초동 일대의 자동차를 반복적으로 턴 사람들이었는데, 법적으로 감당이 안 되어 교회로 보낸 것입니다. 이럴 때 목사라는 사람이 "우리는 그런 사람 못 받습니다"라고 할 수는 없는 일 아니겠습니까? 그런데 수락하고 보니 귀찮은 일이 참 많았습니다. 돈만 떨어지면 나쁜 짓 안 하겠다고 찾아오는데, 속고 있는 줄 알면서도 도와줄 수밖에 없는 것입니다. 3년을 그렇게 하다가 그 사람도 거짓말이 동났는지 어느 날인가부터 종적을 감췄습니다. 앓던 이가 빠진 것처럼 얼마나 시원하던지요. 저는 속으로 '그 사람은 구제 불능이야. 안 돼. 예수님이 직접 오셔서 막달라 마리아를 고쳐 주시듯 하면 모를까, 나는 할 수 없어'라고 스스로를 위로했습니다. 그런데 그 사람이 제게 또 전화해서 그간의 이야기를 한 다음, 자신을 용서해 달라고 하는 것이었습니다. "그럼, 내가 용서해 주지. 다 잊어버렸어. 그러니까 열심히 일하고 이제 정말 바른생활 해야 된다"라고 말했지만, 그의 말이 워낙 앞뒤가 안 맞았기에 거짓말이라는 생각이 들면서 신뢰가 가지 않았습니다. 결국 말씀에 맞춰 살펴보면 저는 아직도 사랑하지 않는 것이 됩니다.

고린도전서 13장을 보면 사랑에 관한 열다섯 가지 법칙이 나옵니다. 그중에 유명한 네 가지가 7절에 나오는데 "모든 것을 참으며", "모든 것을 믿으며", "모든 것을 바라며", "모든 것을 견디느니라"입니다. 저의 경우 모든 것을 믿어야 하는데 믿지 않고, 모든 것을 바라면서 꿈을 가지고 사람을 볼 수 있어야 하는데 절망감을 가지고 사람을 보니 사랑할 수 없는 것입니다. 전화를 끊으면서 찾아오지 않기를 바라는 제 모습을 보면 사랑하지 않는 것이 분명합니다.

목사가 이 정도로 잘못되어 있는데, 어떻게 내 마음에 기쁨이 생기겠습니까? 어떻게 모든 기도를 주님이 들어주신다는 확신이 있겠습니까? 어떻게 사랑이신 주님과 나 사이에 거리감이 안 생기겠습니까?

주님 안에서 참행복을 누리는 길

"서로 사랑하라"는 계명을 지키는 것은 내가 손해를 보는 것이 아니라 나의 행복을 위한 장치가 됩니다. 참기쁨을 가지고 세상을 살고 싶습니까? 주님의 품에 안겨 있는 행복감, 만족감, 평안을 누리며 지내고 싶습니까? 무엇이든지 하나님 앞에 들고 가면 그분께서 다 들어주신다는 확신을 가지고 싶습니까? 이는 행복의 조건입니다. 주님은 행복을 주기 위해 이같이 말씀하셨습니다.

내 계명을 지키면 내 사랑 안에 거하리라_요 15:10

주님의 계명을 지킴으로 사랑 안에 거합시다. 이것이 바로 삭막한 세상에서 행복하게 사는 비결입니다.

남편, 아내, 자녀, 부모, 시부모, 형제, 이웃을 향해, 나에게 손해를 주는 이웃과 친구들을 향해 어떻게 해야 합니까? 서로 사랑하라는 주님의 계명을 지켜야 합니다. 이는 절대로 내가 손해 보는 것이 아닙니다. 내가 그들을 사랑함으로써 말로 표현할 수 없는 행복을 내 것으로 누리게 됩니다. 주님의 사랑 안에 안겨 있는 행복인 것입니다.

주님의 명령에 순종하십시오. 그러면 이 행복은 내 것이 됩니다. 주님이 그것을 아셨기 때문에 그분의 경험을 토대로, 나를 향해 그렇게 하라고 말씀하신 것입니다. 말씀에 순종함으로써 주님이 안아 주시는 사랑의 품에 기대십시오. 그리고 그 사랑을 평생 독차지하는 황홀함을 누림으로써 이 세상을 사는 승리자가 되기를 바랍니다.

3

열매를
많이 맺으면

신앙 인격이 예수 그리스도를 닮아 가는 열매가 있고,
예수님의 제자와 소명자로서 하나님 나라를 위해 헌신하는 삶이 있어야 제자입니다.
제자 된 삶을 살면 하나님께서 열매를 많이 맺은 사람이라고 칭하십니다.

요한복음 15:1-8

1 나는 참포도나무요 내 아버지는 농부라 2 무릇 내게 붙어 있어 열매를 맺지 아니하는 가지는 아버지께서 그것을 제거해 버리시고 무릇 열매를 맺는 가지는 더 열매를 맺게 하려 하여 그것을 깨끗하게 하시느니라 3 너희는 내가 일러 준 말로 이미 깨끗하여졌으니 4 내 안에 거하라 나도 너희 안에 거하리라 가지가 포도나무에 붙어 있지 아니하면 스스로 열매를 맺을 수 없음같이 너희도 내 안에 있지 아니하면 그러하리라 5 나는 포도나무요 너희는 가지라 그가 내 안에, 내가 그 안에 거하면 사람이 열매를 많이 맺나니 나를 떠나서는 너희가 아무것도 할 수 없음이라 6 사람이 내 안에 거하지 아니하면 가지처럼 밖에 버려져 마르나니 사람들이 그것을 모아다가 불에 던져 사르느니라 7 너희가 내 안에 거하고 내 말이 너희 안에 거하면 무엇이든지 원하는 대로 구하라 그리하면 이루리라 8 너희가 열매를 많이 맺으면 내 아버지께서 영광을 받으실 것이요 너희는 내 제자가 되리라

열매를
많이 맺으면

처음부터 마지막까지 무난하게 의미가 깨달아지고 재미를 안겨 주는 성경 말씀이 있는가 하면, 어떤 본문은 그다음 절까지 연달아 읽을 수 없는 말씀도 있습니다.

본문 말씀은 포도나무 비유와 관련한 유명한 장(章)입니다. 이와 같은 말씀을 읽을 때는 하나님 아버지의 심정을 볼 수 있는 눈이 필요합니다.

'하나님께서 나에게 원하시는 것은 무엇일까? 열매를 많이 맺기를 원하시는구나. 그러면 그 열매가 나에게 있을까? 교회를 향한 하나님의 소원은 무엇일까? 우리가 열매를 많이 맺음으로 하나님께서 영광을 받으시는 것이로구나. 그러면 우리는 무슨 열매를 갖고 있을까?'

하나님의 심정을 이해하는 입장에서 본문을 읽어야 합니다. 그리고 나서 열매가 무엇인지 알게 되었다면 '주여, 내가 열매를 많이 맺는 하나님의 자녀가 되기를 원합니다. 도와주옵소서'라는 마음을 얻게 됩니다. 이를 위해서는 어떻게 해야 되는지, 그 방법 또한 말씀에서 찾을 수 있습니다. 방법을 찾았다면 실제 삶에서 말씀대로 살아야 합니다. 열매를 많이 맺는 하나님의 자녀가 되기 위해 노력해야 합니다.

하나님께서 자르시는 가지

포도나무 묘목을 처음 심으면 3년간은 열매를 얻을 수 없습니다. 계속해서 자라기만 합니다. 주인은 해마다 가지를 칩니다. 나무가 일정 키이상 자라지 못하도록 가지치기를 계속합니다. 그래서 적정 수준까지만 나무를 자라게 합니다. 3년이 지나 열매를 맺기 시작하면 12월이나 1월, 즉 겨울에만 가지를 칩니다.

전문가들에 의하면 두 종류의 포도나무 가지가 있다고 합니다. 열매를 맺는 가지와 열매를 맺지 못하는 가지입니다. 그래서 열매가 없거나 열매를 맺을 수 없는 가지는 사정없이 잘라 버리고, 열매를 맺을 수 있는 가지만 손질합니다. 품종에 따라 열매를 맺는 가지에는 두세개에서 예닐곱 개의 눈이 달린다고 합니다. 이 눈이 자라 포도송이가되기 때문에 눈이 달린 가지는 손질을 잘해서 상하지 않도록 가꿉니다. 포도 농사를 지으면서 열매를 많이 거두기 원한다면, 포도송이가안 맺히는 가지는 깨끗이 잘라야 하고 포도가 잘 맺힐 만한 가지는 손질해야 합니다.

그런데 하나님께서도 자녀와 교회에 대해 이 두 가지를 하신다고말씀하십니다.

> 무릇 내게 붙어 있어 열매를 맺지 아니하는 가지는 아버지께서 그것
> 을 제거해 버리시고 무릇 열매를 맺는 가지는 더 열매를 맺게 하려
> 하여 그것을 깨끗하게 하시느니라_요 15:2

하나님께서는 두 가지 일, 곧 잘라 버리고 깨끗케 하는 일을 하십니다. 그렇다면 애당초 잘리는 대상은 누구일까요? 이는 세상 사람을 두고 하는 말이 아닙니다. 하나님께 예배드린다고 하면서 교회에 드나드는 사람들 중에 있다는 것입니다. 열매를 맺을 수 있는 사람인지 아닌지 하나님께서 보고 판단하시는 것입니다.

예수님 당시에도 잘려 나간 사람들이 있었습니다. 아브라함 자손이라고 콧대를 세우며 교만히 행하던 유대 사람들이 잘라 버려짐을 당했습니다. 그러고 나서 하나님께서는 이방인을 택하셨습니다. 물론 유대인들 전체가 잘려 나간 것은 아니지만 예수님을 받아들이지 않은 대다수가 잘림을 당했습니다. 그들은 자신들이 기다리던 메시아가 예수님이라는 사실을 인정하지 않았습니다. 그러고는 예수님을 십자가에 못 박았습니다. 결국 대제사장과 지도층을 포함한 수많은 유대인들이 잘려 나갔습니다.

그리고 또 누구를 자르셨습니까? 가룟 유다와 같은 배신자를 자르셨습니다. 가룟 유다는 제자 그룹에 속해 있던 만큼 예수님을 위해 생명을 걸고 충성할 것같이 보였지만, 주님의 시각에서는 싹이 노란 사람이었습니다. 차라리 태어나지 아니하였더라면 좋을 뻔했다고 하셨습니다(마 26:24 참조). 그는 본문에 앞서 요한복음 13장에서 이미 잘려 나갔습니다. 성만찬에도 참여하지 못하고 제자들 사이에 끼여 앉았다가 급기야 나가 버렸습니다(30절 참조). 마귀에게 끌려갔습니다. 잘려 버려진 것입니다.

2천 년에 이르는 교회 역사를 살펴보면 하나님께서 자르시는 사람들을 볼 수 있습니다. 죽을 때까지 주님 앞에 순종하지 않고 입으로만 "주여, 주여" 하면서 겉모양으로 종교인 행세를 하는 사람들을 잘라 버리십니다. 그런데 교회 수가 부쩍 늘어나고 예수 믿는다는 사람들이 구름 떼처럼 몰려드는 양적인 부흥의 때가 오면 한심한 사람들이 많이 생깁니다. 교회에 들어와서 새사람이 되고 예수 그리스도 앞에서 변화를 받아 하나님을 찬양하는 새로운 영혼으로 거듭나면 참 좋은 일이지만, 어떤 사람은 죽을 때까지 입으로만 "주여, 주여"라고 할 뿐 내면은 하나도 변화되지 않습니다. 이런 사람은 하나님께서 언젠가는 잘라 내십니다. 방법은 정확히 알 수 없으나 하나님께서 제거해 버리신다는 것은 명백한 사실입니다.

그렇다면 왜 하나님께서는 좀 더 기다리시지 않고 잘라 버리실까요? 열매가 맺히지 않는 포도나무 가지를 그대로 두면 영양분을 다 빼앗기고 병충해가 생겨 포도를 맺는 가지에도 피해를 입히듯이, 가룟 유다 같은 사람이 교회 안에 있으면 그 교회를 병들게 하기 때문입니다. 콧대를 세우며 교만히 행하는 사람, 주님 앞에 복종하지 않는 사람이 그대로 계속 교회 안에 남아 있으면 교회는 영적으로 타락하고 맙니다. 따라서 교회를 지키기 위해 하나님께서 자르시는 것입니다.

깨끗한 가지가 되어야 하는 이유

다음으로 하나님께서는 깨끗케 하는 일을 하십니다. 못 쓰는 가지는 잘라 내고 남은 가지를 깨끗케 하시는 것입니다. 그렇다면 어떠한 방식으로 깨끗하게 될 수 있는 것일까요?

"너희는 내가 일러 준 말로"(3절)라는 중요한 말씀이 나옵니다. 즉, 하나님의 말씀으로 이미 깨끗해졌다고 말하고 있습니다. 가룟 유다를 뺀 나머지 열한 제자들을 향해 '너희는 이미 깨끗해졌다'고 말씀하십니다. "내가 일러 준 말로 이미 깨끗하여졌으니 내 안에 거하라"(3-4절)고 하십니다.

이를 쉽게 이해하기 위해 베드로를 살펴보겠습니다. 처음에 베드로는 갈릴리 바다에서 고기를 잡는 가운데 예수님이 자기 배에 오르셔서 말씀을 전하시는 것을 들었습니다. 이에 베드로가 어떤 반응을 보입니까?

"주여 나를 떠나소서 나는 죄인이로소이다"(눅 5:8)라고 하면서 자기 죄를 회개하기 시작합니다. 깨끗하게 되는 과정에 들어선 것입니다. 나중에 베드로는 예수님이 빌립보 가이사랴에서 "너희는 나를 누구라 하느냐"(마 16:15)라고 물으실 때, "주는 그리스도시요 살아 계신 하나님의 아들이시니이다"(마 16:16)라고 다시금 신앙고백을 함으로 또다시 깨끗해졌습니다.

베드로의 유명한 고백은 또 있습니다.

> 보소서 우리가 모든 것을 버리고 주를 따랐나이다_막 10:28

베드로와 제자들은 예수님을 위해 부모 형제, 재산, 직업을 다 내버리고 예수를 따르는 사람이 되었습니다. 예수님의 말씀, 곧 진리를 따라 선택한 것입니다. 이 과정에서 제자들은 연단을 받았고 예수님과 함께 시험도 받았으며, 나중에는 모든 어려움 가운데 인내하면서 하나님 나라를 위해 훈련받는 사람이 되었습니다. 베드로와 제자들이 깨끗하게 되는 과정을 겪은 것입니다.

그런데 이것은 나에게도 해당됩니다. 주님이 나를 깨끗하게 하십니다. 주님은 열매를 많이 맺는 가지가 되도록 나를 이끄십니다. 이를 위해 조용히 하나님의 말씀을 묵상합니다. 제자훈련을 하고 교사 훈련원에 들어갑니다. 평신도 성경대학을 다닙니다. 소그룹에서 공부합니다. 열매를 많이 맺는 포도나무 가지가 되기 위한 길인 것입니다.

따라서 하나님의 말씀을 멀리하는 사람은 깨끗하게 될 수 없습니다. 말씀을 통한 연단이 없기 때문입니다. 성경 말씀을 인용하면 교훈을 받지 않기 때문에 그러합니다. 책망을 받지 않고 바르게 함을 받지 못함으로 교정되지 않는 것입니다. 뿐만 아니라 의(義)로 교육되지 않아 깨끗하지 못합니다. 깨끗하지 못하기 때문에 열매를 맺을 수 있을지 알 수 없으나 열매를 맺는다 해도 하나님께서 원하시는 만큼 많이 맺어 들이지 못한다는 것을 기억해야 합니다.

열매를 맺는 제자로서의 길

만일 하나님께서 원하시는 열매를 맺지 못하면 하나님을 영화롭게 하고 기쁘시게 해 드릴 방도가 전혀 없습니다. 포도나무와 비슷한 것입니다. 포도나무는 열매를 빼놓으면 어느 것 하나 쓸 만한 것이 없습니다. 값이 나가는 게 없습니다. 덩굴 줄기이기 때문에 재질이 무를 뿐만 아니라 뒤틀려 있습니다. 그래서 자그마한 고리를 만들기도 어렵습니다. 땔감으로도 적당하지 않습니다. 쓴다 하더라도 화력이 약합니다.

유대 사람들은 1년에 한 번씩 제사를 지내면서 사용하는 나무를 성전에 바칠 때 한 가지 조건을 지켜야 했습니다. 포도나무를 가지고 오지 말아야 한다는 것이었습니다. 그렇기 때문에 포도나무의 잎사귀도 줄기도 전혀 쓸모가 없고, 바랄 수 있는 것은 오직 열매밖에 없었습니다.

마찬가지로 나 또한 하나님께 드릴 수 있는 것은 열매뿐입니다. 그 외에는 하나님께서 기쁘시게 받을 만한 것이 없습니다. 재산이 많다고, 인물이 잘났다고, 공부를 많이 했다고 자랑합니까? 하나님께는 통하지 않습니다. 세상에서 출세했나요? 사람들로부터는 존경을 받을지 모르지만 하나님께는 아무 의미가 없습니다. 나 자신은 마치 포도나무와 같습니다. 그러므로 열매가 있어야 하나님을 기쁘시게 할 수 있으며, 열매가 없으면 그 무엇으로도 하나님을 기쁘시게 할 수 없습니다.

열매가 있습니까? 하나님께서 기뻐하실 것입니다. 열매가 별로 없습니까? 경각심을 가지고 이 문제를 해결해야 합니다.

그러면 이제 열매는 무엇인가 하는 질문이 생깁니다. 본문 말씀만 가지고는 무슨 열매인지 얼른 이해가 되지 않습니다. 답이 없습니다. 어떠한 열매인지 해석할 수 있는 열쇠는 바로 다음 구절에 있습니다.

> 너희가 열매를 많이 맺으면 내 아버지께서 영광을 받으실 것이요 너
> 희는 내 제자가 되리라_요 15:8

열매가 무엇인지 알기 위해서는 제자가 된다는 것이 무엇인지 이해해야 합니다. 예수님은 제자들을 향해 말씀하고 계십니다. 그런데 이미 예수님의 제자인 사람들에게 무엇 때문에 "제자가 되리라"고 말씀하시는 것일까요? 제자라는 이름을 가지고 있는 것과 실제로 제자가 되는 것은 다릅니다. 그러므로 예수님 앞에 앉아 있는 제자들도 '제자'라는 이름이 붙어 있기는 하지만 실제로는 문제가 있었음을 나타냅니다.

그렇다면 열매는 과연 무엇일까요? 바로 예수님의 제자가 되는 것입니다. 여기서 살펴볼 수 있는 '제자'라는 말에는 두 가지 중요한 요소가 담겨 있습니다.

첫째, 누군가에게서 배우고 그를 닮아 가는 사람이 바로 제자입니

다. 나는 누구의 제자입니까? 예수님의 제자입니다. 예수님을 닮는다고 하면 나의 신앙 인격이 예수님처럼 닮아 가는 것을 뜻합니다. 그리고 바로 이것이 하나님께서 원하시는 열매입니다.

둘째, 자신이 하나님으로부터 소명을 받은 자임을 알고 하나님 나라를 위해 헌신하는 삶을 사는 사람이 바로 제자입니다. 제자는 이런 삶을 살아야 합니다. 예수님의 제자들은 자기 집을 다 버리고 예수님을 따랐습니다. 복음을 위해 살다가 십자가에 못 박혀 죽고, 살가죽이 벗겨져 죽고, 칼로 죽임을 당했습니다. 소명을 받은 사람이었기 때문입니다. 하나님 나라를 위해 자신의 삶을 헌신해야만 예수님의 제자입니다. 하나님 나라를 위해 소명자로 헌신하는 것이 열매를 맺는 삶입니다.

이처럼 신앙 인격이 예수 그리스도를 닮아 가는 열매가 있고, 예수님의 제자와 소명자로서 하나님 나라를 위해 헌신하는 삶이 있어야 제자입니다. 제자 된 삶을 살면 하나님께서 열매를 많이 맺은 사람이라고 칭하십니다.

내가 맺어야 하는 성령의 열매

신앙 인격이 예수님을 닮아 가려면 어떤 열매가 있어야 하는 것일까요?

> 오직 성령의 열매는 사랑과 희락과 화평과 오래 참음과 자비와 양선
> 과 충성과 온유와 절제니 이 같은 것을 금지할 법이 없느니라
> _갈 5:22-23

참으로 하나하나가 귀중한 아홉 가지 열매입니다. 성령의 열매는

아홉 사람에게 각각 열리는 것이 아니고 한 사람에게 모두 열립니다. 그리고 아홉 가지 열매가 조화를 잘 이루면 예수 그리스도의 모습이 나타납니다. 나의 인격에 사랑과 희락과 화평과 오래 참음과 자비와 양선과 충성과 온유 그리고 절제가 있다면, 다른 사람들이 내 모습을 통해 예수 그리스도를 보게 됩니다.

'예수님을 닮는구나. 예수님과 같다. 예수님의 향기가 난다.'

열매는 바로 이와 같습니다. 예수님의 제자가 되어 삶 속에서 인격적 성숙을 이루는 것입니다.

그런데 이 같은 측면에서 볼 때 나타날 수 있는 문제는, 예수는 오래 믿었으나 자신의 삶에 변화가 없는 것입니다. 저와 같은 목회자들은 특히 이런 부류에 해당합니다. 그래서 목회는 어려운 직업에 속합니다. 설교가 힘들어서라기보다는 자신이 먼저 예수님처럼 닮아 가야 하기 때문입니다. 많은 사람들로부터 존경받는 큰 교회의 목사라고 할지라도 내 인격이 예수님을 닮아 가지 않으면 큰일입니다. 목사 같지 않고 도둑놈 같아 보이면 어떻겠습니까? 하나님의 교회를 위해 충성하려는 자세보다도 돈에 관심이 더 많이 가 있는 사람처럼 보이면 어떻게 되겠습니까? 그야말로 큰일 아닙니까? 교인들이나 세상 사람들이 볼 때 "과연 예수님과 많이 닮았다. 예수님의 향기가 뿜어 나온다"라는 말이 나올 수 있어야 목사라고 할 수 있습니다.

성도들 또한 인격 문제가 해결되지 않으면 큰 어려움을 겪게 됩니다. 교회를 다니는 사람들은 흔히 '충성해야지, 열심히 봉사해야지'라고 생각합니다. 충성도 좋고 봉사도 좋습니다. 하지만 그보다도 더 중요한 것이 인격입니다. 올바로 되지 않은 사람이 일을 하면 문제만 일으킵니다. 이리저리 사람들과 부딪히며 상처를 주고 덕을 세우지 못하는 것입니다.

오늘날 우리 사회에서 교회가 지탄받는 이유 또한 여기에서 찾을 수 있습니다. 일을 안 해서 욕을 먹는 것이 아닙니다. 어려운 곳에 가서 자선활동을 하지 않아서 비난받는 것이 아닙니다. 교회는 세상과 다른 모습이 있어야 하는데 "예수, 예수" 하면서도 인격적으로 다른 부분이 없기 때문입니다. 잎만 무성할 뿐 하나님께서 원하시는 열매가 없습니다.

대다수의 교인들이 은사를 달라고 기도합니다. 하나님께서 주시는 능력으로 일을 하는 데 있어서 은사는 중요한 것입니다. 그러나 정작 열매를 달라고 기도하는 사람은 별로 없습니다.

'주님, 제게 사랑의 열매를 주세요. 오래 참지 못하는데 인내할 수 있는 열매를 주세요. 일하는 면에서는 다른 사람보다 뒤떨어져도 좋아요. 무능하다는 말을 들어도 좋아요. 하지만 제 됨됨이가 예수님을 닮았다는 말을 들을 수 있도록 제 인격이 주님을 닮아 가게 해 주세요. 주님, 제게 성령의 열매를 주세요.'

이렇게 기도하는 사람이 과연 얼마나 될까요? 은사가 없다면 주님이 주시지 않은 것이므로 변명의 여지가 있습니다. 그러나 성령의 열매, 다시 말해 예수님을 닮아 가는 인격은 믿는 사람에게는 차별 없이 주시는 은혜이기 때문에 변명할 여지가 없습니다. 예수 이름으로 아무리 일을 열심히 하고 분주하게 돌아다녀도 인격이나 삶에서 예수님을 닮은 모습을 찾을 수 없는 것은 교회의 골칫거리가 됩니다. 하나님께서는 나의 인격이 그리스도를 닮기를 원하십니다.

성령의 아홉 가지 열매를 조용히 묵상하며 하나님께서 내게 요구하시는 열매가 있는지 자신을 살펴야 합니다. 그러한 인격이 있을 때 하나님 나라를 위해 소명자로서 순장도 하고 주일학교 교사도 하는 것이며, 집사나 전도사나 장로나 목사 또는 선교사도 될 수 있습니다.

그러나 이와 같은 인격의 열매가 없는 사람이 목사가 되면 그 순간부터 하나님께 손해를 끼치고 그러한 장로는 교회를 어지럽게 만들며, 그러한 사람이 주일학교 학생을 가르치면 다음 세대는 희망을 잃게 됩니다.

주님 안에 거하는 사람

하나님 나라는 사람이 우선되어야 합니다. 일이 우선이 아닙니다. '주여! 예수님의 제자답게 나를 이 시간 다듬어 주옵소서. 깨끗하게 해 주옵소서'라고 기도해야 합니다. 그렇다면 어떻게 해야 이와 같은 열매를 맺을 수 있는 것일까요?

> 나는 포도나무요 너희는 가지라 그가 내 안에, 내가 그 안에 거하면
> 사람이 열매를 많이 맺나니_요 15:5

포도나무 가지 혼자 열매를 맺겠다고 몸부림치는 일은 없습니다. 나무에 잘 붙어서 제대로 영양분을 섭취하면 자연히 열매가 맺힙니다. 마찬가지로 성령의 열매를 맺기 위해 혼자 애쓸 필요가 없습니다. 예수님 안에 있기만 하면 됩니다.

> 내 안에 거하라_요 15:4

내가 해야 할 일은 바로 예수님 안에 거하는 것입니다. 그리하면 예수님이 "나도 너희 안에 거하리라"(4절)고 하셨습니다. 조건적인 말씀입니다. 예수님을 믿으면 그분이 우리 안에 거하신다고 했으므로 왜

다른 조건이 필요하냐는 의문이 생길지도 모릅니다. 영적으로는 내가 예수님을 믿으면 주님이 내 안에 계신다고 말할 수 있습니다. 그러나 하나님께서 원하시는 열매를 맺을 수 있을 정도로 내가 순종하지 않으면, 즉 주님 안에 거하지 않으면 내 안에 계시는 주님은 나가 버리십니다.

이에 대한 예를 들어보겠습니다.

볼지어다 내가 문밖에 서서 두드리노니_계 3:20

예수님이 문밖으로 쫓겨나 계신 상태를 말씀하고 있습니다. 라오디게아 교인들은 예수님을 믿었기 때문에 사랑의 열매가 있고 절제해야 하는 사람들이었지만 사랑하지 않고 미워했으며, 절제하지 않고 끝까지 욕심을 부렸습니다. 그 결과 마음이 지옥과 같았기에 예수님이 계실 수 없었습니다. 따라서 주님은 자연히 밖으로 나가실 수밖에 없었습니다.

밖으로 나가신 주님은 언제 다시 들어오실 수 있을까요? 내가 회개해야 들어오십니다. 나는 주님 안에 늘 거하는 것 같지만 거하지 않는 때도 있습니다. 그러나 내가 예수님 안에 거하려고 노력하면 예수님은 자연히 내 안에 거하십니다. 예수님 안에 거한다는 것은 그분과 지속적으로 영적인 교제를 나누는 생활을 뜻합니다. 그 근거가 다음 구절에 나옵니다.

너희가 내 안에 거하고 내 말이 너희 안에 거하면 무엇이든지 원하는 대로 구하라 그리하면 이루리라_요 15:7

기도에 대해 교훈하고 있는 말씀입니다. 예수님과 깊이 있는 영적 교제를 나누기 위해 가장 기본이 되는 것은 기도입니다. 기도를 통해 주님과 교제하고 말씀을 묵상하며, 기도를 통해 하루를 시작하고 하루를 마칩니다. 이와 같이 에베소서의 말씀처럼 성령 안에서 항상 기도하는 사람은 예수님과 맺은 관계가 끊어질 수 없습니다. 포도나무와 가지의 경우와 같은 것입니다. 이것이 주 안에 거하는 일입니다. 그리고 주 안에만 거하면 열매는 저절로 맺을 수 있습니다.

이해를 돕기 위해 "가지가 포도나무에 붙어 있지 아니하면"(4절)에 해당하는 내용을 "가지가 포도나무에 붙어 있으면 스스로 열매를 맺을 수 있음 같이"로 바꾸어 볼 수 있을 것입니다. 가지가 포도나무 안에 있으면 열매는 자연히 맺을 수 있게 됩니다.

따라서 내 인격이 변하지 않는 것은 내가 예수 안에 거하는 데 문제가 있음을 나타냅니다. 하나님께서 원하시는 만큼 내 삶에서 헌신이 일어나지 않는 것입니다. 하나님께서 얼마나 열매를 원하시는지 안다면, 나를 향한 하나님의 소원을 들어드려야 되지 않겠습니까? 예수님을 믿는 사람이라면 하나님께서 원하시는 것, 하나님께 영광을 드릴 수 있는 것이 무엇인지 알아야 합니다. 그리고 그 소원을 안다면 하나님의 마음을 기쁘게 해 드리겠다는 간절함으로 노력해야 합니다. 기도와 말씀으로 주 안에 거하도록 해야 하는 것입니다. 그래서 내 인격이 주님 닮기를 원하고, 하나님 나라를 위해 헌신하는 사람이 되도록 해야 합니다. 그러면 열매는 자연히 맺히고 하나님을 영광스럽게 할 수 있습니다. 즉, 예수 그리스도의 제자가 되는 것입니다. 내가 예수님의 제자가 되면 하나님께서 영광을 받으십니다. 이 부분에 대해 특별히 관심을 가져야 합니다.

나의 삶에서 많은 열매를 맺음으로 하나님의 소원을 들어드리기 위해 이렇게 할 수 있습니다.

'오늘도 내가 주 안에 거하기 위해 하루를 어떻게 시작할까? 무릎 꿇고 기도부터 하자. 잠깐이라도 하나님의 말씀을 읽으면서 생각하자. 하나님께서 원하시는 뜻이 무엇인지 묵상하며 말씀대로 순종해 보자. 집에 돌아오면 오늘 하루 바로 살았는지 반성해 보자. 그러기 위해 10분 동안 골방으로 들어가 보자.'

주님 안에 거하려는 노력을 해 보기 바랍니다. 그러면 자동적으로 열매가 맺히고 나를 통해 하나님께서 영광을 받으실 것입니다.

내가 맺은 인격의 열매와 삶의 열매가 풍성해짐으로 그리스도의 제자답게 하나님을 기쁘시게 할 수 있도록 '주여, 오늘 나에게 은혜를 주옵소서. 은혜가 아니면 안 됩니다. 기도하게 하옵소서. 주 안에 거하기 위해 기도하게 하옵소서'라는 간절한 소망을 가지고 주님 안에서 열매 맺는 생활을 이루어 나가기를 바랍니다.

후기

"오늘도 여전히 꿈꾸어야 할
예수 그리스도의 교회"

저는 스물한 살 때 목사가 될 것을 결정했습니다. 그러고 나서 마흔이 넘는 지금까지 그에 대해 한 번도 회의를 하거나 마음이 나뉘어 우왕 좌왕해 본 적이 없습니다. 한번 결단한 다음 10년 만에 목사가 되었지만, 공부하고 경험한 모든 것은 오직 목사가 되기 위함이었습니다.

누구나 그렇듯 삶을 살아가면서 중요한 결정을 하지 않으면 안 되는 시기가 찾아옵니다. 저 역시 목사가 되기를 원하는 결정을 한 다음, 적어도 네 가지 문제에 대해서는 상당히 심각한 결단을 내리지 않으면 안 되는 경험을 했습니다.

목회자로서 준비한 나의 길

저는 일단 목회자가 될 것인지 아니면 신학자가 될 것인지를 결단해야 했습니다. 신학교에 대해 잘 모르는 사람은 그 둘의 차이점이 무엇이냐고 할 수도 있습니다. 하지만 신학을 공부하는 사람에게는 교회를 담임하는 목회자와 공부를 많이 해서 신학교에서 가르치는 신학자의 길로 가는 것은 엄연히 구별되는 다른 행로입니다. 신학생이라면 누구나 한 번쯤은 이 문제를 놓고 씨름하게 됩니다.

그런데 저는 양쪽을 다 할 수 있다는 교수님들의 평가를 많이 들었기 때문에 오히려 선택을 못하는 어려움에 빠지고 말았습니다. 하나님께서 저를 어느 쪽으로 사용하기를 원하시는지 깊이 기도해 본 후, 신학자보다 목회자 측면으로 더욱 은혜를 주신 것 같다는 판단 아래 목회자가 되기로 결정했습니다. 그렇기 때문에 미국으로 공부하러 갔을 때도 신학자가 되려고 한 것이 아니었습니다.

'어떻게 하면 목회자로서 좀 더 충실한 준비를 할 수 있는가?'

오직 이것을 위해 건너갔고, 이를 위해 공부했습니다.

두 번째로는 30대부터 일을 할 것이냐, 40대부터 일을 할 것이냐를 결단해야 했습니다. 사소한 것 같지만 목사에게는 대단히 중요한 문제입니다. 제 주변만 보더라도 2, 30대 시절부터 교회를 맡아 훌륭하게 일하는 목사님들이 더러 있습니다. 하지만 저는 도저히 30대부터 일할 자신이 없었습니다. 신앙만 좋다고 하여 목사가 될 수 있는 것이 아니기 때문입니다. 신앙으로 따진다면 평신도 가운데 저보다 신앙이 좋은 분들이 얼마든지 나올 수 있습니다.

목사가 되기 위해서는 전 인간을 이해할 수 있는 교양을 갖추지 않으면 안 됩니다. 인생과 인간을 이해하고 읽을 수 있고 파악할 수 있는 은혜를 받아야 합니다. 그런데 30대에 큰 교회에서 일을 조금 해 본 저로서는 자신이 서지 않았습니다.

그래서 이렇게 기도했습니다.

"하나님, 40대부터 일하게 해 주십시오."

희한하다 싶을 정도로 하나님께서는 그 기도를 들어주셨습니다.

귀국할 당시, 만으로 마흔을 반년 앞둔 상태였습니다. 결국 본격적으로 일을 시작한 것은 마흔 살부터입니다.

세 번째로 결단해야 할 문제는 목회지 선정이었습니다. 유학 생활을 마치고 귀국하기 전, 저는 미국에서 목회를 할 것이냐 한국에서 할 것이냐 하는 문제로 4개월을 씨름했습니다. 하나님의 뜻을 분명히 파악하지 못한 것입니다. 미국에 머무르는 동안 제게 사역지를 제공하며 오라는 곳이 열 군데는 더 되었습니다. 그럼에도 저는 하나님의 뜻이 무엇인지 정하지 못하고 있었습니다.

반면 한국에서는 오라고 하는 곳이 한 군데도 없었습니다. 그런데 웬일인지 선택하기가 힘들었습니다. 하나님의 뜻이라는 판단이 서면 마음에 평안이 임하지 않습니까? 반대로 하나님의 뜻이 아닌데도 자기 욕심을 따라 결정하면 번민이 찾아옵니다. 마음의 평안이 없는 것입니다.

이 문제를 놓고 하나님 앞에서 4개월을 씨름하는 동안 하나님께서는 한국에 돌아가는 것이 그분의 뜻이라는 확신을 주셨습니다. 미국에서 일할 수 있는 곳들을 뿌리치고 귀국했음에도 저는 이 결정을 후회해 본 적이 없습니다. 답답할 때면 저를 청빙한 미국 교회 생각이 나기도 했지만 역시 후회되지 않았습니다. 그저 한국으로 돌아오기를 잘했다고 생각합니다.

제가 결단해야 했던 네 번째 문제는 개척교회를 할 것이냐, 기성 교회에서 목회할 것이냐 하는 것이었습니다. 이 또한 목회자에게는 대단히 중요한 결단입니다. 그래서 이 문제를 놓고 콜로라도스프링스에서 계속 기도하고 있었는데, 하나님께서 응답을 주셨습니다.

'개척교회를 하되 기성 교회가 아직도 해결하지 못한 것을 우리 교회를 통해 한번 시도해 보자. 다른 교회 목사님들보다 잘난 것은 없지

만 다른 교회에서 해결하지 못한 것을 우리 교회에서 해 보자!'

바로 그 같은 결단을 하게 된 것입니다.

1980. 9. 21

사랑의교회 창립 2주년 설교

〈내려오지 않는 손〉중에서